권능있는 삶을 살고자 하는 분들의 필독서

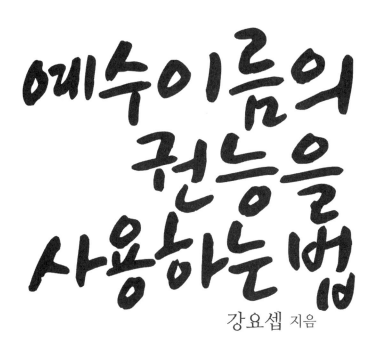

예수이름의 권능을 사용하는 법

강요셉 지음

이 책을 읽는 자마다 예수님의 권능이 나타날 것이다.

모든 성도는 초자연적인 하늘의 권세를 가지고 있다.

하나님은 권능을 사용할 줄 아는 성도를 사용하신다.

예수 권세가 자신의 권세이므로 사용해야 한다.

성령출판사

예수이름의 권능을 사용하는 법

성령

들어가는 말

예수 이름은 기독교 신앙의 핵심입니다. 하나님은 예수 그리스도를 통해 우리의 인생이 평안하기를 원하십니다. 하나님은 예수 그리스도를 통해 주저앉은 삶이 일어나기를 원하십니다. 하나님은 예수 그리스도를 통해 구원받기를 원하십니다. 예수 이름에 치유가 있습니다. 예수 이름에 축복이 있습니다. 예수 이름에 행복이 있습니다. 예수 이름에 회복이 있습니다. 예수 이름에 능력이 있습니다. 예수 이름에 기적이 있습니다. 기독교의 모든 것은 바로 예수 이름 안에 있습니다. 우리 신앙생활의 모든 열쇠도 바로 그 이름 안에 있습니다. 기도 생활의 성공도, 전도의 능력도, 축복의 비밀도 모두 그 이름 안에 있습니다.

예수이름의 권능을 사용합시다. 그러면 우리의 운명은 주저앉은 인생에서 일어서는 인생으로 바뀌게 될 것입니다. 남에게 도움 받는 인생에서 남을 도와주는 인생으로 바뀌게 될 것입니다. 권능을 사용하여 마귀를 제압하는 권세 있는 삶으로 바뀌게 될 것입니다. 오직 예수 그리스도의 이름만이 우리의 운명을 변화시키는 기적을 가져옵니다.

예수의 이름은 예수 자신이며, 그의 능력을 나타냅니다. 구원이 예수 이름에 담겨 있으며, 하나님 나라가 예수 이름 안에 있습니다. 예수의 이름은 그 무엇과도 비교할 수 없습니다. 그 이름에 능력이 있으며, 그 이름에 축복이 있습니다. 예수 이름을 높이는 자는 복을 받습니다. 그 이름을 소유하는 자는 세상을 이길 힘을 얻습니다. 예수의 이름을 소유합시다. 이 책을 통하여 예수 이름의 능력을 경험합시다.

제가 그동안 성령치유사역을 하면서 체험한 예수 이름의 권세를 바르게 알고 사용하는데 도움을 드리기 위하여 "예수 이름의 권능을 사용하는 법"이라는 제목으로 책을 발간하였습니다.

이 책을 읽으면 예수님의 권능이 나타날 것입니다. 나타나는 예수이름의 권능을 세상에서 사용할 수 있는 성도가 될 것입니다. 예수이름으로 영육을 치유하는 권능 있는 자가 될 것입니다. 성도는 예수이름의 권세를 알고 사용할 줄 알아야 하나님에게 쓰임을 받을 수가 있습니다. 모두 이 책을 통하여 예수이름의 권세를 알고 사용하여 영육을 치유하는 계기가 되시기를 바랍니다.

주후 2014년 08월 10일

충만한 교회 성전에서

저자 강요셉목사.

예수 권능 목차

1장 예수 이름의 권능을 사용하는 법

(막 16:17-18)"믿는 자들에게는 이런 표적이 따르리니 곧 그들이 내 이름으로 귀신을 쫓아내며 새 방언을 말하며, 뱀을 집어올리며 무슨 독을 마실지라도 해를 받지 아니하며 병든 사람에게 손을 얹은즉 나으리라 하시더라."

예수 이름에는 권능이 있습니다. 예수 이름은 하나님이 친히 지어주신 이름이기 때문입니다(눅1:31). 하나님이 하늘에 있는 자들과 땅에 있는 자들과 땅 아래에 있는 자들로 모든 무릎을 예수의 이름에 꿇게 하셨기 때문입니다(빌2:10). 예수 이름의 권능은 성령으로 세례를 받고 성령의 임재 안에서 나타나게 됩니다. 성령으로 세례를 받지 않고, 성령을 이론으로 아는 성도가 예수 이름을 사용하면 권세가 나타나지 않습니다. 반드시 성령으로 세례를 받고 성령의 임재 하에 예수 이름으로 명령할 때 기적이 일어나는 것입니다.

많은 성도들이 오해하는 것이 나는 왜 예수 이름으로 기도해도 역사가 나타나지 않을까? 하는 의구심입니다. 예수 이름으로 기도해도 역사가 나타나지 않는 것은 자신 안에 계신 성령으로부터 권능이 나오지 않기 때문에 역사가 나타나지 않는 것입니다. 예수를 영접하면 성령께서 믿는 사람의 영 안에 좌정하십니다. 자신의 영 안에 성령은 좌정하여 계시지만 여러 가지 육의 장애로 밖으로 나타나지 못합니다. 이렇게 임재하신 성령은 성령이 역사하는 장소에 가서 뜨겁게 기도할 때 비로소 자신의 전인격을 장악합니다. 자신의 전인격을 장악하는 현상이 바로 성령의 세례입니다. 이때부터 성령께서 자신의 안에서 밖으로 나타나기 시작합니다. 이 성령은 먼저 자신을 치유하기 시작 하십니다. 자신의 의지가 성령의 역사에 순종하는 대로 하나하나 장악을 해가십니다. 그러므로 성령으로 세례를 받는 것으로 만족하지 말고 성령의 인도에 따라 뜨겁게 기도하면서 성령으로 충만하게 되려고 의지적인 노력을 해야 합니다. 성령이 자신을 장악하면 할수록 권능은 강해지게 됩니다.

이때부터 예수 이름으로 기도하면 기도하는 성도의 믿음에 따라 성령께서 눈에 보이는 역사를 일으키는 것입니다. 기적을 날마다 체험하려면 이렇게 해야 합니다. 첫째, 자신 안에 성령님이 임재하여 역사하고 계신다고 믿어야 합니다. 둘째, 자신 안에 성령님이 주인이라는 것을 인정해야 합니다. 셋째, 성령님은 초자연적인 권능(불)이라는 것을 알고 믿어야 합니다. 넷째, 자신이 성령의 감동을 받아 말할 때 성령의 권능(불)이 나온다고 믿어야 합니다. 실제로 성도가 성령의 임재 가운데 말을 하면 성령의 권능(불)이 나옵니다. 이를 성령의 나타남이라고 합니다(고전 12:7). 이 성령의 권능(불)이 문제와 질병을 치유하는 것입니다. 당신이 예수 이름으로 권능 있는 삶을 살아가려면 항상 이렇게 생각을 하세요. "내가 성령의 임재 가운데 말할 때 성령의 권능(불)

이 나온다." 문제는 자신이 성령이 충만한 가운데 예수 이름으로 명령하면 성령의 권능(불)이 나온다는 말을 이해하지 못하는 분들도 있습니다. 또, 정상이 아니라고 생각하거나 이단이 아닌가 의심하는 사람이 있습니다. 이런 분들은 아직 성령의 나타남을 바르게 이해하지 못한 결과입니다. 말씀을 영적으로 해석하면 맞는 말입니다. 성령은 믿는 사람의 마음 안에 임재하여 계시기 때문입니다. 이 성령이 밖으로 나타나기 때문에 권능(불)이 자신 안에서 나오는 것입니다.

다섯째, 예수 이름으로 기도할 때 문제나 질병을 사역자 자신이 치유하는 것이 아니라는 것을 알아야 합니다. 성령께서 자신을 이용(통)해서 치유하시는 것입니다. 하나님은 사람을 통하여 일을 하시기 때문입니다. 여섯째, 자신이 문제나 질병을 향해서 예수 이름으로 기도할 때 성령님이 치유하신다는 확실한 믿음이 있어야 합니다.

일곱째, 문제나 질병을 향하여 담대하게 예수 이름으로 대적하며 기도하는 것입니다. "내가 예수 이름으로 명하노니 가난은 떠나갈지어다." "내가 예수 이름으로 명하노니 심장병은 치유될지어다." "내가 예수 이름으로 명하노니 혈기 나게 하는 귀신은 떠나갈지어다." 이렇게 성령의 임재 가운데 직설화법으로 담대하게 명령하면 성령께서 반드시 기적을 일으키십니다. 다음은 예수 이름을 사용하여 기적을 체험하는 방법과 사례입니다.

1.예수 이름에 권능이 있는 이유

우리는 주 예수의 이름으로 찬양하고 기도합니다. 그 이유를 정확하게 안다면 모든 축복을 누리게 될 것입니다. 이름이라는 것은 무척이나 중요합니다. 그렇기에 대표자는 자기 이름대로 서명하고 책임을 지는 것입니다. 그런데 예수의 이름은 도대체 무슨 이름이냐? 세상 사람들은 4대 성인 중의 한 분이라고 말하는데 이는 천벌을 받을 마귀, 귀신의 말입니다. 우리가 부르는 예수의 이름은 만물을 복종케 하는 이름, 모든 이름위에 뛰어난 이름, 모든 무릎을 그 이름 앞에 꿇게 하시는 이름이 예수의 이름입니다.

주 예수의 이름이 무엇인지를 정확하게 알아야 합니다. 하나님께서 주신 이름입니다. 누가복음 1장 31절에 보면 "보라 네가 잉태하여 아들을 낳으리니 그 이름을 예수라 하라." '예수'는 히브리어 '여호수아'의 헬라어 음역으로 '여호와는 구원이시다.'라는 뜻입니다. 이 이름은 하나님께서 지어주신 이름입니다. 그 이름의 뜻을 마태는 '자기 백성을 저희 죄에서 구원할 자.' 라고 하였습니다. 백성들을 죄에서 구원할 자란 메시야 곧 구세주를 지칭합니다. 메시야의 탄생과 함께 그에 합당한 이름을 하나님께서 명명하신 것입니다. 인류를 구원하시는 일은 하나님의 주권적인 권한에 속하는 것이므로 그 사역을 담당할 메시야의 출생과 그 이름의 명명은 당연히 하나님께서 주관하셔야 할 일인 것입니다. 예수라는 이름은 그리스도의 인성을 나타내며 하나님의 이러한 주권적인 섭리가 가브리엘 천사를 통하여 처녀인 마리아에게 고지되었습니다. 예수라는 이름을 가진 사람들과 주님을 구분하기 위하여 '갈릴리 나사렛에서 나온 예수' '다윗의 자손 예수' 라는 호칭을 붙이기도 하는 것입니다. 하나님이 예수를 지극히 높여 모든 이름 위에 뛰어난 이름을 주사, 하늘에 있는 자들과 땅에 있는 자들과 땅 아래에 있는 자들로 모든 무릎을 예수의 이름에 꿇게 하시고, 모든 입으로 예수 그리스도를 주라 시인하여 하나님 아버지께 영광을 돌리게 하셨기 때문입니다(빌2:9-11).

우리가 이렇게 예수의 이름을 바로 알면 어떻게 하나님의 이름을 망령되이 일컫겠습니까? 예수의 이름이 얼마나 엄청난 이름인지 모릅니다. 만물을 복종케 하는 이름, 모든 이름 위에 뛰어난 이름, 모든 무릎을 그 이름 앞에 꿇게 하시는 이름이 예수의 이름인 것입니다. 이를 모르니 함부로 일컫고 함부로 하는 것입니다. 하나님께서 이스라엘 백성들을 출애굽 시켜야 한다고 모세에게 말씀하십니다. 네가 가서 말해라 하니 모세가 하는 말이 내가 바로 왕 앞에 가서 누가 나를 보냈다고 하오리까?

모세는 하나님이라는 말도 모르고 정확한 하나님의 위치를 확인할 수 없는 어느곳에서 하나님의 음성을 들었습니다. "이스라엘 백성들을 끌어내어 가나안을 정복해야 한단다. 가서 말해라." 누가 나를 보냈다고 하오리까? 그러니 하나님께서 말씀하십니다. "나는 스스로 있는 자다." 예수 그리스도는 창조주로서 스스로 계신 자입니다. 무엇 때문에 말씀하십니까? "여호와의 구원,

나는 여호와다. 나는 여호와니라." 이 말이 얼마나 중요한 말인지 모릅니다. "나는 너희를 애굽의 종 되었던 곳에서 이끌어 낸 너희 하나님 여호와라. 아브라함과 이삭과 야곱에게는 전능자로만 나타났지만 이제는 애굽의 종 되었던 백성들을 바로의 손에서 끌어내는 여호와의 구원으로 내가 나타나리라. 나는 여호와 이니라!"

우리는 하나님을 잘 모릅니다. 하나님이라는 이름은 존재 자체였지 원래 이름이 없으셨습니다. 그래서 "나는 스스로 있는 자다. 나는 나다." 제가 우리 집에 들어가는데 누구십니까 하면 "나다 하면" 그만이지 굳이 제 이름을 말할 필요가 있습니까? "나는 창조주다. 나는 구원주다. 나는 여호와다." 이 말이 그렇게 중요합니다. "애굽의 종 되었던 곳에서 이끌어 낸 여호와다. 세상에서 건져낸 여호와다." 예수의 이름은 스스로 있는 자이며 구원할 자라는 말씀입니다. 여호와는 구원이십니다. 믿고 빌며 도와달라고 하는 하나님이 아니라 구원이십니다. 세상에서 건져내신 분입니다. 육신에 매여 있던 곳에서 말입니다. 나는 여호와라. 이 이름을 제대로 알고 부를 수 있어야 합니다.

말씀하시던 그 분이 실제로 이 땅에 오신 것입니다. 그 분이 십자가에서 죽으시고 부활하셨습니다. 애굽의 종 되었던 백성들을 어찌 끌어내오리까? "내가 이끌어 낼 것이다. 유월절 피 바른 날 나오게 될 것이다. 10가지 마지막 재앙, 피 바른 날 해방 받게 된 것이다." 말씀하시고 수천만만의 짐승을 잡으시면서 말씀하시던 피 언약을 이루시기 위해 예수님이 그리스도로 오셔서 십자가에서 죽으시면서 "내가 다 이루었다." 우리는 죄와 저주에서 해방을 받고 사망에서 생명으로 옮겨 하나님의 자녀가 된 것입니다.

요한일서 3장 8절에 "죄를 짓는 자는 마귀에게 속하나니 마귀는 처음부터 범죄함이라 하나님의 아들이 나타나신 것은 마귀의 일을 멸하려 하심이라" 그 이름은 끝난 이름이 아닙니다. 여호와의 이름, 예수의 이름은 지금도 만물을 복종케 하는 이름, 모든 무릎을 꿇게 하는 이름, 예배드리는데 함께하시는 이름인 것입니다. 예수의 이름을 알고 제대로 부르면 끝납니다. 그러나 모르고 부르면 헛소리가 되는 것입니다. 영향력 있는 사람은 찾아가고 부릅니다. 예수의 이름은 만물을 복종케 하는 이름, 죄와 저주를 완벽하게 해결하신 이름, 사탄의 권세를 깨뜨리시고 우리에게 주신 유일한 이름입니다. "그 이름을 부르면 누구든지 구원을 받으리라." 예수 이름은 이렇게 말로 표현하기 힘든 권능이 있습니다. 모든 천지 만물이 예수 이름 앞에 무릎을 꿇어야 합니다.

마가복음 16장 17-18절에 보면 "믿는 자들에게는 이런 표적이 따르리니 곧 그들이 내 이름으로 귀신을 쫓아내며 새 방언을 말하며, 뱀을 집어올리며, 무슨 독을 마실지라도 해를 받지 아니하며 병든 사람에게 손을 얹은즉 나으리라 하시더라." 이렇게 예수님이 그 이름을 사용할 수 있는 권한을 예수를 믿는 우리에게 주셨습니다. 믿는 우리는 담대하게 예수 이름을 사용해야 합니다. 예수 이름으로 기도하면 모든 사탄의 권세가 무너지는 것입니다. 예수 이름은 하나님의 이름이기 때문입니다. 담대하게 예수 이름

2.예수 이름으로 기도하여 가난을 청산

부부가 믿음생활 잘하는 데 거지의 영이 대물림되어 고통당하는 집사 부부의 이야기입니다. 이분들이 믿음도 좋고 신앙생활도 모범적으로 잘합니다. 그런데 이 집사 부부에게 문제가 있습니다. 두 분이 맞벌이를 하는데도 불구하고 늘 물질로 고생을 하고 있는 것입니다. 그래서 담임 목사님이 하나님에게 기도하니 그 집안에 거지영이나 가난의 영이 흐르는지 분별해 보라고 하라는 감동을 주시더랍니다.

그래서 목사님이 기도를 하고 있는데 두 부부가 상담을 요청하고 온 것입니다. 목사님 목사님이 아시다시피 우리 부부는 돈도 열심히 벌고, 믿음생활도 열심히 하고 십일조 생활도 잘하는데 왜 그러는지 물질로 늘 고생을 합니다. 왜 그럴까요, 그렇지 않아도 제가 집사님 부부를 위하여 기도를 하는데 집안에 거지 영이나 가난의 영이 흐르는지 찾아보세요. 그리고 회개하시고, 예수 이름으로 가난이나 거지의 영의 줄을 끊고 귀신을 쫓아내세요. 이렇게 가르쳐 주었답니다. 그래서 두 분이 열심히 새벽기도를 하면서 성령의 임재 하에 마귀의 저주의 줄을 끊고, 저주하던 귀신을 쫓아내는 대적기도를 했습니다. 어느날 여 집사님의 꿈에 돌아가신 시아버지가 거지꼴을 하고 자신을 따라오는 것입니다. 우리가 여기서 알아야 할 것은 시아버지가 거지귀신이 되어 꿈에 나타난 것이 아닙니다.

자신의 시댁을 거지같이 살게 하던 타락한 천사 마귀가 시아버지를 가장하고 나타난 것입니다. 절대로 미혹당하지 마시기를 바랍니다. 죽은 사람이 세상에 나오지 못합니다. 예수를 믿고 죽었으면 천국에 가있고, 예수를 믿지 않고 죽었으면 지옥에 가있는 것입니다. 한번 잘 생각해 보시기를 바랍니다. 군대에 간 아들이 아버지가 돌아가셨다고 마음대로 집에 옵니까? 아닙니다. 관보가 부대에 도착해야 보내줍니다. 세상에서도 이 정도인데 어떻게 천국이나 지옥에 간 사람이 세상에 나옵니까? 이것은 분명한 타락한 천사 마귀가 시아버지의 형상을 입고 나타나 미혹하는 것입니다. 절대로 속지 말고 강하게 예수 이름으로 대적 하며 기도 하시기를 바랍니다.

그래서 이 여 집사님이 꿈속에서 "예수 이름으로 명하노니 거지는 떠나가라!" "예수 이름으로 명하노니 거지는 떠나가라!" "예수 이름으로 명하노니 거지는 떠나가라!" 아무리 계속 예수 이름으로 명령을 해도 따라오는 것입니다. 그래서 하나님 어떻게 해야 합니까? 하고 물어보니까, "성령께서 하시는 말씀이 물과 불을 통과하라! 물과 불을 통과하라! 물과 불을 통과하라! 물과 불을 통과해야 저 거지 귀신이 떠나간다." 그래서 앞을 보니까 큰 강이 흐르는데 불이 훨훨 타면서 흐르더랍니다. 무서워서 도저히 통과할 수가 없더랍니다. 거지 시아버지는 계속 따라오고 그래서 에라 모르겠다하고 불이 훨훨 타오르는 불타는 강을 통과 했습니다. 그리고 나서 뒤를 돌아보니 거지 시아버지가 따라오지 않더랍니다. 그래서 성령의 불로 불세례를 체험하고 세상에서 나와야 가난의 영들이 떠나가는 것입니다.

당신도 이런 경우에 처해 있다면 불같은 성령을 체험하여 말씀과 성령으로 분별하여 찾아서 해결하면서 예수 이름으로 선포하며 기도 하시기를 바랍니다. 좌우지간 이 부부는 이렇게 지속적으로 예수 이름으로 대적기도를 하고난 그 다음부터 물질이 서서히 풀려서 지금은 거지같이 살던 삶을 청산하였습니다. 가난의 고통도 청산하고 간증하며 더 열심히 교회 봉사하고 헌신하고 있습니다. 당신도 예수 이름을 사용하여 기도하면 머지않아 이런 간증을 하게 될 것입니다. 믿으시면 복이 됩니다. 그리고 믿은 대로 역사가 일어납니다.

3.예수 이름으로 기도하니 수입이 증가

우리교회가 지방에 있을 때 조그마한 중소기업을 하는 성도가 있었습니다. 이 성도가 영적인 것을 알고 순수하여 조그마한 개척 교회에 다닌 것입니다. 이 성도에게 예수 이름으로 선포하며 기도하는 방법을 알려주었습니다. 방법은 특별한 것이 아니고 성령의 역사를 일으키는 영적인 것입니다. 아침마다 공장의 문을 열기 전과 문을 닫을 때 문고리를 잡고 기도하는 것입니다. "성령이여 임하소서. 성령이여~ 우리 공장을 점령하여 주옵소서. 성령님! 우리 공장을 장악하여 주옵소서." "영광의 하나님 은혜를 주셔서 공장을 주시고 사업을 하게 인도 하시니 감사합니다. 우리 공장이 하나님의 나라 확장에 크게 쓰임을 받도록 인도하여 주옵소서. 우리 공장을 통하여 하나님의 영광이 나타나게 하옵소서. 천군 천사를 동원하여 둘러서 진을 치고 보호하게 하시고, 우리 공장의 거래처가 날마다 늘어나게 하옵소서. 우리 공장을 통하여 하나님이 영광을 받으시옵소서." "내가 나사렛 예수 이름으로 명하노니 우리 공장에 역사하는 흑암의 권세는 물러갈지어다." "우리 공장에 역사하는 흑암은 떠나갈지어다." "천사들아 공장 앞에 둘러 진을 칠지어다." "손님들을 많이 모시고 올지어다." "거래처가 날마다 늘어나도록 도울지어다." "수입이 달마다 늘어나도록 도울지어다." 이렇게 날마다 예수 이름으로 대적하며 선포기도를 하라고 했습니다. 그리고 아침에 공장을 가동하기 전에 전 직원을 모아놓고 간단하게 예배를 드리고 일을 시작하도록 알려주었습니다. 이분이 순종을 했습니다. 믿고 선포한 대로 정말로 거래처가 늘어났습니다. 거래처가 늘어나니 매출이 늘어났습니다. 항상 지난달보다 이번 달이 수입이 늘어나는 것입니다. 믿고 예수 이름으로 선포한 대로 역사가 일어난 것입니다. 어느 달은 배로 수입이 늘어나기도 했습니다. 하나님에게 십일조를 빠짐없이 드렸습니다. IMF 시절이라 다른 모든 공장이 어려워도 어려움을 몰랐습니다. 하나님이 믿음을 보시고 역사하신 것입니다. 이렇게 예수 이름으로 하는 선포기도는 기적을 체험하게 하십니다. 성령의 임재 하에 담대하게 선포하시기를 바랍니다. 그러면 눈에 보이는 가시적인 현상이 일어날 것입니다. 여기에는 아주 중요한 영적인 원리가 있습니다. 공장을 성령의 권능으로 장악하게 했다는 것입니다. 아침, 저녁으로 공장 문을 잡고 대적하며 선포하며 기도를 했습니다. 날마다 업무 시작 전에 예배를 드렸습니다. 이 모든 것이 성령께서 공장 지역과 장소를 장악하도록 하는 적극적인 영적인 활동 이었다는 것입니다. 사업장이든지, 공장이든지, 교회이든지, 성령이 장악을 해야 성장하는 것입니다. 우리 모두 성령으로 충만한 상태에서 영적으로 사고합시다. 이렇게 하면 누구든지 하나님의 기적적인 역사를 체험하게 될 것입니다.

4.예수 이름으로 기도하니 귀신이 떠나갔다.

우리 교회에는 성령치유와 영성에 관한 테이프와 CD, 교재가 있습니다. 테이프와 CD가 33개 세트가 있습니다. 교재는 93종류가 있습니다. 미국에 이민을 가 믿음 생활하는 집사가 제가 쓴 "불같은 성령의 기름부으심"과 "영분별과 기적치유"책을 읽고 홈페이지에 들어가 교재와 테이프를 본 것입니다. 신청하여 교재 전부와 CD 일부를 구입하여 우체국 국제 택배로 부쳤습니다. 영적전쟁과 축귀사역 테이프를 듣고 담대함이 생겨나 자신에게 역사하는 귀신에게 예수 이름으로 대적기도를 했다는 것입니다. "내가 예수님의 이름으로 명하노니 나에게 역사하면서 물질 고통 주는 더러운 귀신아 정체를 밝혀라." 호흡을 들이쉬고 내쉬면서 자꾸 명령을 하니까, 갑자기 자기 속에서 "이 년아~ 기도하지마!" 하더라는 것입니다. 자신의 정체를 폭로한 것입니다. 그래서 "이 더러운 가난 귀신아! 당장 떠나가라. 내가 예수님의 이름으로 명하노니 가난 귀신은 떠나갈지어다." 하면서 호흡을 들이쉬고 내쉬면서 계속 명령을 하니 갑자기 기침이 나오더랍니다. 기침이 호흡을 할 수 없을 정도로 나오더라는 것입니다. 한참 기침을 하니 조금 진정이 되어 졸병만 내보내지 말고 대장 앞서서 떠나가라. 하니까, 가슴이 답답하더니 아프면서 귀신이 기침을 통해서 떠나가더라는 것입니다.

마음속에서 이제 "가난 귀신이 완전하게 물러갔느니라." 하고 성령께서 감동하시는데 너무 평안함을 느꼈다는 것입니다. 저에게 감사하다고 전화를 한 것입니다. 그래서 제가 방심하면 안 되니까, 지속적으로 기도를 하면서 예수 이름으로 대적기도를 하라고 당부했습니다. 방심하면 다시 틈탈 수가 있으니 조심하라고 했습니다. 이렇게 순수하게 믿고 성령의 권능을 의지하고 예수 이름으로 기도하면 귀신이 물러가는 것입니다. 예수 이름을 사용하세요. 그러면 성령의 권능으로 귀신이 떠나갑니다. 당신에게 역사하는 귀신은 당신 안에서 역사하는 성령의 권능으로 밀려서 나오는 것입니다. 항상 이렇게 생각하시기를 바랍니다. "내 안에는 성령하나님이 임재하여 계신다. 성령하나님은 나의 주인이시다. 성령하나님은 권능이시고 불이시다. 내가 예수 이름으로 기도할 때 성령하나님의 권능인 불이 나온다. 이 권능은 초자연적인 권능이다. 천지 만물이 듣고 명령대로 움직여야 하는 권능이다. 내 안에서 나오는 성령하나님의 권능으로 귀신이 떠나간다. 내가 예수 이름으로 기도할 때 내 안의 성령으로부터 권능이 나와서 귀신이 떠나간다." 자꾸 입술로 시인을 하시기를 바랍니다. 그러면 성령께서 믿음의 고백을 들으시고 예수 이름으로 기도한 대로 역사십니다. 담대하시기를 바랍니다.

5.예수 이름으로 기도하니 불치병이 치유

저는 허리 디스크와 중이염과 어깨통증으로 10년 이상을 고생했습니다. 치유를 받으려고 별별 방법을 다 써보았으니 치유가 되지를 않았습니다. 그러다가 '성령의 불로 불세례 받는 법 책'을 읽고 충만한 교회를 알게 되었습니다. 토요일 날 집중치유가 있다는 것을 알고 예약하여 치유를 받았습니다. 저의 질병은 간단하게 안수해서 치유되지 않는 다는 것을 알고 있었습니다. 하도 많은 분들에게 안수기도를 받았기 때문에 일반적인 기도로는 효과가 나타나지 않은 다는 것을 익히 알고 있었기 때문에 2시간 30분 동안 안수기도 받고, 기도하려고 예약을 했습니다. 기도를 받는데 역시 달랐습니다.

강한 성령의 역사가 저를 장악하면서 몸이 움츠러들면서 귀신들이 떠나가는 것입니다. 기침을 사정없이 하도록 하면서 귀신들이 떠나갔습니다. 성령의 불의 역사로 귀신들이 떠나가면서 어깨

통증이 사라지는 것입니다. 그렇게 부항을 뜨고, 침을 맞고 해도 치유되지 않던 어깨통증이 사라진 것입니다. 계속 성령의 역사가 저를 장악하면서 역사하셨습니다. 제가 직감적으로 느낀 것은 허리가 불이 붙은 것과 같이 뜨거운 것입니다. 정말로 뜨거웠습니다. 아이고~ 뜨거워 소리가 저절로 나왔습니다. 그러자 강 목사님이 다리를 들고 허리를 돌리기 시작을 하셨습니다. 조금 지나자 허리에서 귀신들이 기침을 사정없이 하게 하면서 떠나가는 것입니다. 한 30분을 떠나갔습니다. 얼마나 많은 귀신들이 있었는지 가히 짐작이 갔습니다. 그러자 허리가 시원해지기 시작을 했습니다. 그렇게 아프던 통증이 사라진 것입니다.

그 후에도 성령의 역사로 몸이 이리저리 뒤틀리면서 귀신들이 기침을 통해서 떠나갔습니다. 2시간 30분이 지나고 나니 몸이 가벼워 날아갈 것만 같이 가벼웠습니다. 제가 개별집중치유를 받으면서 이런 생각이 떠올랐습니다. '내가 지금까지 영적으로 무지하여 고생을 했구나. 허리가 아프면 침을 맞고 부황을 떠야하는 것으로만 알고 있었으니 이 고생을 했구나. 아 정말 허리가 아프고 어깨 근육통이 있는 것은 영적인 세력 때문에 오는 것이구나. 영적인 세력이 성령의 역사로 떠나가니 순간 치유가 되는 구나.' 정말로 은혜를 많이 받았습니다. 그래서 2번 더 다니면서 치유를 받았습니다. 이제 저도 병든자를 안수하면 성령의 강한 역사가 일어납니다. 능력전이가 이루어진 것입니다. 저의 불치병을 치유하여 주시고 권능을 주신 하나님께 감사를 드립니다. 논산 김목사.

6.예수 이름으로 기도하니 고열이 즉석에서 치유

어느 날 시화 병원에 갔더니 한 다섯 살 정도 되는 여자 어린 아이가 옷을 발가벗고 얼음주머니를 차고 숨을 거칠게 몰아쉬면서 누워있었습니다. 그래서 이 아이 어머니가 누구냐고 물었더니 어제 저녁에 아이가 열이 너무 높아서 한 숨도 자지 못했기 때문에 지금 잠시 눈을 붙이러가고 그 대신 구역장이 와서 아이를 간호하고 있었습니다. 그래서 어머니가 언제 오느냐고 했더니 한 한 시간 후에야 온다고 했습니다. 그래서 내가 어머니를 기다릴 수 없으니 기도해주고 가겠다고 하고 아이의 손을 잡으니까 그 구역장이라는 여자가 하는 말이 목사님 잡지 마세요. 손이 부스러집니다. 그러는 것입니다.

그래서 아이의 머리와 가슴에 손을 얹고 성령이여 임하소서. 이 아이를 사로잡아 주옵소서. 한 후에 "내가 예수 이름을 명하노니 열은 떨어질지어다. 열은 떨어질지어다." "열은 떨어지고 정상으로 돌아올지어다. 건강이 회복될지어다." "열은 떨어질지어다. 열은 떨어질지어다." "열은 떨어지고 정상으로 돌아올지어다. 건강이 회복될지어다."하고 기도해주고 다른 병실을 전도하고, 아이의 상태가 궁금하여 아이가 입원해 있는 병실로 가봤더니 아니 아이가 일어나서 뻥튀기를 먹고 있는 것입니다. 그래서 손가락을 보았더니 그렇게 퉁퉁 부어서 부서지게 생겼던 손가락의 부기가 완전히 빠지고 열이 떨어진 것이 아닌가! 기도해준 나도 놀랐습니다. 왜냐하면 저는 그때까지 예수님이 베드로의 장모, 열병을 그 자리에서 고치신 것을 믿지 않았습니다. 왜냐하면 제가 특수부대 근무할 때에 우리 지휘관이 열병에 걸려서 40일 동안 부대를 출근하지 못한 일이 있었습니다. 그때 저는 사령부에 근무하고 있을 때인데 한 20일이 지나니까 아마도 죽을 것 같다고 했습니다. 그러나 다행히도 열병이 나아서 부대에 출근을 했는데 보니까 입이 돌아갔었습니다. 그때 그것이 자아가 되어 성경에 베드로 장모의 중한 열병을 그 자리에서 낫게 한단 말인가 하고 믿지 않았습니다. 그러다가 하나님이 그 의심을 제거하고 치유 사역자를 만들기 위해서 그 열병 환자를 만나게 하고, 그 자리에서 낫게 하신 것입니다. 그 아이가 열병으로 심하게 고통을 당한 질병의 명칭은 일본 가와사키 병이라고 나중에 그 아이의 어머니가 이야기 해주었습니다. 그 병을 앓게 되면 고열로 인하여 심장이 터질 수도 있답니다. 그래서 열은 떨어졌지만 심장 검사를 하기 위하여 퇴원하지 않고 기다리다가 다음날 심장에 아무 이상이 없다고 하여 퇴원 했습니다. 우리는 세상에서 예수이름을 사용해야 합니다. 예수이름으로 기도하여 흑암을 물리쳐야 천국이 이루어지는 것입니다. 이와같은 초자연적인 일을 하라고 하나님이 예수이름을 주신 것입니다. 우리는 예수이름을 사용해야 합니다. 예수이름을 사용할 때 자유함을 누릴 수가 있는 것입니다. 크리스천은 무엇보다 삶에서 예수이름을 누리는 것이 중요합니다.

7.예수 이름으로 기도하니 복통이 즉각 치유

우리 교회에 다니던 집사님 한 분이 체험한 사례입니다. 우리 교회는 특별한 교회입니다. 예배 때마다 성령의 불의 역사가 강하게 나타납니다. 모두 성령의 이끌림을 받는 기도를 하면서 성령을 체험합니다. 성도님들도 체험이 있는 영적으로 깨어있는 성도님들이 다닙니다. 육의 눈으로 보기에는 교회가 작고 볼품이 없지만 영안을 열고 보면 성령이 역사하는 살아있는 생명의 교회이기 때문입니다. 영적인 비밀을 알고 체험적인 특별한 성도님들이 다닙니다. 한 마디로 보통은 넘는 성도님들이라고 해도 과언은 아닙니다. 영적으로 깨어있고 성령의 권능이 나타나는 성도님들입니다. 어느 날 젊은 집사님 한분이 점심을 먹으면서 이러는 것입니다. 자기 아들이 밤중에 복통이 나서 고열이 나고 힘이 드니 울고불고 난리가 났었다는 것입니다. 집사님이 119에 전화를 하려다가 갑자기 예수 이름으로 기도를 해야 겠다는 감동이 오더라는 것입니다. 그래서 네 살 먹은 아들을 안고 머리에 손을 얹고 "성령이여 임하소서. 예수님의 이름으로 열은 떨어질지어다. 열은 떨어질지어다." 하고 기도를 했더니 갑자기 아이가 울음을 그치더라는 것입니다. 머리에 손을 얹어보니 열이 떨어진 것입니다. 이번에는 "예수님의 이름으로 복통은 사라질지어다." 하니까, 기침을 한동안 하더니 아이가 스르르 잠이 들더라는 것입니다. 복통과 고열이 예수님의 이름으로 대적하며 기도하니 깨끗하게 치유

된 것입니다. 하나님의 살아 역사하심을 체험하게 한 것입니다.

이렇게 예수님의 이름으로 선포하며 기도하면 기적을 체험하게 합니다. 기적은 내가 할 수 없는 것을 치유하고 해결하는 것입니다. 내가 예수 이름으로 담대하게 명령하니 성령하나님이 치유하시는 것입니다. 절대로 예수 이름으로 기도할 때 내가 병을 고치고 문제를 해결한다고 생각하면 안 됩니다. 많은 분들이 예수를 믿으면서도 기적을 체험하지 못하는 것은 자신이 치유한다는 생각 때문입니다.

또 자신이 예수 이름으로 기도하여 치유되지 않으면 어찌하나 하고 염려하기 때문에 기적을 체험하지 못합니다. 내가 예수 이름으로 기도할 때 성령하나님이 치유하고 해결하신다는 믿음으로 기도하면 당신도 날마다 기적을 체험하게 됩니다. 담대하게 성령의 감동하심을 따라 예수님의 이름으로 대적하며 선포 기도하여 기적을 날마다 체험하시기를 바랍니다. 세상 사람들에게 하나님의 살아 역사하심을 나타내어 능력전도를 하기를 바랍니다.

8. 예수 이름으로 기도하니 식중독이 즉석에서 치유

저는 병원에 능력전도 다닐 때 예수 이름으로 기도하여 많은 기적을 체험했습니다. 한번은 어느 병원에 갔더니 여학생이 금식이라는 표찰을 달고 있었습니다. 옆의 친구가 간호를 하고 있었습니다. 친구보고 어떻게 된 일이냐고 물었더니 여름방학 기간

중, 중고등부 수련회에 참석하여 음식을 먹은 것이 식중독에 걸렸다는 것입니다. 그래서 나는 목사인데 지금 예수 이름으로 기도하면 낫는다고 믿느냐 그러니까 큰 소리로 아멘! 하는 것입니다. 그래서 자매의 머리와 등에 손을 얹고 "성령이여 임하소서! 성령이여 임하소서! 위와 장에 임하소서! 하나님 우리 사랑하는 딸이 믿음이 너무 좋습니다. 그래서 여름 방학 중에 중 고등부 수련회에 참석하여 음식을 먹은 것이 식중독에 걸려 열이 나고, 온몸에 두드러기와 피부병이 생기고 밥도 먹지 못하고 심한 열로 고생을 합니다. 부모님, 또한 걱정이 많습니다. 교회의 입장도 난처하게 되었습니다. 이 시간 치유하여 주셔서 어린 자매가 하나님의 살아 역사하심을 체험하게 하옵소서. 예수 이름으로 명하노니 식중독을 일으킨 근원은 물러갈지어다. 열은 떨어질지어다. 위와 장은 정상으로 움직일지어다. 예수 이름으로 명하노니 식중독을 일으킨 근원은 물러갈지어다. 열은 떨어질지어다. 위와 장은 정상으로 움직일지어다." 아멘! "예수 이름으로 명하노니 식중독을 일으킨 근원은 물러가고 열은 떨어지고 위와 장은 정상으로 움직일지어다." 학생이 아멘! 아멘! 을 아주 잘했습니다. 기도를 끝냈더니 이 아이가 일어서더니 물을 달라고 하여 마시는 데 보니까 피부의 두드러기와 반점들이 계속 없어지는 것입니다. 피부의 반점이 마치 눈이 녹는 것과 같이 사라지는 것이 눈에 보이는 것입니다. 정말 하나님은 살아계십니다. 그날 오후에 퇴원한다고 했습니다. 성령의 감동을 받고 담대하게 예수 이름으로 선포하며 기도할 때 기적 같은 역사가 일어납니다. 담대하게 환부에 손을 얹고 예수 이름으로 대적기도를 하세요. 그러면 이와 같은 기적을 체험할 것입니다.

9.예수 이름으로 기도하니 위경련이 즉석에서 치유

시화병원에 능력전도를 하러갔습니다. 저는 항상 맨 윗층인 5층에서 전도를 시작합니다. 5층은 1인실과 산부인과가 있는 곳입니다. 1인실을 지나가다가 보니 문이 열린 것입니다. 그래서 저는 목사입니다. 들어가도 좋습니까? 했더니 들어오라는 것입니다. 들어갔더니 사십대 초반의 여성은 딸로서 보호자로 와있고, 60대 중반의 여성은 환자로 누워있었습니다. 자초지종을 물었습니다. 그랬더니 위경련이 와서 15일 동안 물도 넘기지 못하여 입원을 했다는 것입니다. 안수를 해달라고 했습니다. 그런데 제가 누누이 이야기 하는 것이지만, 예수 이름으로 기도하여 질병이 기적적으로 치유가 되려면 성령이 장악을 해야 합니다. 물어보니 배가 아파서 십오일동안 기도를 못했다는 것입니다. 제가 환자에게 호흡을 깊게 들이쉬고 내쉬면서 기도를 하라고 알려주었습니다. 그리고 기도를 했습니다. "성령이여 임하소서. 이 집사님을 사로잡아 주옵소서. 예수 이름으로 명하노니 위경련은 치유될 지어다." 하고 기도를 했습니다. 아무런 현상이 나타나지를 않았습니다. 저는 당황하지 않고 성령의 임재기도를 드렸습니다. 본인에게 호흡을 깊게 들이쉬고 내쉬면서 호흡 기도를 하라고 알려주었습니다. 호흡을 들이쉬면서 "예수님"내쉬면서 "내 병을 치유해주세요"이렇게 기도하라고 하고 병실을 나왔습니다. 하루가 지난 다음에 병실을 찾았습니다. 병실에 들어가 보니 하루 동안 본인이 기도를 하여 상당히 편안해진 것이 눈에 보였습니다. 제가 다리를 구부리고 침대 옆에 앉았습니다. 환자의 손을 위장이 있는 곳에 올리라고 했습니다. 환자의 손위에 제 손을 올렸습니다. 성령의 임재를 요청했습니다. 성령이여 임하소서. 성령이여 사로잡아주옵소서. 본인에게 호흡을 깊게 들이쉬고 내쉬라고 했습니다. 조금 지나니 성령께서 역사하시는 것이 눈에 보였습니다. 그리고 성령께서 감동을 하셨습니다. 명령하고 선포하라고 말입니다. "내가 예수님의 이름으로 명하노니 위경련은 풀릴지어다." "내가 예수님의 이름으로 명하노니 위경련은 풀릴지어다." "내가 예수님의 이름으로 명하노니 위경련은 치유될지어다." "예수 이름으로 위경련은 풀릴지어다."하고 명령하니 배가 출렁하는 것입니다. 마치 세숫대야에 물을 담아놓고 비누를 빠뜨릴 때 출렁하는 것과 같이 배가 출렁했습니다. 그 다음 환자가 기침을 사정없이 하는 것입니다. 숨을 제대로 쉬지 못할 정도로 기침을 한 5분을 하는 것입니다. 저는 더 강하게 하면서 "내가 예수님의 이름으로 명하노니 위경련을 일으키던 악한 영은 모두 떠나가라." "모든 것을 정상으로 돌려놓고 떠나가라"명령을 했습니다. 어느덧 기침이 멈추었습니다. 치유하여 주신 하나님 감사합니다. 예수님의 이름으로 기도합니다. 아멘! 한 다음에 딸에게 물을 드려보라고 했습니다. 물을 한 컵을 드렸습니다. 벌컥벌컥 한 컵을 다 마시는 것입니다. 15일 동안 한 모금의 물도 넘기지 못한 위경련이 두 번의 예수 이름으로 대적하며 기도하여 깨끗하게 치유가 되었습니다. 저에게 감사하다고 했습니다. 제가 아닙니다. 하나님이 하신 것입니다. 하나님에게 영광을 돌립니다. 하고 병실을 나왔습니다. 다음날 병실을 찾으니 퇴원을 했습니다. 하나님은 이렇게 병원에서 의사가 고치지 못하는 질병을 예수 이름으로 기도할 때 순간 기적적으로 치유하십니다.

10. 예수이름으로 공황장애가 즉석에서 치유

공황장애나 불안장애는 세상에서 불치병이라고 합니다. 그런데 성령의 깊은 임재 가운데 예수이름으로 영적치유를 하면 치유가 된다는 것입니다. 얼마 전에 공황장애로 하루에 세 번씩 약을 먹는 30대 후반의 여인을 치유한 경험을 적습니다. 공황장애가 발병하여 고통을 당하다가 저희 교회를 받고 와서 2주 동안 다니면서 내적치유를 받았습니다. 모두 잘 아시다 시피 저희 교회는 매주 토요일 날 개별 능력전이와 집중영육치유 시간을 갖고 있습니다. 이분이 예약하여 치유를 받았습니다.

기도를 시작했는데 50분이 지나도록 성령의 역사가 일어나지 않았습니다. 50분이 지나지 성령의 역사로 악을 쓰면서 울기 시작을 했습니다. 울면서 악을 쓰면서 상처들이 떠나갔습니다. 유아 시절에 충격을 받을 때 들어온 귀신들이 떠나가기 시작을 했습니다. 이렇게 하기를 50여분을 했습니다. 얼굴에 화색이 돌면서 '하나님 감사합니다.' 를 연발하는 것입니다. 찬양을 부르기도 하고 방언찬양을 하기도 했습니다. 2시간 30분이 지나서 제가 질문을 했습니다. 지금 기분이 어떠세요. 너무 너무 평안합니다. 제가 생각하기를 역시 집중치유가 필요하다는 것을 절실하게 느꼈습니다. 집으로 돌아가서 약을 끊고 생활해도 불안하지를 않다는 것입니다. 그래서 제가 완전히 치유가 된 것이 아니니 지속적으로 성령 충만을 받으라고 권면을 했습니다.

다른 한분은 불안 장애로 사람구실을 못하던 분입니다. 이분은 40대 초반의 남성입니다. 불안하고 초조하여 밤에 잠을 제대로 자지 못한다는 것입니다. 사람이 있을 때보다 없을 때는 더욱 심하다는 것입니다. 그래서 서울 유명한 종합병원에 가서 불안장애라는 진단을 받고 약을 받아서 먹어도 안정을 찾을 수가 없었다는 것입니다. 정신과 전문 의사가 하는 말이 조금 지나면 공황장애로 발전할 수가 있다는 것입니다.

그러다가 지인의 소개로 저에게 연락이 왔습니다. 우선 안정을 취하도록 응급조치를 해줄 수가 없느냐는 것입니다. 그래서 토요일 집중치유를 해보자고 했습니다. 토요일 날 집중 치유를 하는데 30분정도 지나니 악을 쓰면서 울면서 상처가 떠나갔습니다. 약 2시간을 성령의 역사로 치유를 했습니다.

그리고 나서 제가 축귀를 했습니다. 불안하게 하는 귀신들을 약 30분간 쫓았습니다. 이제 환자가 안정을 찾았습니다. 2시간 30분이 지났습니다. 종료하고 환자에게 질문을 했습니다. 지금 기분이 어떠합니까? 예 마음이 후련하고 편안합니다. 참으로 감사합니다. 집에서 어느 때는 울고 싶어도 울음이 나오지 않아서 울지를 못했는데 실컷 울고 나니, 마음이 후련하고, 가슴이 시원하고, 마음이 평안해 졌습니다. 그리고 자기 집, 충청도로 내려 갔습니다. 제가 일주일이 지나서 전화하여 상태를 물었습니다. 아주 평안하게 잘 지내고 있다는 것입니다. 이렇게 공황장애나 불안장애는 충격적인 상처로 인하여 발생합니다. 고로 성령의 강한 역사로 내적치유와 축사를 하면 치유가 됩니다. 세상 의술과 약으로는 치유할 방법이 없습니다. 상처와 영적인 문제가 복합되었기 때문입니다.

성령의 깊은 임재 가운데 예수이름을 사용하여 집중치유를 하면 웬만한 정신적인 문제와 질병, 상처가 치유됨과 동시에 성령의 권능을 전이 받게 됩니다. 매주 토요일하는 집중치유는 참으로 중요한 사역입니다. 성령의 은사나 치유의 권능을 받을 분에게 참으로 유익한 사역입니다. 필자는 지속적으로 토요일 집중 치유를 통하여 환자들을 치유하고 성령의 권능이 전이되게 할 것입니다.

2장 예수 이름의 권능을 사용하는 비밀

　(행3:1-10)"제 구 시 기도 시간에 베드로와 요한이 성전에 올라갈새, 나면서 못 걷게 된 이를 사람들이 메고 오니, 이는 성전에 들어가는 사람들에게 구걸하기 위하여 날마다 미문이라는 성전 문에 두는 자라. 그가 베드로와 요한이 성전에 들어가려 함을 보고, 구걸하거늘 베드로가 요한과 더불어 주목하여 이르되 우리를 보라 하니, 그가 그들에게서 무엇을 얻을까 하여 바라보거늘 베드로가 이르되 은과 금은 내게 없거니와 내게 있는 이것을 네게 주노니 나사렛 예수 그리스도의 이름으로 일어나 걸으라 하고, 오른손을 잡아 일으키니 발과 발목이 곧 힘을 얻고 뛰어 서서 걸으며 그들과 함께 성전으로 들어가면서 걷기도 하고 뛰기도 하며 하나님을 찬송하니 모든 백성이 그 걷는 것과 하나님을 찬송함을 보고 그가 본래 성전 미문에 앉아 구걸하던 사람인 줄 알고 그에게 일어난 일로 인하여 심히 놀랍게 여기며 놀라니라"

　예수님의 이름에는 분명하게 권세가 있습니다. 성도들에게 세상에서 가장 가치 있는 이름 하나를 찾으라고 한다면 "예수 그리스도의 이름"임을 찾아야 합니다. 예수의 이름의 뜻이 "구원"입니다. 예수님은 요한복음 14장 6절에서 "내가 곧 길, 진리, 생명이라고 하시며 나로 말미암지 않고는 아버지께로 올 자가 없다"고

하셨습니다. 죄에서 자유 함을 얻는 유일한 길이요. 요한복음 14장 13절에 "너희가 내 이름으로 무엇을 구하든지 내가 시행하리니" 하나님께 기도하여 응답 받을 수 있는 이름입니다. 이런 기도의 약속은 대단한 약속입니다. 그래서 성도들은 열심 있게 예수 이름으로 성령 안에서 기도해야 합니다. 그러나 기도는 열심히 하는데 아무 일도 일어나지 않는 일이 대부분입니다. 그것을 이상하게 여기지도 않습니다. 자신의 능력이 없어서, 믿음이 적어서, 죄가 있어서 등으로 생각하고 기도를 포기합니다.

그럼 과연 예수 이름의 권세는 언제 누구에게 나타나는 것일까요? "먼저 생각할 것은 우리가 이 땅에서 예수 그리스도의 이름을 부르는 의미를 알라" 기도는 나를 위한 것이 아니라, 하나님을 위한 것임을 잊지 말아야 합니다. 즉 예수 이름을 사용하는 목적이 나를 위함이 아니라, 하나님의 영광을 위함이어야 한다는 것입니다. 예수의 이름은 내가 하나님을 이용하도록 주신 것이 아니라, 하나님께서 나를 사용하시기 위해 주신 이름이라는 말씀입니다. 이를 알고 성령으로 기도해야 합니다. 성령 안에서 예수님의 권세가 나타나는 것입니다.

성령 안에서 예수님의 이름으로 기도할 때 하나님이 들어주시고 응답하여 주십니다. 우리가 '예수님의 이름으로' 기도하는 것은, 예수님께서 돌아가시기 전에 제자들에게 마지막으로 부탁하신 말씀 때문입니다. 물론 '예수님의 이름으로' 기도할 때에는, 예수님의 가치와 목적과 성품이 그 기도 속에 포함되어 있어야 합니다. 즉 성령의 임재가운데 성령으로 기도해야 합니다. 그 구체적인 기도의 내용이 바로 주님이 가르쳐주신 주기도문에 담겨있습니다.

무엇보다 우리가 기도하는 대상이신 하나님에 대해서 오해를 풀어야 합니다. 우리의 기도는 억지로 떼를 써서라도 인색한 하나님에게 우리가 원하는 것을 받아내는 고집스러운 행위가 아니라, 단순하고 솔직하게 필요한 것과 성령님이 감동하시는 것을 믿음으로 간구하는 것입니다.

그리고 '예수님의 이름으로' 기도할 때에 우리가 받게 될 가장 좋은 응답은 바로 '성령'이라는 것을 알아야 합니다. 기도할 때 성령을 주십니다. 이것이 바로 예수님께서 우리에게 '예수님의 이름으로' 기도하라고 가르쳐주신 진정한 이유입니다. 이 부분에 대해서 조금 더 깊이 묵상할 필요가 있습니다. 예수님께서 승천하시기 전에 제자들에게 남겨주신 말씀은 "오직 성령이 너희에게 임하시면 너희가 권능을 받고 예루살렘과 온 유대와 사마리아와 땅 끝까지 이르러 내 증인이 되리라 하시니라."(행1:8)입니다. 누가복음 11장에서 주님은 우리가 '예수님의 이름으로' 기도하면 '성령'을 받게 될 것이라고 말씀하셨습니다. 여기 사도행전 본문에서는 '성령'이 임하면 '권능'을 받게 될 것이며, 그 '권능'을 받아야 땅 끝까지 이르러 '주님의 증인'이 될 수 있다고 하셨습니다. 그리고 오순절 성령강림을 통해서 실제로 주님께서 약속하신 성령이 제자들에게 하나씩 임했습니다.

자, 그렇다면 제자들이 성령이 임함으로써 받게 된 '권능'이 구체적으로 무엇일까요? 오순절 성령강림절 당일에 제자들이 다른 나라의 말로 '방언'을 말함으로써 예수 그리스도의 복음이 선포되는 정말 놀라운 일이 나타났습니다. 그러나 '방언'을 '권능'이라고 표현하기에는 무언가 충분하지 않다는 느낌입니다. 성령이 임하심으로 제자들이 받게 된 '권능'이 무엇일까요?

베드로가 행한 오순절 설교에서 이 '권능'의 의미가 잘 설명되고 있습니다. "이스라엘 사람들아 이 말을 들으라. 너희도 아는 바와 같이 하나님께서 나사렛 예수로 큰 권능과 기사와 표적을 너희 가운데서 베푸사 너희 앞에서 그를 증언하셨느니라."(행2:22)입니다.

베드로는 예수님께서 이미 '권능'을 나타내셨다고 이야기합니다. 예수님께서 행하신 '권능'(權能)이란 기사(wonders)와 표적(signs)을 행하실 수 있는 눈으로 보이는 '능력'(power)이라는 것입니다. 그 권능을 통해서 예수님이 하나님의 아들이요. 그리스도이심을 하나님께서 '증언'하셨다는 것입니다. 반드시 예수님의 권능은 말로만 그치는 것이 아니라 실제 몸으로 느끼고, 눈으로 보이는 실제적인 현상이 나타나야 합니다. 정리하자면, '권능'은 기사와 표적을 행하는 능력인데, 그것을 통해서 예수 그리스도가 증명(prove)될 수 있는 그런 능력입니다.

자, 그렇다면 오순절 성령강림 사건을 통해서 제자들이 받게 된 '권능'은 무엇일까요? 그것은 예수님과 똑같습니다. '기사'와

'표적'을 행할 수 있는 '능력'입니다. 그 권능을 사용함으로써, 주님께서 하신 말씀처럼, 제자들은 비로소 땅 끝까지 이르러 예수님을 증언하는 사역을 할 수 있게 되었던 것입니다. 그러니까 예수님께서 제자들에게 '예수님의 이름으로' 하늘 아버지께 기도하여 '성령'을 받으라(눅11:13)고 말씀하신 이유는, 결국 제자들이 성령을 받아야 이와 같은 권능을 사용할 수 있게 되기 때문인 것입니다. 권능은 성령으로 기도할 때 기사와 표적이 나타나기 때문입니다. 그렇기 때문에 예수님의 권능을 사용하려면 반드시 성령으로 세례를 받아야 합니다.

그렇게 해서 실제로 초대교회에서는 성령 받은 제자들로 말미암아 많은 '기사와 표적'이 나타나게 되었습니다(행2:43). 그 중의 그 첫 번째 사건이 바로 성전 미문에서 구걸하던 나면서부터 못 걷게 된 장애인을 베드로와 요한이 치유한 일입니다. 이때 베드로가 그를 향해서 무엇이라고 말했습니까? "베드로가 이르되 은과 금은 내게 없거니와 내게 있는 이것을 네게 주노니 나사렛 예수 그리스도의 이름으로 일어나 걸으라 하고…."(행3:6)라는 말입니다.

여기에서 우리가 주목해야 할 부분은, 베드로가 권능을 행하면서 사용한 '나사렛 예수 그리스도의 이름으로'라는 말입니다. 베드로는 '내가 명하노니 일어나 걸으라!'라고 하지 않습니다. '예수님의 이름으로 일어나 걸으라!'고 명령합니다. 바로 이것이 '예수님의 이름으로' 기도하여 성령의 권능을 받은 사람들이, 그 권능을 행할 때 하는 방법입니다. '예수님의 이름으로' 기도하여 얻은 권능은 오직 성령 안에서 '예수님의 이름으로' 명령함으로써 그 능력이 나타나게 되는 것입니다.

그렇다면 예수님은 기사와 표적을 행하실 때에 당신의 이름을 사용하셨을까요? 아닙니다. 예수님은 당신의 이름을 사용하실 필요가 없으셨습니다. 그냥 '말씀하심'으로 놀라운 기사와 표적을 보이셨습니다. "…중풍병자에게 말씀하시되 일어나 네 침상을 가지고 집으로 가라 하시니 그가 일어나 집으로 돌아가거늘…." (마9:6b-7). 베데스다 연못가에 누워 있던 38년 된 병자를 향해서도 예수님은 그냥 명령하셨습니다. "예수께서 이르시되 일어나 네 자리를 들고 걸어가라 하시니 그 사람이 곧 나아서 자리를 들고 걸어가니라."(요5:8-9). 명령하셨습니다.

예수님은 굳이 '예수님의 이름으로' 선포하실 이유가 없으십니다. 왜냐하면 그분이 바로 예수 그리스도 자신이시기 때문입니다. 그러나 제자들은 다릅니다. 제자들은 자신의 능력으로 기사와 표적을 나타내 보이는 것이 아닙니다. 성령 안에서 예수님의 이름으로 기도하여 얻은 '권능'으로 기사와 표적을 보이는 것입니다. 따라서 그들은 반드시 '예수님의 이름으로' 그렇게 선포하고 명령해야 하는 것입니다.

그러니까 엄밀하게 말하자면 제자들이 기사와 표적으로 '권능'을 행할 때에, 예수님께서 그 일을 행하신다는 믿음을 가지고 '예수님의 이름으로' 기도하는 것이며, 동시에 예수님께서 행하실

일(기사와 이적)에 대해서 선포하고 명령하는 것입니다. 예수님께서는 믿음의 '기도'를 들으시고 이적이 나타날 대상에게 성령으로 '명령'하는 것입니다. 이 명령을 대상이 알아듣고 순종하니 기적이 나타나는 것입니다.

이와 같은 놀라운 일은 베드로에게만 경험된 것이 아니었습니다. 바울은 그보다 더 놀라운 일을 행했습니다. 빌립보에서는 예수 그리스도의 이름으로 귀신들린 여종에게서 귀신을 내쫓기도 했습니다. "…바울이 심히 괴로워하여 돌이켜 그 귀신에게 이르되 예수 그리스도의 이름으로 내가 네게 명하노니 그에게서 나오라 하니 귀신이 즉시 나오니라."(행16:18). 바울이 말 한대로 귀신이 나왔습니다. 에베소에서 사역할 때에는 정말로 믿기지 않는 놀라운 역사가 나타나기도 했습니다. "하나님이 바울의 손으로 놀라운 능력을 행하게 하시니 심지어 사람들이 바울의 몸에서 손수건이나 앞치마를 가져다가 병든 사람에게 얹으면 그 병이 떠나고 악귀도 나가더라."(행19:11-12). 이는 실제로 일어난 성령의 역사입니다.

이 이야기는 마치 12년 동안 혈루증을 앓던 여인이 예수님의 옷에 손을 대고 고침을 받은 장면을 연상하게 합니다. 그러나 그것은 어디까지나 예수님 이야기입니다. 하나님의 아들이신 예수님이라면 물론 얼마든지 그런 일을 행하실 수 있습니다. 그런데 바울의 몸에서 손수건이나 앞치마를 가져다가 얹으면 병이 고쳐지고 악귀가 나가는 이런 일이 어떻게 벌어진단 말입니까? 오랫

동안 선교활동에 헌신하다가 보니까 바울도 예수님과 같은 어떤 초자연적인 능력을 가지게 된 것일까요? 아닙니다. 그것은 바울이 가지고 있는 능력이 아닙니다. 본문은 이와 같은 오해를 막기 위해서 분명한 어조로 말합니다. "하나님이 바울의 손으로 놀라운 능력을 행하게 하셨다."

바울을 통해서 나타난 일은 분명히 보통 사람들로서는 감히 행할 수 없는 아주 '이례적인'(extraordinary) 것이었습니다. 그러나 그것은 바울이 자신의 능력으로 행한 일이 아니라, 하나님께서 바울을 통해서 하신 일입니다. 지금도 하나님은 성령으로 세례를 받고 믿음 있는 성도들을 통해서 일을 하십니다.

왜 하나님께서는 바울을 통해서 그런 놀라운 능력을 나타내셨을까요? 그것은 바울이 선포하는 '말씀의 권위'를 세워주시기 위해서였습니다. 잘 새겨들으십시오. '바울의 권위'가 아닙니다. '말씀의 권위'입니다. 바울이 가르치고 전하는 주님의 말씀의 권위를 높여주시기 위해서 놀라운 능력을 보여주신 것입니다. 하나님이 바울을 통하여 일을 하신다는 것을 나타내신 것입니다.

이와 같은 일은 예수님의 공생애 기간 동안에 이미 경험되어진 일입니다. 예수님께서 제자들을 파송하셨을 때에도 제자들을 통해서 놀라운 권능이 나타났습니다. "예수께서 열두 제자를 불러 모으사 모든 귀신을 제어하며 병을 고치는 능력과 권위를 주시고 하나님의 나라를 전파하며 앓는 자를 고치게 하려고 내보내시며…."(눅9:1-2). 예수님은 열두 제자를 한 자리에 불러놓으시고, 그들에게 '모든 귀신을 제어하며 병을 고치는 능력(power)과 권위(authority)를 주셨다'고 합니다. 이 '능력'과 '권위'를 한 마디로 줄여서 말하면 바로 '권능'(權能)이 되는 것입니다. 그런데 이 '권능'의 구체적인 내용이 무엇이었을까요? 그렇습니다. 바로 성령 안에서 '예수님의 이름을 사용할 수 있는' 능력과 권위입니다. 우리는 이 능력과 권위를 예수 이름으로 사용해야 합니다.

실제로 이때 파송 받은 제자들은 '각 마을에 두루 다니며 곳곳에 복음을 전하며 병을 고쳤다'(눅9:6)고 합니다. 또한 '귀신들이 제자들에게 항복하는' 그런 일들도 체험했습니다(눅10:17). 그것 또한 제자들의 능력이 아니었습니다. 오히려 그들이 전하는 하나님 나라의 '복음의 권위'를 드러내기 위해서 주님께서 제자들에게 '예수님의 이름을' 사용할 수 있는 권능을 주셨고, 그것을 통해 놀라운 능력을 실제로 나타내신 것입니다.

베드로와 바울이 행했던 권능도 이와 같이 예수님의 이름을 사용하는 능력이었습니다. 그것을 통해서 놀라운 기사와 표적이 나타났던 것입니다. 그러나 '예수님의 이름'을 사용한다고 해서, 누구에게나 이와 같은 놀라운 일이 나타나게 되는 것은 아닙니다. 바울이 에베소에서 사역할 때에 '예수님의 이름으로' 귀신을 쫓아내는 것을 본 마술사들이 그 흉내를 냈던 일이 있었습니다. "이에 돌아다니며 마술하는 어떤 유대인들이 시험 삼아 악귀 들린 자들에게 주 예수의 이름을 불러 말하되 내가 바울이 전파하는 예수를 의지하여 너희에게 명하노라 하더라."(행19:13). 여기에서 '돌아다니며 마술하는 어떤 유대인들'은 그냥 눈속임수로 사람들을 즐겁게 해주는 '마술사'를 의미하지 않습니다. 이들은 사실'악한 영들을 쫓아내는' '유대인 퇴마사'였습니다.

사도행전 8장에서 빌립이 사마리아 성에 내려가 복음을 전하다가 만난 '시몬'이라는 마술사나, 사도행전 13장에서 바울이 첫 번째 선교여행 중에 구브로의 바보에서 만난 '바예수'라는 유대인 거짓 선지자인 마술사도, 엄밀하게 말하면 사실 퇴마사들이었습니다. 물론 그들이 행하는 것은 눈속임수의 가짜 마술에 불과했지만, 그것을 잘 모르는 사람들에게는 '퇴마사'로서 큰 영향력을 행사하고 있었습니다. 그러다가 빌립이나 바울을 통해서 진짜 능력이 나타남으로써 그들의 가짜 행세가 들통 나고 말았었습니다.

바로 이곳 에베소에도 그와 같이 여기저기 떠돌아다니며 사기쳐서 먹고 사는 가짜 퇴마사들이 나타났던 것입니다. 그들은 바울을 모방하여 '시험 삼아'귀신을 축출하려고 했습니다. 악귀 들린 사람들에게 '내가 바울이 전파하는 예수를 의지하여 너희에게 명하노라!'라고 말하면서, 예수님의 이름을 이용하여 귀신을 쫓아내려고 했던 것입니다. 아마도 바울이 '예수 그리스도의 이름으로'귀신을 쫓아내는 장면을 목격했었던 모양입니다.

자, 과연 어떤 일이 벌어졌을까요? 그들도 정말 귀신을 쫓아낼 수 있었을까요? "악귀가 대답하여 이르되 내가 예수도 알고 바울도 알거니와 너희는 누구냐 하며 악귀 들린 사람이 그들에게 뛰어올라 눌러 이기니 그들이 상하여 벗은 몸으로 그 집에서 도망하는

지라."(행19:15-16).

그렇습니다. 예수 그리스도의 이름을 아무리 큰 소리로 부른다고 하더라도, 만일 그가 예수님을 구주로 믿지 않는 사람이라면, 그에게는 아무런 능력도 나타나지 않습니다. 왜냐하면 그 능력의 근원은 '예수 그리스도의 이름'에 있는 것이 아니라 '예수님 자신'에게 있기 때문입니다. 예수님께서 행하신다는 믿음이 없는데, 그 이름을 부른다고 무슨 일이 나타나겠습니까?

믿음 없이 부르는 '예수 그리스도의 이름'은 아무런 능력도 나타내지 않는 공허한 '주문'(呪文)이 되고 맙니다. 그것이 바로 하나님께서 십계명을 통해서 엄중하게 금지하신 '하나님의 이름을 망령되이 일컫는' 죄를 범하는 것입니다.

베드로가 성전 미문에서 행한 표적을 보고 놀란 사람들이 솔로몬 행각으로 모여들었을 때에, 그들에게 베드로는 이렇게 선포했습니다. "그 이름을 믿으므로 그 이름이 너희가 보고 아는 이 사람을 성하게 하였나니 예수로 말미암아 난 믿음이 너희 모든 사람 앞에서 이같이 완전히 낫게 하였느니라."(행3:16). 그렇습니다. 예수님의 이름을 불렀다고 권능이 나타나는 것이 아니라, 예수 그리스도의 이름을 믿는 믿음이 그와 같은 놀라운 기적을 나타낸 것입니다. 예수님이 자신을 통해서 일하신다는 믿음이 있을 때 성령이 역사합니다. 절대로 자신이 행하는 것이 아닙니다. 예수님이 하신다는 믿음을 보고 행하시는 것입니다. 우리는 예수님이 사용하시는 도구에 불과합니다.

요한복음 14장에서 주님은 '내 이름으로 무엇이든지 내게 구하면 내가 행하리라'(요14:14)고 말씀하셨습니다. 그래서 우리 그리스도인들은 기도할 때마다 반드시 예수님의 이름으로 기도합니다. 그러나 예수님의 이름으로 구한다고 해서, 무조건 우리가 간구하는 모든 기도와 소원이 이루어지는 것은 아닙니다. 믿음으로 기도해야 합니다. 예수를 그리스도로 믿는 믿음으로 기도해야 합니다. 그럴 때에 우리의 생각과 기대를 뛰어넘는 하나님의 놀라운 은혜와 능력으로 응답되는 것입니다.

'예수님의 이름으로' 기도할 때에 우리는 성령으로 세례를 받습니다. 성령을 세례를 받아 성령이 임하게 되면 우리는 '예수 이름으로 명령하는 권능'을 받게 됩니다. 예수님께서 행하신다는 확실한 믿음을 가지고 '예수님의 이름으로 '기도하며, 또한 '예수님의 이름으로' 명령할 때에, 하나님께서는 우리를 통해서도 얼마든지 놀라운 기사와 표적을 나타내시면서 예수님이 하나님의 아들이요, 그리스도이심을 증언하게 하실 것입니다.

성도들은 하나님께서 주신 예수 이름의 권세를 사용해야 합니다. 많은 목회자들이 성도들에게 예수님을 믿으면 하나님의 자녀가 되는 권세가 있다고 말합니다. 그래서 많은 성도들이 자신에게 하나님의 권세가 있는 줄 압니다. 자신에게 권세가 있다는 것을 안다고 권세가 나타나는 것이 아닙니다. 성령 안에서 믿음으로 사용할 때 권세가 권능으로 나타납니다. 그런데 문제는 권세를 사용할 줄을 모른다는 것입니다. 권세가 있어도 사용하지 않으면 무용지물입니다. 사용할 때 권능으로 역사가 나타나는 것입니다.

경찰관에게는 나라에서 부여한 권세가 있습니다. 그러나 경찰에게 부여한 권세를 사용하지 않으면 세상에 범죄가 판을 치고, 교통이 혼잡하게 됩니다. 교통사고가 많이 나고, 도둑이 판을 칠 수가 있습니다. 경찰관이 나라에서 부여한 권세를 사용하면 모든 것이 질서를 잡고 잠잠해지는 것입니다.

이와 마찬가지로 성도에게 하나님이 주신 권세를 사용하지 않으면 마귀 귀신이 활개를 칠 것입니다. 어떤 사람이 깊은 산중에 들어가 가축을 기르고 있었습니다. 그런데 아버지가 산중에 아내와 아이들을 놔두고 며칠 동안 시내에 다녀와야 할 일이 생겼습니다. 아버지는 고민했습니다. 잠시지만 이 깊은 산속에서 아내와 어린 자식들이 짐승 떼로부터 언제 습격을 받을지 모를 일이었기 때문입니다. 고민 끝에 아버지는 가족을 불렀습니다.

"얘들아, 아빠가 며칠 동안 시내에 다녀와야 한다. 지금까지는 내가 너희들을 지켰지만 며칠 동안은 엄마와 너희끼리 있어야 한단다. 그런데 너희도 알다시피 여기는 곰도 자주 나타나고, 밤에 이리 떼도 나타나니 아빠가 걱정이구나. 그러니 늘 불을 환하게 밝혀두는 것을 잊지 말아라. 어두우면 짐승들이 공격해 올 것이다. 그리고 만일의 사태를 대비해서 여기 엽총을 놓고 갈 테니 짐승이 나타나면 이 총으로 쏴라. 겁낼 것 없단다. 방아쇠만 당기면 총알이 나갈 거야. 그리고 부인에게 당신은 혹 총알이 떨어졌는지 확인하는 것을 잊지 말아요."

아버지는 총 사용법까지 꼼꼼히 가르치고 시내로 갔습니다. 그날 밤, 멧돼지들의 습격이 있었습니다. 행여 하고 망을 보던 엄마가 아이들에게 소리쳤습니다. "돼지 떼가 온다. 어서 총을 가지고 오너라." 아이들은 아빠가 가르쳐준 대로 돼지들을 향해 총을 쏘았습니다. 그랬더니 집채만 한 돼지들이 총에 맞아 쓰러졌습니다. 숨을 돌린 가족들은 아빠에게 감사했습니다. "아빠가 시킨 대로 하니 되는구나." 당신도 성령의 임재가운데 예수이름으로 명령하면 병이 고쳐지고, 귀신이 떠나가는 역사를 체험합니다.

하나님의 아들이신 예수 그리스도가 이 땅에 오셔서 마귀와 그의 추종자 귀신들을 쫓아내셨습니다. 예수님은 공생애 3년 동안 가는 곳마다 귀신을 쫓아내시고, 병든 자를 고치셨습니다. 왜냐하면 예수님이 이 땅에 오신 것은 마귀의 일을 멸하기 위함이었기 때문입니다(요일3:8). 그리고 예수님은 십자가를 지시고 죽으셨고, 사흘 만에 부활하셨습니다. "이르시되 너희는 가서 저 여우에게 이르되 오늘과 내일은 내가 귀신을 쫓아내며 병을 고치다가 제삼일에는 완전하여지리라 하라"(눅13:32).

부활하신 후 예수님은 다시 오신다는 약속을 하시고 승천하셨습니다. 그러나 그냥 가신 것이 아닙니다. 우리를 고아처럼 버려두고 그냥 가신 것이 아니라는 것입니다. 우리를 잠시 이 땅에 두고 가시는 주님은 우리를 염려하사 우리를 지키고, 우리를 인도하고, 우리를 보호할 다른 분을 보내주셨습니다. 바로 성령이십니다. "내가 아버지께 구하겠으니 그가 또 다른 보혜사를 너희에게 주사 영원토록 너희와 함께 있게 하리니"(요14:16).

예수님은 예수님이 떠나고 우리에게 그 성령이 오시는 것이 더욱 유익하다고 말씀하셨습니다. "그러나 내가 너희에게 실상을 말하노니 내가 떠나가는 것이 너희에게 유익이라 내가 떠나가지 아니하면 보혜사가 너희에게로 오시지 아니할 것이요 가면 내가 그를 너희에게로 보내리니"(요16:7). 왜 유익이냐면 육체를 입으신 예수님은 우리 각자와 연합할 수 없으나 성령은 우리 한 사람, 한 사람의 보혜사로 각 심령에 임재하실 수 있기 때문입니다.

예수님은 이 세상이 얼마나 험한지 잘 알고 계셨습니다. 주님이 그의 제자들을 세상으로 보내면서 "너희를 보냄이 양을 이리 가운데 보냄과 같다"고 말씀하실 정도로 이 세상이 무서운 곳임을 그 분은 잘 알고 계셨습니다. 왜 무섭습니까? 이 세상의 임금은 사단, 마귀이기 때문입니다. 그런 곳에서 당신이 피 값을 주고 산 하나님의 자녀들이 혼자서는 살아갈 수 없음을 아셨기에 성령을 보내주신 것입니다.

성령을 받으면 하늘의 권세를 받게 됩니다. "오직 성령이 너희에게 임하시면 너희가 권능을 받고"(행1:8). 권능이 무엇입니까? 권세와 능력입니다. 무슨 권세와 능력입니까? 하나님이 모든 권세를 예수 그리스도에게 넘기셨지 않습니까(마28:18)? 그 권세와 능력을 예수님이 우리에게 주신 것입니다. 즉 성령 안에서'예수 이름'을 사용하면 우리도 예수님이 하셨던 것처럼, 악한 마귀와 귀신들을 추방할 수 있고, '예수 이름'을 사용하면 하늘의 것과 땅의 것, 그리고 땅 아래 있는 것들이 우리 앞에 복종할 수밖에 없다는 것입니다. 왜냐하면 예수의 이름은 곧 예수님이기 때문입니다.

예수님은 "믿는 자들에게는 이런 표적이 따르리니 곧 그들이 내 이름으로 귀신을 쫓아내며 새 방언을 말하며, 뱀을 집어 올리며 무슨 독을 마실지라도 해를 받지 아니하며 병든 사람에게 손을 얹은즉 나으리라 하시더라"(막16:17~18)라고 말씀하셨는데, 이런 능력은 성령이 임해야 가능합니다. 그래서 예수님이 승천하기 바로 전에 "볼지어다! 내가 내 아버지께서 약속하신 것을 너희에게 보내리니 너희는 위로부터 능력으로 입혀질 때까지 이 성에 머물라 하시니라"(눅24:49)라고 말씀하신 것입니다.

그 말씀대로 120문도가 마가의 다락방에 모여 기도하며 성령을 기다렸던 것입니다. 성령이 불 같이 하나씩 임하자 그들이 나가 민간에게 표적과 기사를 행했습니다. 심지어는 베드로의 그림자만 밟아도 병이 낫는 일이 일어났습니다. 베드로뿐입니까? 스데반이나 빌립 집사 등 일곱 집사들도 성령의 권능이 충만하여 귀신을 쫓아내고 병을 고쳤습니다. 왜요? 어떻게요? 베드로의 말대로 '나사렛 예수 그리스도의 이름으로' 행한 것입니다. 사도 바울이 귀신을 쫓은 것 역시 '예수 이름'입니다.

아버지가 준 총을 쏘아 짐승 떼를 죽인 것과 동일하게, 예수 그리스도가 성령으로 주신 '예수 이름'으로 귀신을 향하여 명령하면 귀신은 떠날 수밖에 없는 것입니다. 그런데 안합니다. 사용하지 않습니다. 안 믿습니다. 왜요? 그게 되냐는 겁니다. 그런 법이 어디 있냐는 겁니다. 한 번도 예수 이름으로 기도하여 기사와 표적을 행하는 것을 보지 못했기 때문입니다. 예수 이름을 사용하는 훈련을 받지 못해서 하는 말입니다. 말씀 만 많이 알면 다된다고 배웠기 때문입니다. 머리로 아는 지식적인 말씀은 실제 살아있는 역사를 일으키지 못합니다. 그러면 총을 쏘면 총알 나가서 짐승이 죽는 건 어떻게 믿습니까? 아마 총을 쏘면 짐승이 죽는 것은 모두 믿을 것입니다. 총을 쏘면 총알이 나가서 죽이는 것처럼, 성령 안에서 예수 이름으로 명령하면 예수 이름이 귀신을 쫓아내게 되어 있는 것입니다.

예수 이름으로 쫓지 않으면 귀신이 들끓게 되어 있고, 그러면 인생이 꼬이는 것은 물론이고, 병들고 망하게 되는 것입니다. 내 집이, 내 육체가 귀신의 집이 되기 때문입니다. 그런데도 사람들은 이렇게 말합니다. "귀신만 쫓으면 다냐? 말씀을 알아야지" 저는 이렇게 말할 수 있습니다. "말씀만 많이 알면 다냐. 말씀 처럼 생명(역사)이 나타나야하지" "영적인 세계를 알고 체험하고 보면 귀신은 쫓아냐야 한다고 자연스럽게 이해하게 됩니다." 아무리 말씀을 많이 알아도 방해꾼이 있으면 평안하지 못합니다. 성령 안에서 예수 이름을 사용하면 방해꾼들이 떠나갑니다. 생각해보십시오. 적이 없으면 편안한 거 아닙니까? 우리를 망하게 하고, 병들게 하고, 부부간에 싸우게 하는 영적인 놈을 쫓아내면 우리 가정이 편안하지 않겠습니까? 그 악한 것들로 인해 우리의 영혼이 병들어 지옥에 가면 어쩝니까? 그러므로 귀신은 무조건 쫓아내야 합니다. 그러나 귀신 쫓는 것만 가지고 안 됩니다. 생명의 말씀과 성령으로 충만 받아야 합니다. 그래야 귀신이 감해 넘보지 못합니다.

예수 이름의 권세는 성령으로 세례 받은 남녀노소를 무론하고 다 나타납니다. 그러나 만 원짜리와 천 원짜리의 가치가 다르듯 하나님의 능력 또한 기도의 양과 정비례한다는 것을 알아야 합니다. 한 시간 기도한 사람과 세 시간 기도한 사람의 능력은 차이가 있습니다. 성령으로 기도하면 성령이 충만해지기 때문입니다. 성령으로 충만하면 그 만큼 권능이 강하게 나타나는 것입니다. 베드로의 그림자만 밟아도 병이 낫는 것은 베드로가 성령 안에서 기도를 습관화했기 때문입니다. 제가 성령 안에서 예수 이름을 사용하여 치유사역을 하는 것은 기도하기 때문입니다. 저는 항상 이렇게 말합니다. 제가 예배나 집회 때 성령의 역사를 일으키고, 내적인 상처를 치유하고, 귀신을 쫓아내고, 정신적인 문제를 치유하고, 심방을 가서 성령의 역사를 일으키며 문제를 해결하고, 집중 치유를 하면 목회자 성도가 영적으로 변화되는 모든 것에 비결은 깊은 기도에 있다고 합니다. 기도를 성령 안에서 깊게 하기 때문입니다. 저만의 기도하는 비결을 터득했기 때문입니다. 저에게서 권능이 떠나지 않는 비결은 바로 늘 성령으로 기도하기 때문입니다. 당신도 할 수 있습니다. 할렐루야!

3장 인류의 죄악을 담당하신 예수님

(요 1:29)"이튿날 요한이 예수께서 자기에게 나아오심을 보
고 이르되 보라 세상 죄를 지고 가는 하나님의 어린 양이로다"

예수 이름의 권능을 사용하려면 먼저 예수님이 어떠한 분인지
를 바르게 알아야 합니다. 예수님은 아담의 죄악으로부터 인류를
구원하기 위하여 친히 고통을 담당하셨습니다. 우리들의 이성과
경험을 너무나 아득히 뛰어넘는 사건에 부딪히게 되면 우리는 아
연실색하고 마음이 당황하게 됩니다. 그리고 할 말을 잊어버리게
됩니다. 바로 지금부터 2600여 년 전, 하나님의 선지자인 이사
야가 경험한 사실이 이와 같은 것이었습니다. 이사야가 하나님
앞에서 하나님의 계시를 받게 되었는데, 그 계시는 다름 아닌 하
나님의 아들이 사람으로 오시되 그것도 아기 예수로 오셔서, 이
땅에서 성장하시고 장성한 이후에 인류를 위한 제물이 되셔서 십
자가에 올라가 몸 찢고 피를 흘려 처참하게 죽으심으로 인류를 구
원하실 것임이라는 하나님의 장엄한 가르침이었습니다.

그래서 그는 그 계시를 보고 난 다음에 너무나 상상을 초월하
고 믿을 수 없는 사건이기 때문에, 외치며 말했습니다."우리의 전
한 것을 누가 믿었느뇨, 이 사건을 내가 아무리 전한들 누가 이것
을 참으로 믿어주겠느뇨, 여호와의 팔이 누구에게 나타났느뇨,
하나님의 권능과 능력의 팔이 나타나서 기사와 이적을 베풀어도

잘 안 믿어 주는 세상에 내가 이러한 사건을 설명한다고 해서 누가 이 사건을 믿어 주겠느냐"라는 것입니다. 그러나 이사야는 예수님 오시기 600년 전에 그가 하나님께로부터 받은 계시를 하나도 남김없이 우리에게 상세하게 전달해 주었습니다.

그리고 이 예언을 우리가 2600년이 지나간 오늘 이 시대에 찾아볼 때에 얼마나 상세하게, 얼마나 감격적으로 예언한 것임을 알 수가 있고, 이사야가 예수님 오시기 600년 전에 예언한 사실이 이제 2000년 지난 오늘 이 시대의 예수 십자가를 바라보는 우리에게 놀라운 성취를 보여주고 있는 것입니다.

성경은 예수님의 탄생으로부터 시작해서 그 죽으심까지 고난의 역경을 우리에게 밝히 보여주고 있는 것입니다. 먼저 예수님의 탄생을 이사야는 이렇게 말했습니다. "그는 주 앞에서 자라나기를 연한 순 같고 마른 땅에서 나온 줄기 같아서 고운 모양도 없고 풍채도 없은즉 우리의 보기에 흠모할 만한 아름다운 것이 없도다" 예수님의 태어나심이 연한 순같이 태어나겠다는 것입니다. 유대인들은 생각하기를 "예수님은 만왕의 왕, 만 주의 주로서 장엄하게 하늘의 구름을 타고 천군 천사를 거느리고 이 땅에 강림하실 것"을 기대하고 있었는데 그것에 정반대로 이사야는 말하기를 "예수님은 연한 순같이 이 세상에 태어날 것이라"고 말했습니다. 연한 순이란 어리고 연약한 아기로 태어날 것을 예언한 것입니다. 더구나 예수님의 태어난 환경을 마른 땅에서 나온 줄기 같다고 말했습니다. 마른 땅에서 줄기가 나온 것은 햇빛에 시들어지고 바람에 날리는 연약한 줄기인 것입니다. 바로 예수님께서는 마른땅 같은 나사렛 빈촌의 무명의 가문에서 바짝 마른 처녀 마리아의 몸에서 태어난 것은 사실인 것입니다. 이것을 상세히 이처럼 설명해 준 것입니다. 그렇기 때문에 우리가 보기에 고운 모양도 없고 풍채도 없다고 말했습니다. 예수님께서 어린 아기로 태어났을 때, 그 어린 아기를 보는 사람마다 눈이 휘둥그레지면서 "이는 과연 전대에 미물의 어린 아기다, 이는 정말 우리가 지금까지 보기 드물게 아름답고 영광스러운 어린 아기다" 이렇게 감탄할 아기로서 태어난 것은 아닙니다.

예수께서 어린 아기로서 어린 순 같이 마른 땅에서 낳은 줄기 같이 태어나매 사람들이 찾아와 보아도 그에게는 귀동자의 고움과 옥동자의 늘씬함이 없는 가장 평범한 어린 아기, 소위 우리가 요사이 말하는 보통 사람의 아기로서 태어난 것입니다. 그러므로 고운 모양도 없고 풍채도 없은즉 흠모할 만한 아무것도 없었습니다. 외면으로 볼 때에 예수 그리스도를 흠모할 만한 아름다운 것이 없었다고 이사야는 예언하고 있는 것입니다.

과연 그 예언 말씀 그대로 우리는 예수 그리스도의 탄생을 볼 때에 그는 베들레헴의 버린 마구간에서 태어나서 강보에 싸여 말구유에 놓여 있는데, 그 어린 아기를 보러온 목자들이 자세히 살펴보니 예수 그리스도가 다른 어린 아기보다 특출한 것은 조금도 발견할 수가 없었습니다. 물론 그 당시에 하늘의 천사들이 와서 노래 부르고 천군이 예수 그리스도 구주의 탄생하심을 예언했지만, 그러나 실제로 찾아온 예수 그리스도의 모습은 그렇게 영화롭고 흠모할 모습이 하나도 없었던 것입니다.

그리고 예수님의 생애에 관해서 이사야는 너무나 상세하게 우리에게 설명하고 있습니다. "그는 멸시를 받아서 사람에게 싫어 버린바 되었으며 간고를 많이 겪었으며 질고를 아는 자라 마치 사람들에게 얼굴을 가리우고 보지 않음을 받는 자 같아서 멸시를 당하였고 우리도 그를 귀히 여기지 아니하였도다" 예수 그리스도의 일생이란 멸시와 천대, 박대를 겪는 삶을 살았었습니다. 왜냐하면 로마인에게는 위험한 선동자로서 늘 감시를 받았습니다. 예수께서 가시는 곳마다 수많은 군중이 몰려왔기 때문에 혹시 예수가 민족주의자로서 민중 봉기 선동을 일으켜서 로마 정부에 대한 대항을 하지 않을까 싶어서 끊임없이 로마의 첩자들이 예수 그리스도의 뒤를 따라다녔습니다.

그리고 예수 그리스도를 감시했습니다. 유대인에게는 이단자로서 배척을 받았었습니다. 예수께서는 하나님이 자기 아버지라고 말하고, 하나님과 자기는 동일하다고 말함으로 유대인들은 예수 그리스도를 이단으로 낙인찍었습니다. 그래서 유대인의 종교 지도자들은 가는 곳마다 예수 그리스도를 배척하고, 예수 그리스도를 핍박하고, 그리스도를 환란으로 몰아쳐 넣은 것입니다.

그리고 소위 말하는 율법학자들은 예수님께서 정식 교육이 없는 자로 낙인을 찍고 무식한 자라고 해서 그리스도를 멸시했습니다. 귀족에게는 예수님은 바로 비천한 출신이기 때문에 나사렛에서 무슨 선한 이가 나겠느냐고 하면서 그리스도의 오고 감을 무시하고 멸시한 것입니다. 그리고 부자는 예수 그리스도를 거지 취급을 했었습니다. 예수님은 오고 갈데없는 방랑자와 같이 이 도시에서 저 도시로, 이 동네에서 저 동네로 방랑하면서 복음을 증거 했습니다. 그러므로 부자들은 예수님을 거지 취급했던 것입니다. 이러므로 그리스도는 가는 곳마다 멸시와 천대를 받았습니다. 물론 예수를 따라다니는 사람은 이 세상의 천민이요, 소외되고, 버림받고, 고통당하고, 슬픔을 당한 사람들만 따라 다녔기때문에 더욱더 예수 그리스도를 사람들은 무시했던 것입니다. 성경은 말하기를 예수그리스도는 '간고를 많이 겪었다'고 말했습니다. 그리스도의 일생은 간난신고(艱難辛苦)의 쓴 삶이었습니다. 왜냐하면 그는 일정한 거처가 없었습니다.

그러므로 어느 곳에 이부자리를 갖다놓고, 좋은 옷 갖다놓고 자고 깨고 할 수가 없었습니다. 그는 거처가 없었습니다. 새도 들집이 있고 여우도 굴이 있었지만 인자는 머리 둘 곳이 없다고 주님은 방랑자의 삶을 살면서 복음을 증거한 것입니다. 방랑자의 삶이란 절대로 행복하고 편한 삶은 아닌 것입니다. 그는 언제 맛있는 음식, 좋은 의복을 입어볼 수가 없었습니다. 방랑하는 사람이 어떻게 구미에 맞는 음식을 주문할 수 있겠습니까. 어느 곳에 가나 주는 대로 잡수셨습니다. 그러므로 언제나 구미에 맞는 맛있는 진미를 예수님은 잡수시지 못하셨습니다. 그는 언제 좋은 옷을 입고서 사람들 앞에 나서지 못했던 것은 누가 좋은 옷을 때

때로 만들어 주지 않았었습니다. 그는 통으로 짠 의복을 한 평생 입고 다닌 것입니다. 늘 떠돌아다니니 그 삶의 고생스럽기가 말로 다 할 수가 없고, 가는 곳마다 핍박과 고난을 당하셔서 이 동네에서 저 동네로 피신하지 아니할 수가 없었습니다. 그리스도야말로 일생을 간난신고로써 이 땅에서 보내신 것입니다.

그러나 성경은 말씀하기를 '예수님은 질고를 아는 자'고 말했었습니다. 왜냐하면 예수님이 이 땅에 오신 것은 질고로써 고생하는 사람들을 도와주기 위해서 오셨습니다. 영이 병든 사람, 마음이 병든 사람, 육신이 병든 사람, 생활에 병든 사람, 예수님은 병든 자를 치료하기 위한 의사로서 이 세상에 오신 것입니다. 그렇기 때문에 예수 그리스도를 로마인은 기피하고, 유대인은 멸시하고, 학자들은 천시하고, 귀족은 멸시하고, 부자는 그를 가까이 아니 했지만, 그러나 가난하고 병든 사람들은 무리를 지어서, 떼를 지어서 예수님을 따라다녔습니다. 예수님께서는 아침에 일어나서 저녁에 잘 때까지 그 주위에 병자들이 몰려오지 않은 때가 없었습니다. 그러므로 성경은 말하기를 '그는 질고를 아는 자'라고 말했습니다. 병들어서 고통하고 고민하는 것을 예수님은 알고 계셨습니다. 그리고 예수님은 가는 곳마다 귀신을 쫓아내고 병을 고쳤습니다. 열두 제자에게도 그렇게 하라고 말씀하셨고, 칠십 인의 제자에게도 그렇게 하라고 명령했으며, 나중에는 최후의 명령으로 모든 믿는 자들에게 귀신을 쫓아내고 병을 고치라고 주님께서 명령하신 것입니다. 이러므로 오늘날도 예수님은 이 자리에

와 계십니다.'너희 두 세 사람이 내 이름으로 모인 곳에는 나도 너희 가운데 있겠다'고 말씀하신 것입니다. 예수님은 우리의 질고를 알고 계신 것입니다. 예수님은 우리의 질고를 치료하기를 원하시고 계신 것입니다. 기독교는 병 고치는 종교인 것입니다.

기독교가 질고를 무시하고, 기독교가 병자를 위한 기도를 그친다면, 그것은 벌써 예수 그리스도의 교회가 되기를 그친 교회가 되어버리고 마는 것입니다. 성경에 보면 예수님은 방랑 전도사로서 그는 가는 곳마다 거처 없이 멸시와 천대를 받았으며, 하나님을 찾는 사람들조차 그를 알아보지 못하고 귀히 여기지 아니했었습니다. 이사야가 하는 말이'우리조차 그를 귀히 여기지 아니하였다'고 말했었습니다.

안 믿는 사람은 말할 필요 없고, 하나님을 찾는 우리조차도 예수가 하나님 아들인 것을 알지 못하고 그를 귀하게 여기지 아니했다고 외치고 있는 것입니다. 그러므로 그리스도의 일생이란 이와 같은 간난신고를 겪으며 살았지마는 그러나 수많은 앓는 자, 병든 자, 소외된 자들의 친구가 되고 그들을 사랑하고 그들을 치료해 주신 것입니다. 성경은 "어제나 오늘이나 영원토록 동일하시니라"고 말씀하십니다. 그러므로 오늘날도 소외된 자, 버림받은 자, 가난한 자, 병든 자, 슬픈 자, 외로운 자들에게 예수님은 찾아 오셔서 그들의 친구가 되어 주시고 치료자가 되어 주시고 그들을 위로하시고 돌봐주시고 계신 것입니다.

그리고 예수님의 고난을 성경은 우리에게 여실하게 말씀해주고 있습니다. "그는 실로 우리의 질고를 지고 우리의 슬픔을 당하였거늘 우리는 생각하기를 그는 징벌을 받아서 하나님께 맞으며 고난을 당한다 하였느니라" 예수님의 고난의 얘기를 계속 들어보십시오. "그가 찔림은 우리의 허물을 인함이요, 그가 상함은 우리의 죄악을 인함이라, 그가 징계를 받음으로 우리가 평화를 누리고 그가 채찍에 맞음으로 우리가 나음을 입었도다." 예수 그리스도의 생애는 바로 우리를 위한 대속의 생애였었습니다.

예수님께서는 여기 성경에 친히 기록한대로 진짜로 우리 질고를 지고 우리 슬픔을 당했다고 말한 것입니다. 여기는 '실로'라고 말했습니다. 이것은 가상이 아닙니다. 진실로 예수님은 우리의 질고를 짊어지셨다고 말씀하는 것입니다. 빌라도의 뜰에서 예수님은 그 등이 찢어지고 채찍으로 그 살이 갈기갈기 파헤쳐져 선지피가 줄기줄기 흐르도록 얻어맞았었습니다. 그는 몸부림을 쳤습니다만 성경은 말씀하기를 '여호와께서는 저가 상함 받기를 원하사 우리의 질고를 당하게 했다'고 기록하고 있는 것입니다.

이러므로 예수님께서는 병을 미워하십니다. 예수님께서는 여러분이 병들기를 원치 않으십니다. 당신이 그렇게 몸이 찢어지고 살이 파헤쳐지고 피를 쏟기까지 우리의 질병을 대신 짊어지시기를 원하셨습니다. 우리 한국의 시조에 "여보 저 늙은이 짐 벗어 나를 주오 나는 젊었으니 돌인들 무거우랴 늙기도 서러워라 하거든 짐을 쫓아 지실까"라고 말한 것입니다. 짐을 진자가 그 짐을 내려놓고 다른 사람이 짊어져 주면 자기는 가볍게 걸어갈 수 있는 것입니다. 성경은 말씀하기를 '예수님은 실로 우리의 질고를 짊어지고 우리의 슬픔을 당했다'고 말했었으니 오늘 우리의 질병의 슬픔을 모두 다 예수께 맡겨 버리게 되시기를 주님의 이름으로 소원합니다. 예수님은 우리의 질고를 짊어지고 슬픔을 당했습니다. 일생을 살면서 마음속에 슬픔을 체험해 보지 않은 사람이 누가 있습니까? 우린 이 세상에 살면서 가슴이 찢기는 수많은 슬픈 경험을 합니다. 이 슬픔을 예수님은 담당하셨다고 말씀하시는 것입니다. "누가 나의 슬픔을 알아주랴, 누가 나의 찢긴 가슴을 알아주랴, 누가 나의 마음의 고난을 알아주랴"고 외치는 사람이 있을지 몰라도 예수님은 바로 우리의 슬픔을 당했었습니다. 그렇기 때문에 우리의 슬픔 가운데 오셔서 우리를 위로하시고, 용기와 희망을 줄 수 있는 분이 바로 나사렛 예수님인 것입니다.

그렇기 때문에 성경은 밝히 말하기를 '그는 실로 우리 질고를 지고 우리 슬픔을 당했다'고 말한 것입니다. 그러나 그 당시에도 그랬고 오늘날에도 그렇고, 우리는 생각하기를 '그는 형벌을 받아서 하나님께 맞으며 고난당한다고 하였노라' 예수님의 고난당한 것은 우리를 위한 대속의 고난인 것을 이해하지 못하고 스스로가 하나님께 버림받아 고난당한다고 오해를 하고 있는 것입니다. 오늘 이 시간에 마음 문을 활짝 열어놓고 하나님이 주시는 그 계시를 우리의 중심에 받아들여야 합니다. 예수님은 우리의 질고를 지고 우리의 슬픔을 당했었습니다.

그러므로 예수님만이 우리를 질고에서 놓아주실 수 있고 우리를 슬픔에서 놓아주실 수 있는 위대한 힘과 능력을 가지고 있는 것입니다. 성경은 계속해서 말씀하기를 "그가 찔림은 우리의 허물을 인함이요 그가 상함은 우리의 죄악을 인함이라"라고 말했었습니다. 예수께서 수족이 찔리셨습니다. 머리는 가시관으로 찔리셨습니다. 우리의 허물 때문에 그랬다고 말씀합니다. 허물 된 생각과 허물 된 행위 때문에 예수께서 찔리셨다고 말하는 것입니다. 이 세상에 사는 사람 치고 허물이 없는 사람 보았습니까? 이 세상에 크고 작은 허물없는 사람은 아무도 없는 것입니다. 모두 다 인생은 허물 지고 하나님 앞에서 바로 설 수가 없습니다.

그러나 우리의 허물을 예수님께서 대신 짊어지고 대신 찔리신 것입니다. "그의 상함은 우리의 죄악을 인함이라"고 했습니다. 예수님은 그 온 몸이 얻어맞아 상했습니다. 그는 주먹으로 맞아서 얼굴이 붓고 수염이 뜯기고 눈이 터지고 온 몸 전체가 상처투성이였습니다. 얼마나 예수님이 맞았던지 이사야서 52장 14절에 말씀하기를 "이왕에는 그 얼굴이 타인보다 상하였고 그 모양이 인생보다 상하였으므로 무리가 그를 보고 놀랐거니와"라고 말했습니다. 우리가 예수를 보고 '저렇게 맞을 수가 있느냐, 저렇게 얼굴이 부어오를 수가 있느냐, 저렇게 상처투성일 수가 있느냐'무리가 보고 놀랄 정도로 예수님은 상처를 입었었습니다. 그것은 우리의 죄악을 짊어지기 위한 것이었습니다. 육신의 상처와 영혼의 상처를 동시에 짊어지셨습니다.

그러므로 예수님은 아브라함과 이삭과 야곱같이 믿음을 가지고 나오는 사람들을 모두 다 구원하기 위해서 우리의 죄악을 주님이 다 담당해 주신 것입니다. 그러므로 이제 오늘날에 와서 죄를 지었음에도 불구하고 못났음에도 불구하고, 버림을 받아야 마땅함에도 불구하고, 죄 지은 그대로 못난 그대로 주님 앞에 나오면, 주께서 그 흘리신 보배로운 피와 상처 입은 몸으로 우리의 허물을 제하시고, 우리의 죄악을 용서하시고, 우리를 의롭다 하시고, 하나님의 자녀가 되도록 용납해 주시는 것입니다. 이렇기 때문에 천하 인간에 구원받을 만한 다른 이름을 주신 적이 없습니다.

다른 이름을 통해서는 구원을 받을 수가 없습니다. 왜냐하면 종교가 우리를 구원할 수 없습니다. 윤리와 도덕과 수양이 우리를 구원할 수 없습니다. 우리는 다 죄인입니다. 끝까지 죄인입니다. 용서받지 않고는 구원받을 수 없는데 용서하실 분은 우리 주 나사렛 예수 밖에 없습니다. 많은 종교인이 와서 훌륭한 종교를 주었고, 철학을 주었습니다. 또 도덕을 주었지만 우리를 대신해서 죄악과 허물을 짊어지고 십자가에 올라가서 몸 찢고 피 흘리고 상처투성이가 되어서 죽어서 갚아준 이는 우리 주 나사렛 예수 밖에 없는 것입니다. 그렇기 때문에 베드로가 외쳐 말하기를 "천하 인간에게 구원받을 만한 다른 이름을 주신 적이 없느니라"고 말한 것입니다. 예수! 예수! 예수! 예수만이 우리의 용서요, 구원이요, 희망이요, 사랑인 것입니다. 성경은 여기에 또 계속해서 말씀합니다. "그가 징계를 받음으로 우리가 평화를 누리고"라고 말했었습니다. 예수께서 왜 징계를 받으십니까? 하나님의 사랑의 아들인데 징계를 받는다는 것은 자격 정지를 당한다는 것입니다. 쫓겨난다는 것입니다. 아담과 하와는 범죄 했기 때문에 징계를 받아 에덴동산에서 쫓겨나고 저주를 받았습니다. 그러나 예수님은 징계를 받을 이유가 없는데 징계 받은 우리 인류를 대신해서 주님은 십자가에 올라가셨습니다. 그리고 하나님께 버림을 당했었습니다. 그가 고통의 극치 가운데서 외쳐 말하기를 "하나님이여, 하나님이여, 어찌하여 나를 버리셨나이까"라고 말했었습니다.

그가 하나님께 징계를 받아 완전히 버림을 당했었습니다. 성경은 말씀하기를 "그가 징계를 받음으로 그를 통해서 다시 우리가 하나님과 화목하게 되고 우리는 저주에서 해방을 얻게 되었다"고 말하고 있는 것입니다. "그리스도께서 우리를 위하여 저주를 받은바 되사 율법의 죄에서 우리를 속량하셨으니 이는 기록된 바 나무에 달린 자마다 저주 아래 있는 자라 하였음이라 이는 그리스도 예수 안에서 아브라함의 복이 이방인에게 미치게 하고 믿음으로 말미암아 성령을 선물로 받게 하려 함이니라"라고 성경은 말씀하고 있는 것입니다. 이러므로 우리는 예수 그리스도가 하나님께 쫓겨 나가고 십자가에 못 박혀 징계를 받음으로 이제 그 대가로써 우린 하나님과 화목 되고, 그 대가로써 우리는 가시와 엉겅퀴에서 놓임 받아 하나님의 예비한 은총의 세계 속에 돌아오게 된 것입니다. 그리고 성경은 더 강조해서 말하기를 "저가 채찍에 맞음으로 너희가 나음을 입었다"고 말씀하는 것입니다. 우리 주 하나님께서는 얼마나 우리가 병 낫기를 원하시기에 이 대속의 장에서 3번이나 연달아서 주님께서는 우리 병의 문제를 해결했다고 말하고 있는 것입니다. 실로 예수 그리스도 사역의 3분의 2는 귀신을 쫓아내고 병 고치는데 세월을 보낸 것입니다. 오늘날 우리가 이 세상에 살면서 병 없이 살 수 있다면 얼마나 행복하겠습니까? 그러므로 우리 주님께서는 우리에게 오셔서 우리의 죄를 용서할 뿐만 아니라, 귀신을 쫓아내고 병을 고치고 우리의 저주를 주께서 처리하시기를 원하시고 계신 것입니다. 예수님은 오늘날도 살아서 우리와 같이 계십니다.

그리고 성경은 우리들의 실상과 대속의 은혜를 분명하게 보여주고 있는 것입니다. 성경은 말하기를 "우리는 다 양 같아서 그릇 행하여 각기 제 길로 갔거늘 여호와께서는 우리 무리의 죄악을 그에게 담당시키셨도다"라고 말한 것입니다. 남의 죄를 억울하게 짊어지고 고통을 당할 때 우리는 얼마나 억울한 심정이 생깁니까? '나는 죄를 안 지었는데 내가 왜 억울하게 속죄양이 되어야 하느냐'이러한 말을 하는 사람을 많이 듣습니다. 그러나 여기 성경은 말씀하기를 우리는 진짜로 다 양 같아서 제 멋대로 그릇 행하여 다 죄를 수없이 지었는데 하나님께서는 우리 무리의 죄악을 예수님께 담당시켰습니다. 예수님께서 십자가에 못 박혀 고난의 극치에 처했을 때 예수님을 조롱하는 사람들이 말했습니다. "하하, 네가 하나님의 아들이냐, 그러면 네 스스로 구원하라, 네가 십자가에서 내려오라, 그리하면 내가 너를 믿겠노라." 예수님은 십자가에서 내려 올 수 있는 능력이 있습니다. 열두 영이나 더 되는 천사를 불러서 십자가에서 내려올 수 있지만, 예수님께서는 내려오지 않으셨습니다. 예수님께서는 내려오실 수 없었습니다. 왜냐하면 예수님께서 내려오시면 우리가 올라가서 못 박혀야 합니다. 예수님이 살면 우리가 죽어야 합니다. 예수님이 고난을 피하면 우리가 고난을 당해야 합니다. 그러므로 예수님은 우리를 구원하시기 위해서 십자가에 자원해서 올라갔기 때문에 내려 올 수가 없었습니다. 내려오기를 원치 않으셨습니다. 그는 고난의 마지막 잔까지 다 마셔 주셨습니다. 우리는 다 양 같아서 그릇 행하여 각기 제 길로 갔거늘 하나님께서는 우리 죄악을, 당신의 죄를, 저의 죄를, 당신의 불의를, 저의 불의를 예수께 담당시켰습니다. 예수님이 우리를 대신해서 그 죄와 불의를 짊어지고 십자가에 올라간 것입니다.

이 사실을 알아야 됩니다. 그러므로 우리는 예수를 믿고, 예수를 경외하고, 예수님을 사랑해야 할 의무가 있습니다. 우리가 이 큰 사랑을 베푼 예수 그리스도를 짓밟고 이 예수 그리스도의 피를 부정한 것으로 취급한다면 그 이후에 하나님께 당할 심판의 무서움을 무엇이라고 생각합니까? 이렇게 큰사랑을 배반하고 난 다음에도 하나님 앞에 얼굴을 들고서 뻔뻔스럽게 걸어갈 수 있다고 생각합니까? 이와 같은 크나큰 고통을 당한 주님을 무시하고도 우리가 이 세상에서 인간답게 살 수 있다고 생각하는 것은 오해 중에 오해인 것입니다. 하나님은 반드시 심판의 그 날에 우리의 무지와 우리의 완악함과 교만과 반역함에 대해서 처절하게 심판하실 것입니다. 성경은 우리에게 예수 그리스도께서 얼마나 처참한 고난을 당할 때도, 얼마나 장엄한 침묵을 지키면서 그 고난을 감내했다는 것을 밝히 보여주고 있습니다. "그가 곤욕을 당하여 괴로울 때에도 그 입을 열지 아니하였음이여 마치 도수장으로 끌려가는 어린양과 털 깎는 자 앞에 잠잠한 양같이 그 입을 열지 아니하였도다" 안나스와 가야바의 뜰에서 주님은 주먹으로 얻어맞고 수염을 뽑히고 침을 뱉고 그리고 눈가림을 당하고 발길로 체이고 때림을 당하고 했지만, 그 많은 사람이 예수께 고소해도 예수님은 아무 대답도 하지 않았었습니다.

빌라도의 뜰에 불려가서 총독에게 심문을 받을 때 총독이 말했습니다. "이 사람들이 이렇게 많이 고소하는데 왜 너는 대답하지 않느냐?" 예수님은 대답할 필요가 없었습니다. 예수님이 살려고 발버둥 친다면 대답하겠는데 우리를 위해서 죽기로 결심을 하셨기 때문에, 죽기로 결심한 사람에게 무슨 대답이 있습니까? 그러므로 예수께서는 장엄한 침묵으로 죽음을 향해서 걸어간 것입니다. 이것을 설명해서 말하기를 그는 곤욕을 당하여 괴로울 때에도 입을 열지 않고, 마치 도수장으로 끌려가는 양이 아무 소리 없이 끌려가고, 털 깎는 자 앞에서 털을 깎아도 양은 버둥대었지만 물지를 않습니다. 그와 같은 모습으로 예수님께서는 십자가의 고난을 당하신 것을 우리에게 설명해 주신 것입니다.

그리고 예수 그리스도의 고난에 대한 이해의 한계점을 또 성경은 우리에게 밝히 보여주고 있는 것입니다. "그가 곤욕과 심문을 당하고 끌려갔으니 그 세대 중에 누가 생각하기를 그가 산 자의 땅에서 끊어짐은 마땅히 형벌 받을 내 백성의 허물을 인함이라 하였으리요" 마땅히 형벌 받을 내 백성을 위해서 예수님께서 십자가를 걸머졌건만, 그 세대 사람들은 이것을 이해하지 못했다는 것입니다. 예수께서 곤욕을 당하고 끌려갔으나 그 세대 사람들은 그저 예수께서 잡혀서 죽는 범죄자로 생각했지, 우리를 위한 속죄의 양이 되었다는 것을 몰랐습니다.

오늘날도 너무나 많은 사람들이 십자가의 고난을 당한 그 예수 그리스도의 고난이 우리를 위한 것이라는 것을 깨닫질 못합니다. 누가 이 세대의 범죄자들을 위해서 예수님이 고난당했다는 사실을 확실히 깨달을 수 있겠습니까? 하나님의 성령의 도우심이 아니고는 이것을 깨달을 수 없습니다. 성경은 말씀하기를 "성령으로 말미암지 않고는 예수를 주라고 할 수 없다"고 말한 것입니다. 그러나 우리는 오늘날 성령으로 말미암아 예수를 주로 믿을 수 있고 깨달을 수 있게 된 것을 하나님께 감사해야 될 것입니다.

주전 600여 년 전에 예언한 사실이 십자가 후 2000년이 된 오늘날의 우리들이 아는 역사적 십자가 사건보다 더 분명하게, 이사야는 우리에게 말해주고 있습니다. 예수님은 하나님의 아들로서 이 땅에 오셔서 우리를 구원하고, 하늘까지 올리기 위해서 처참한 고난을 당하신 것입니다. 그리스도의 고난을 통하여 이제 우리는 구원을 받고 용서받고 천국 백성이 되어 하나님을 찬미하며 영광의 내일의 소망을 향해서 매일매일 살아갈 수 있게 된 것입니다.

4장 세상 죄의 대가를 치르신 예수님

(요3:16~17)"하나님이 세상을 이처럼 사랑하사 독생자를 주셨으니 이는 저를 믿는 자마다 멸망치 않고 영생을 얻게 하려 하심이니라. 하나님이 그 아들을 세상에 보내신 것은 세상을 심판하려 하심이 아니요 저로 말미암아 세상이 구원을 받게 하려 하심이라"

우리가 예수 이름의 권능을 사용하여 기도할 수 있는 것은 예수님이 죄를 해결했기 때문입니다. 우리는 예수님의 죽으심을 헛되이 하지 말아야 됩니다. 예수님이 죽었으니 나도 죽자. 그러면 예수님의 죽음을 헛되이 하는 것이지 않습니까? 예수님이 날 위해 죽었으니 나는 빈손 들고 배낭 메고 맨발벗고 통곡하며 살자. 그것은 예수님의 고난을 헛되이 하는 것 아닙니까? 예수님이 하신 말씀은 '나 죽고 너 살리자. 나 죽고 너 살리자. 내 영혼이 죽고 네 영혼 살리고 내가 저주를 받고 네가 범사에 복을 받고 내가 채찍에 맞고 너는 고침을 받게 해야 되겠다. 나 죽고 너 살리겠다.' 이 예수님의 간절한 뜻을 우리가 헛되이 돌리지 말아야 될 것입니다. 우리는 살아야 하고 생명 안에서 왕 노릇하고 살아서 주님의 죽으심의 대가를 값지게 해야만 하는 것입니다. 예수님이 주신 권능을 가지고 이 땅에 하나님의 나라를 이루어야 합니다. 세상에 하나님의 나라를 이루려면 예수이름을 사용해야 합니다.

1. 대적들에게 놀림 받은 예수님

예수님의 십자가를 생각해 볼 때마다 저는 그 장면이 생각납니다. 예수님의 원수들이 십자가에 못 박힌 예수님을 쳐다보고 '저가 남은 구원하였으되 자기는 구원하지 못하는도다. 네가 십자가에서 내려오라. 그러면 우리가 믿겠노라' 조소를 했습니다. 대제사장, 서기관들, 장로들이 그렇게 희롱해도 예수님이 십자가에서 내려오지 않았습니다. 저는 그 장면을 볼 때 옛날 어느 아버지와 아들이 생각납니다. 장기를 이식하고 아버지가 죽으면 아들이 살고, 아버지가 살면 아들이 죽습니다. 예수님이 십자가에서 내려오시면 우리는 다 죽고 예수님이 십자가에서 우리 죄를 대신 담당하시면 우리가 다 삽니다. 우리 죄 때문에 누구 한분은 죽어야 하는 것입니다. 아담이 하나님께 범죄하고 하나님 앞에 쫓겨나서 이 세상에 내동댕이쳤습니다. 그리고 아담의 자손들은 태어날 때부터 죄 중에 잉태되고 죄 중에서 태어납니다. 아담 안에서 다 버림받은 죄인으로 영적으로 죽어서 태어나는 것입니다.

로마서 5장 12절에 "이러므로 한 사람으로 말미암아 죄가 세상에 들어오고 죄로 말미암아 사망이 왔나니 이와 같이 모든 사람이 죄를 지었으므로 사망이 모든 사람에게 이르렀느니라"고 했습니다. 아담이 죄를 가지고 왔으니 그 죄가 자자손손 미쳐서 모든 사람이 아담 안에서 죄로 말미암아 죽었습니다.

히브리서 9장 27절에 "한번 죽는 것은 사람에게 정하신 것이요 그 후에는 심판이 있으리니"

하나님의 심판은 사정없이 '죄를 지은 영혼은 죽으리라' 하셨으니 지옥에 떨어지는 것이 마땅한 것입니다. 이러한 인생을 구원할 수 있는 길이 어디 있습니까? 죄 없는 자가 대신 죽어줘야 죽은 자가 살아나는 것입니다. 구약에 보면 제사제도가 있습니다. 속죄제, 속건제, 번제, 화목제등 짐승을 잡아서 피를 흘려 제사를 드립니다. 그 피흘림은 바로 예수님이 우리 인생을 위해서 죽으신 것을 상징하는 피인 것입니다.

성경 레위기 17장 11절에 "육체의 생명은 피에 있음이라 내가 이 피를 너희에게 주어 단에 뿌려 너희의 생명을 위하여 속하게 하였나니 생명이 피에 있으므로 피가 죄를 속하느니라"고 말했으며, 마태복음 26장 28절에 "이것은 죄 사함을 얻게 하려고 많은 사람을 위하여 흘리는바 나의 피 곧 언약의 피니라"고 말했습니다.

이사야 53장 6절에 "우리는 다 양 같아서 그릇 행하여 각기 제 길로 갔거늘 여호와께서는 우리 무리의 죄악을 그에게 담당시키셨도다"라고 말씀한 것입니다. 예수께서 우리의 죄와 불의, 추악과 저주, 절망과 죽음을 대신 담당하시고 그는 십자가에서 죽음으로 우리를 죽음의 벼랑에서 건져 내신 것입니다. 예수님이 죽지 않고는 우리가 살아갈 도리가 없는 것입니다. 하나님이 세상을 이처럼 사랑했다고 했는데 주님이 우리를 너무나도 사랑하시기 때문에 혹독한 조소나 비난과 정죄와 극한적인 육체적 정신적, 영적인 고통을 극복하시면서 십자가에서 내려오지 않았습니다.

원수들은 "저가 남은 구원하였으되 자기는 구원하지 못하는도다"라고 말했습니다. 참말입니다. 남을 구원하자니까 자기는 구원할 수 없습니다. 우리를 살리기 위해서는 예수님이 죽으셔야만 했습니다. 그렇기 때문에 예수님은 그 극한의 고통을 참고도 십자가에서 안 내려 오셨습니다. 안 내려와야 그가 받은 형벌을 통해서 우리가 속죄를 이루고 구원을 받을 수 있기 때문인 것입니다. 주님께서 십자가에서 우리보고 하신 말씀이 뭔지 압니까? "내가 죽고 너는 살아야 한다."

예수님 십자가에 축 늘어져있는 모습을 보십시오. 열두 영 되는 천사를 불러서 십자가에서 내려올 수 있었습니다. 하늘과 땅의 모든 권세를 다 가진 그분입니다. 그러나 인생들이 죄를 짓고 죄 값으로 죽어가니까 이를 살리기 위해서 십자가에 대신 못 박혀서 예수님이 하신 말씀은 "나는 죽고 너는 살아야 되겠다. 내가 죽고 네가 살아야지." 내가 살고 너를 죽일 수가 없다는 것입니다.

갈라디아서 1장 4절에 "그리스도께서 하나님 곧 우리 아버지의 뜻을 따라 이 악한 세대에서 우리를 건지시려고 우리 죄를 위하여 자기 몸을 드리셨으니" 로마서 4장 25절에 "예수는 우리 범죄함을 위하여 내어줌이 되고 또한 우리를 의롭다 하심을 위하여 살아나셨느니라"

주님의 목숨을 많은 사람을 구원하기 위해서 대속물로 내놓으신 것입니다. 우리의 죄를 해결하기 위해서 십자가에서 친히 대속물이 되시어 하나님과 인간의 막힌 담을 허신 것입니다. 고든 맥도날드는 그의 책 '내면세계의 질서와 영적 성장'에서 현대인의 삶을 두 가지 유형으로 구분했습니다. 하나는 충동에 이끌리는 삶이고 또 다른 하나는 소명에 이끌리는 삶입니다. 충동에 이끌리는 삶은 하루하루 충동적이고 본능적으로 감정에 따라 살아갑니다. 그러다가 일을 그르치고 상처받고 상처를 주면서 인생을 상처투성이로 전쟁터로 만들어놓고 갑니다.

그러나 소명에 이끌리는 삶을 살아가는 사람은 전혀 다릅니다. 그는 무엇을 먼저 해야 하는가를 알고 있습니다. 인생에서 가장 우선순위가 그 나라와 그 의를 먼저 구한다. 하나님 아버지를 섬기고 예수님을 믿고 사는 것이 인생에 가장 먼저 순위가 되는 것입니다. 주님은 우리를 위해 대신 죽으셨으니 그러므로 우리는 이제 옛사람의 습관인 충동에 이끌려 살 것이 아니라 하나님의 뜻을 따라 그 부르심의 소명을 쫓아서 살아야 되는 것입니다.

예수님이 날 위하여 십자가에 죽으셨으니 이제 예수님을 따라 하나님을 섬기며 예수님을 섬기면서 살아야 되는 것입니다. 이것이 우리 인생의 소명입니다. 이제는 육신의 정욕과 안목의 정욕과 이 세상을 따라서 자랑을 따라 충동적으로 인생을 살지 않습니다. 바람이 불고 가시밭길을 걸어도 험한 삶을 살아도 우리는 한 길 소명을 따라서 사는 그 길을 걸어가는 것입니다.

2. 예수님이 죽으심으로 받은 대가

예수님의 죽으심의 대가는 너무나 엄청나기 때문에 우리가 받아야 되는 것입니다. 우리가 물건을 살 때 대가를 지불하고 난 다음에 물건을 안 취하는 사람이 어디에 있습니까? 돈 주었으면 물건을 취해야지요. 주님이 대신 죽으셨으니 왜 죽으셨습니까? 우리를 살리려고 죽으셨기 때문에 확실히 우리가 살아야 되는 것입니다. "나는 죽고 너는 살아라." 죽었으니 대가를 지불했으니 우리는 그 값으로 살아야만 하는 것입니다. 용서와 의와 영광으로 살아야 됩니다. 우리는 용서받아야만 합니다. 의롭게 되어야 되고 하나님의 영광에 참여해야만 합니다. 왜냐하면 주님이 그 때문에 죽었기 때문에 주님의 피 값으로 우리는 용서와 의와 영광을 누리며 살아야 되고 이것을 하나님께 구해야 되는 것입니다.

로마서 3장 23절로 24절에 "모든 사람이 죄를 범하였으매 하나님의 영광에 이르지 못하더니 그리스도 예수 안에 있는 구속으로 말미암아 하나님의 은혜로 값 없이 의롭다 하심을 얻은 자 되었느니라"

행동으로 의롭다함을 얻지 못한 사람이 예수 그리스도의 보혈의 능력으로 값없이 의롭다함을 얻게 되고 의로운 사람이 되었으므로 하나님의 영광을 구하고 하나님의 영광에 참여할 수 있게 된 것입니다. 확실하게 용서와 의와 영광으로 살아나야만 하는 것입니다. 예수님이 죽음의 대가를 지불했으므로 확실하게 거룩함과 성령충만으로 살아나야 됩니다. 거룩해져야 되는 것이 우리의 사명입니다. 성령충만한 것은 우리가 마땅히 해야 될 일인 것입니다. 주님이 그 때문에 죽으셨고 피를 흘려서 대가를 지불했기 때문에 우리는 거룩함과 성령충만을 구하고 이것을 받고 이대로 확실히 살아야 되는 것입니다.

디도서 3장 6절로 7절에 "성령을 우리 구주 예수 그리스도로 말미암아 우리에게 풍성히 부어 주사 우리로 저의 은혜를 힘입어 의롭다 하심을 얻어 영생의 소망을 따라 후사가 되게 하려 하심이라"고 말씀했고, 고린도전서 6장 11절에 "너희 중에 이와 같은 자들이 있더니 주 예수 그리스도의 이름과 우리 하나님의 성령 안에서 씻음과 거룩함과 의롭다 하심을 얻었느니라"고 성경은 말하고 있는 것입니다.

그러면 오늘 우리들은 예수 그리스도의 보혈을 의지하고 하나님께 성령충만을 구하고 거룩함을 구해야 되는 것입니다. 반드시 얻어야 합니다. 주님이 지불했기 때문인 것입니다. 거룩함은 우리의 것이고 성령충만도 우리의 것입니다. 하나님의 은혜로 말미암아 거룩함과 성령충만을 받고 이 세상을 살아 갈 수 있는 것입니다. 치료와 건강으로 확실히 살아야 됩니다. 예수님께서 등이 갈기갈기 찢어지도록 매를 맞으시고 또 우리의 병과 연약함을 짊어지시고 십자가에서 죽으셨으므로 그 대가를 지불했습니다. 우리는 확실히 치료받고 건강으로 살아나야만 되는 것입니다.

이사야 53장 5절에 "그가 찔림은 우리의 허물을 인함이요 그가 상함은 우리의 죄악을 인함이라 그가 징계를 받음으로 우리가 평화를 누리고 그가 채찍에 맞음으로 우리가 나음을 입었도다"라고 말하고 있는 것입니다.

시편 103편 3절로 5절에 "저가 네 모든 죄악을 사하시며 네 모든 병을 고치시며 네 생명을 파멸에서 구속하시고 인자와 긍휼로 관을 씌우시며 좋은 것으로 네 소원을 만족케 하사 네 청춘으로 독수리 같이 새롭게 하시는도다"라고 말씀하셨습니다.

확실하게 체험해야 되는 것입니다. 예수님이 이것을 우리에게 주시기 위해서 죽으셨기 때문인 것입니다. "너는 살고 나는 죽어야 된다. 내가 죽었으니 너는 살아라." 확실하게 치료받고 건강을 얻고 '영혼이 잘되고 범사에 잘되며 강건하게 살라고' 말씀하시는 것입니다. 예수 이름을 사용하여 질병을 물리치고 강건하게 살면서 하나님에게 영광이 되게 하시기를 바랍니다.

저는 콩고선교사로 갔다가 암으로 사형선고를 받고 고향에 돌아와서 죽을 날을 기다리고 있던 사람의 이야기를 읽어보고 큰 감동을 느꼈습니다. 이 사람은 간암에 걸려서 썩어가는 간을 안고 죽음에 처해 있었습니다. 백약이 무효였습니다. 누구도 치료할 수가 없었습니다. 하루는 그가 아내에게 바깥 양지쪽으로 침대를 내어 달라고 부탁해서 햇볕이 따뜻하게 비취는 양지에 앉아서 성경을 읽고 있었습니다. 그날 마침 그가 읽은 성경 말씀이 베드로전서 2장 24절이었습니다.

그가 "친히 나무에 달려 그 몸으로 우리 죄를 담당하셨으니 이는 우리로 죄에 대하여 죽고 의에 대하여 살게 하려 하심이라 저가 채찍에 맞음으로 너희는 나음을 얻었나니" 그는 무언가로 머리를 얻어맞은 느낌이었습니다. 그동안 성경을 수없이 읽었지만 그때처럼 그 말씀이 심령을 파고든 적이 없었습니다. 그는 이 말씀을 붙잡고 기도했습니다.

그러자 마음에 성령의 음성이 들려왔습니다. '사랑하는 아들아, 병은 축복이 아니라 형벌이다. 내가 인간의 질병의 고통을 대신 짊어지고 그 무서운 형벌을 대신 감당하기 위해서 빌라도의 뜰에서 로마의 무자비한 군인들에게 등허리가 갈기갈기 찢어지도록 채찍으로 맞았다. 그리고 내 등의 찢어진 곳마다 선지피가 흘렀다. 내가 너의 연약함을 대신해서 채찍에 맞아 형벌을 청산했다. 그러니 너는 이 형벌을 받을 필요가 없다. 저가 채찍에 맞음으로 너는 나음을 입었다. 이 사실을 믿느냐?' 그 말을 듣자 선교사님의 영혼 깊은 곳에 믿음이 흘러 넘쳤습니다.

즉시로 "나는 병자가 아니라 나았습니다." 그 믿음이 생겨서 당장 아내를 불러서 평상복을 가져오라고 그랬습니다. "이 성경말씀을 보세요. 이 성경이 말하기를 저가 채찍에 맞음으로 내가 나음을 입었다고 말합니다." "아니 그 말씀 당신이 늘 읽었던 말씀이 아닙니까? 오늘 왜 그렇게 새삼스러우세요?" "아니요. 전에는 제가 읽긴 읽었어도 그 말씀에 귀를 기울이지 않았습니다. 나는 그냥 지나쳐 읽었을 따름입니다. 그러나 내가 오늘 이 말씀에 집중할 때 하나님의 성령께서 이 말씀을 통해서 내 영혼에게 말씀을 해주셨습니다. 나는 이 말씀을 받았고 그리고 믿었습니다. 나는 이제 간암환자가 아닙니다. 주님이 채찍에 맞으셨으므로 나는 나음을 입은 사람입니다. 주께서 고통 당하셨고 나는 나아야 됩니다. 나은 사람이 왜 누워 있어요? 나는 병상에서 일어나야 되겠습니다." 그러면서 그는 부인이 말리는데도 불구하고 옷을 입고 비틀거리면서 병원을 나와 정상인의 생활을 하기 시작했습니다. 그 후 얼마 있지 않아서 간암에서 완전히 고침 받고 건강을 되찾게 되었습니다.

그렇습니다. 이제 우리가 믿음에 굳세게 서서 다시는 종의 명에를 메지 않기 위해서는 말씀을 믿고 굳세게 서야 되는 것입니다. 마귀가 아무리 부정적인 상황으로 우리를 공격한다 할지라도 우리가 말씀에 굳게 설 때 마귀의 공격에 단호하게 대항할 수가 있는 것입니다. 주께서 내가 채찍에 맞고 내가 연약을 담당하고 병을 짊어지고 죽었으니 너는 살아야 되지 않겠느냐? 그러므로 내가 채찍에 맞음으로 네가 나음을 입었느니라. 우리는 그 말씀대로 확실하게 치료받고 살아나야만 되는 것입니다. 이것이 주님께 영광을 돌리는 것입니다.

또 우리는 아브라함의 복으로 확실히 살아야만 합니다. 갈라디아서 3장 13절로 14절에 "그리스도께서 우리를 위하여 저주를 받은바 되사 율법의 저주에서 우리를 속량하셨으니 기록된바 나무에 달린 자마다 저주 아래 있는 자라 하였음이라 이는 그리스도 예수 안에서 아브라함의 복이 이방인에게 미치게 하고 또 우리로

하여금 믿음으로 말미암아 성령의 약속을 받게 하려 함이니라"고 말씀하셨습니다.

예수님이 십자가에 축 늘어져 있는 것 보십시오. 주님이 저주를 받았습니다. 성경에는 저주받은 자는 나무에 매달라고 했는데 복스러운 하나님의 아들이 왜 저주를 받아 나무에 매달렸습니까? 우리를 저주에서 해방시키기 위한 것입니다. "나는 죽고 너는 살아야 되겠다. 내가 저주를 받았으니 너는 복을 받아야 된다." 복을 받고 안 받고의 문제가 아닙니다. 확실하게 그리스도의 저주에서 해방시켰으니 이것을 이뤄야 예수님의 소원을 이루어 드리는 것입니다. 아담은 타락하므로 땅이 저주를 받아 가시와 엉겅퀴를 내고 이마에 땀을 흘려야 먹고 산다고 했습니다.

그러나 예수 그리스도는 십자가에서 우리 저주를 대신 짊어지고 우리를 저주에서 해방시켜 주셨습니다. 우리는 해방된 사람입니다. 자유를 얻은 사람들인 것입니다. 예수 믿는 사람들은 저주에서 해방을 얻어야만 되는 것입니다. 내가 죽고 네가 살아라. 살아야 합니다. 확실하게 저주에서 해방을 받고 아브라함의 축복으로 살아야만 하는 것입니다.

몇 년 전 연합뉴스에 보니까 신앙 활동은 영혼을 살찌게 할 뿐만 아니라 부요하게 만들어 준다는 연구결과가 나왔습니다. 미국 메사추세츠 공과대학 경제학과에 존너선 구르버박사는 전미경제연구소가 발행한 논문에서 신앙이 있는 사람은 노동시장에서 성공을 방해하는 일상적인 문제들에 대한 정신적 중압감이 덜하기 때문에 더 성공할 수 있다고 분석했습니다. 그 결과 예배출석률이 두 배가 되면 가게 소득이 9.1% 증가한다. 그리고 복지지원금 수혜요청이 16% 감소하고 이혼확률은 4% 줄어든다고 말했습니다. 이것은 과학적으로 통계를 내어서 증거를 낸 것입니다. 교회 출석률이 두 배가 되면 소득이 9.1%가 늘어나고 정부에 원조를 청하는 구제요청이 16% 감소하고 이혼률도 4% 줄어든다고 말했습니다.

이것은 성경이 말한 것을 통계학적으로 증명한 사실입니다. 예수님께서 말씀하신 그 은혜 그대로인 것입니다. "내가 죽고 너는 살아야 된다. 내가 저주받고 너는 복을 받아야 된다." 확실하게 복을 받고 사는 모두가 되시기를 바랍니다. 그리고 부활과 영생천국으로 살아나야 합니다. 예수님이 십자가에서 죽으신 것은 우리 때문에 죽으신 것입니다. 예수님은 죽을 수 없는 분입니다. 우리의 죽음을 짊어지고 음부에 내려갔다가 사흘만에 사망과 음부를 이기시고 부활하신 것입니다.

요한복음 5장 24절에 "내가 진실로 진실로 너희에게 이르노니 내 말을 듣고 또 나 보내신 이를 믿는 자는 영생을 얻었고 심판에 이르지 아니하나니 사망에서 생명으로 옮겼느니라"고 하셨고, 요한계시록 21장 1절에 "또 내가 새 하늘과 새 땅을 보니 처음 하늘과 처음 땅이 없어졌고 바다도 다시 있지 않더라 다시 사망이 없고 애통하는 것이나 곡하는 것이나 아픈 것이 다시 있지 아니하리니 처음 것들이 다 지나갔음이라"고 말씀하신 것입니다.

그러므로 예수님께서 우리 대신 십자가에서 죽고 음부에 내려가서 고난을 당하시고 사망과 음부를 이기시고 부활했기 때문에 우리는 이제 천국 안에 들어가서 살아야 되는 것입니다. 내가 죽고 네가 살아야 된다. 내가 음부에 내려갔더니 너는 음부에 내려오지 말고 천국에 들어가야 한다. 확실하게 예수 믿고 부활하고 영생 얻고 천국시민이 되어야만 되는 것입니다. 예수님의 죽으심을 헛되이 해서는 안 되는 것입니다.

3. 다시는 종의 멍에를 메지 말라

우리는 믿음에 굳게 서서 다시는 종의 멍에를 메지 말아야 됩니다. 갈라디아서 5장 1절을 다같이 한번 소리 내어 읽어 보십시다. "그리스도께서 우리로 자유케 하려고 자유를 주셨으니 그러므로 굳세게 서서 다시는 종의 멍에를 메지 말라" 주님께서 십자가에서 자유를 주셨으니 이제 우리의 책임은 굳세게 서서 다시는 종의 멍에를 메지 말아야 된다. 왜요? 우리를 흔드는 원수가 있기 때문인 것입니다. 원수, 마귀가 우리를 흔들어서 넘어지게 하고 다시 종의 멍에를 갖다 씌우려고 하기 때문에 주님은 우리가 굳세게 서서 다시는 종의 멍에를 메지 말라고 말씀하시는 것입니다. 어떻게 하면 우리가 굳세게 설 수 있는 것입니까? 진리를 깨달아 알아야 굳세게 설수 있습니다.

요한복음 16장 13절에 "그러하나 진리의 성령이 오시면 그가 너희를 모든 진리 가운데로 인도하시리니 그가 자의로 말하지 않고 오직 듣는 것을 말하시며 장래 일을 너희에게 알리시리라"라고 말했습니다. 진리를 알찌니 진리가 너희를 자유케 하리라고 말씀하셨습니다. 우리는 진리를 알면 그 다음에는 동남풍이 불고 서북풍이 불어도 폭풍우를 지나가도 광야를 지나가도 흔들리지 말아야 됩니다. 하나님의 말씀은 저 하늘이 무너지고 이 땅이 꺼져도 일점일획도 변하지 않습니다. 말씀위에 서서 나가야 우리가 굳세게 설 수 있습니다. 환경을 바라보고 두려워하고, 감각을 의지하고 두려워하고, 이성적으로 생각하고 불안해하면 굳세게 서지 못하고 다시 종의 멍에를 짊어지게 되는 것입니다. 우리는 하나님의 말씀에 굳세게 서야 됩니다.

나치 독일의 죽음의 수용소에서 살아남은 코리 텐 붐 여사는 자신의 수기에 이런 말을 썼습니다.'기차가 터널 속으로 들어가 어두워 졌다고 해서 당신은 기차표를 찢어 버리거나 기차에서 뛰어 내리지는 않겠지요. 조용히 앉아서 기관사를 믿고 있는 것이 최선책일 것입니다. 맞습니다. 하나님께서는 우리에게 독생자까지 아낌없이 주셨습니다. 우리는 어떤 상황에 있다 할지라도 언제나 좋은 것을 주시는 하나님을 의지하고 섭리를 깨닫고 흔들리지 말아야 되는 것입니다.'

또 우리가 굳세게 서기 위해서는 우리의 자화상을 바꿔야 하는 것입니다. 우리의 옛사람은 낭패와 실망을 당하고 고통과 저주 속에 몸부림치고 나는 못한다. 할 수 없다. 패배자라는 일그러진 자화상을 가지고 있습니다. 우리가 늘 바라보는 우리의 참 모습은 일그러진 모습을 가지고 있습니다. 성경은 말하기를 "그런즉 누구든지 그리스도 안에 있으면 새로운 피조물이라 이전 것은 지나갔으니 보라 새것이 되었도다"라고 말한 것입니다. 예수님 안에 있는 내가 새로운 자화상을 굳세게 잡아야 됩니다.

"사랑하는 자여 네 영혼이 잘 됨같이 네가 범사에 잘되고 강건하기를 내가 간구하노라"는 새로운 자화상을 붙잡아야 됩니다. 너희는 택하신 족속이요, 왕 같은 제사장이요, 거룩한 나라요, 그의 소유된 백성이 되었다는 자화상을 붙잡아야 되는 것입니다. 자기의 새로운 모습을 굳세게 붙잡고 흔들리지 말아야 됩니다. 누가 무슨 말을 해도 "나는 예수 그리스도 안에서 용서받은 의인이 되었다. 나는 거룩하고 성령 충만한 사람이다. 나는 치료받고 건강한 사람이다. 나는 저주에서 해방되고 아브라함의 복을 받은 사람이다. 나는 부활과 영생과 천국인이 되었다. 이것이 나의 새로운 신분이요, 자화상이다. 사탄아 물러가라!" 자기의 새롭게 된 자화상, 새로운 신분을 굳세게 붙잡고 서서 종의 멍에를 절대로 받아들여서는 안 됩니다.

미국 뉴욕의 어느 가정에 소아마비로 다리를 절고 눈까지 쇠약해서 겨우 생명만 연장할 수 있는 아기가 태어났습니다. 그가 11살 때 아버지는 아들을 불러놓고 말했습니다. 휠체어에 앉아서 아버지를 쳐다보는 낙심하고 좌절된 아들보고 "아들아, 육신의 장애는 장애가 아니다. 네가 하나님을 신실하게 믿고 하나님이 너를 도우시면 너는 모든 사람이 너를 주목하는 역사에 남는 삶을 살 것이다"라고 격려해 주었습니다.

그때까지 육체적 장애로 늘 부정적이고 절망적인 아이는 아버지의 격려로 인해 하나님 안에서 새로운 자화상을 세웠습니다. "나도 하나님을 의지하면 이 모든 장애를 극복하고 역사에 이름을 남기는 위대한 인물이 될 수 있다. 나는 할 수 있다. 하면 된다. 해보자." 그리스도 안에 있는 새로운 피조물이 된 자화상을 굳게 잡고 낙심하지 않고 뒤로 물러가지 않았습니다. 굳세게 서서 하나님 앞에 자기의 자화상대로 살았습니다. 이 아이가 바로 훗날 미국을 대 경제공황에서 구출하고 제2차 세계대전을 승리로 이끈 미국의 유명한 프랭클린 루즈벨트 대통령인 것입니다.

하나님께서는 우리를 죽음의 대가를 치루고 구원하셨습니다. 그러므로 이제는 종의 멍에를 매지 말고 새로운 신분과 자화상을 확립하여 성공적인 삶을 살아가야만 하는 것입니다. 말씀을 믿고 절대로 흔들리지 마십시오. 로마서 10장 17절에 "그러므로 믿음은 들음에서 나며 들음은 그리스도의 말씀으로 말미암았느니라" 말씀을 읽고, 주일, 수요일 설교 말씀을 듣고 마음속에 묵상하고 말씀에 뿌리를 내리고 터를 세워서 흔들리지 말아야 되는 것입니다.

하나님의 말씀은 죽은 말씀이 아닙니다. 세상의 신문이나 잡지나 이것은 죽은 말씀이요, 한번 왔다가 다 사라지고 마는 것입니다. 그러나 성경은 4천년 동안 변함없이 우리에게 말씀하고 있는 것입니다. 성경말씀은 변함이 없습니다. 흔들리지 않습니다. "하나님의 말씀은 살았고 운동력이 있어 좌우에 날선 어떤 검보다도 예리하여 혼과 영과 및 관절과 골수를 찔러 쪼개기까지 하며 또 마음의 생각과 뜻을 감찰하나니" 쪼갭니다. 하나님의 모든 말씀은 능치 못하심이 없다고 천사들이 말을 했습니다.

그러므로 부정적인 마귀의 공격에 우리는 말씀에 서서 단호하게 대적해야 됩니다. 마귀는 와서 항상 "환경을 바라보라. 비바람이 치지 않느냐? 환경을 바라보라. 네 감각을 의지해라. 기분이 어떠냐? 나쁘지? 기분 나쁘지? 너 이성적으로 생각해봐라. 어떻게 무식하게 말씀을 믿느냐?" 그렇게 조롱합니다. 그러나 단호하게 예수께서 십자가에서 몸 찢고 피 흘려 죽음으로써 값 주고 사신 하나님의 은혜를 당연히 누려야 됩니다. 예수 이름으로 명하노니 원수 마귀야 물러가라! 말씀에 기록하였으되 하나님이 말씀하셨다. 마귀를 대적해야 됩니다.

베드로전서 5장 8절로 9절에 "근신하라 깨어라 너희 대적 마귀가 우는 사자 같이 두루 다니며 삼킬 자를 찾나니 너희는 믿음을 굳게 하여 저를 대적하라 이는 세상에 있는 너희 형제들도 동일한 고난을 당하는 줄을 앎이니라"야고보서 4장 7절도 "그런즉 너희는 하나님께 순복할찌어다 마귀를 대적하라 그리하면 너희를 피하리라"고 말씀했습니다. 누가복음 10장 19절에 "내가 너희에게 뱀과 전갈을 밟으며 원수의 모든 능력을 제어할 권세를 주었으니 너희를 해할 자가 결단코 없으리라" 하나님이 권세를 주셨으니 하나님을 의지하고 우리 가슴 딱 내밀고 담대하게 마귀를 대적해야만 되는 것입니다. 마귀 앞에 떨면 안 되는 것입니다. 예수 이름으로 명하노니 귀신아 떠나가라. 물러갈지어다.

가끔 방송을 통해서 세계적으로 유명한 서커스를 볼 때가 있는데 보다보면 빠지지 않는 순서가 바로 동물들이 불붙은 둥근 고리를 통과하는 것입니다. 대개 동물들은 불을 싫어합니다. 털이 긴 동물일수록 본능적으로 불을 두려워하고 꺼립니다. 그런데도 서커스단의 동물들은 주저하지 않고 펄쩍 뛰어서 불붙은 고리를 싹 뛰어넘어 가는 것입니다. 동물학자들은 이에 대해 말하기를 동물들이 불을 통과하는 이유는 불에 뛰어든 후에 주어지는 보상이나 가혹한 훈련 때문이 아니라는 것입니다. 그것은 바로 동물과 조련사 사이에 믿음이라는 것입니다.

조련사에 대한 믿음만으로 본능을 거스르면서까지 불에 뛰어드는 것입니다. 조련사가 절대 나를 해롭게 하지 않는다. 조련사의 말대로 해도 괜찮다. 신뢰가 있기 때문에 그 무지막지한 동물들도 불이 활활 타는 고리를 뛰어넘는 것입니다. 일개 미물도 조련사를 믿고 본능을 이기는데 하물며 하나님께서는 우리를 사랑하실 뿐 아니라 그 아들 독생자까지 아낌없이 주셨습니다. 이렇기 때문에 우리가 마땅히 하나님을 믿고 끝까지 예수 이름으로 사용하며 권능있는 신앙을 고수하며 살아가야만 합니다.

5장 하나님의 뜻대로 행하신 예수님

(눅 4:16~21)"예수께서 그 자라나신 곳 나사렛에 이르사 안식일에 늘 하시던 대로 회당에 들어가사 성경을 읽으려고 서시매 선지자 이사야의 글을 드리거늘 책을 펴서 이렇게 기록된 데를 찾으시니 곧 주의 성령이 내게 임하셨으니 이는 가난한 자에게 복음을 전하게 하시려고 내게 기름을 부으시고 나를 보내사 포로 된 자에게 자유를, 눈 먼 자에게 다시 보게 함을 전파하며 눌린 자를 자유롭게 하고 주의 은혜의 해를 전파하게 하려 하심이라 하였더라 책을 덮어 그 맡은 자에게 주시고 앉으시니 회당에 있는 자들이 다 주목하여 보더라 이에 예수께서 그들에게 말씀하시되 이 글이 오늘 너희 귀에 응하였느니라 하시니"

기독교는 살아계신 하나님을 믿는 것입니다. 우리가 예수를 믿는 것은 사상이나 철학을 믿는 것이 아닙니다. 예수님이 삼일만에 부활하시므로 믿는 우리도 부활하여 영생한다는 것을 믿는 것입니다. 얼마 전 파키스탄에서 한 젊은 크리스천 여인이 이슬람교를 믿는 동네 사람들이 모인 앞에서 하도 이슬람 믿는 사람이 기를 쓰고 마호메트를 믿으라고 강요하기 때문에 그가 이런 말을 했습니다. "아니 마호메트가 우리 위해서 해준 것이 뭐가 있느냐? 예수님은 십자가에 못박혀 몸찢고 피흘려 돌아가시기까지 우리를 사랑해주셨다. 마호메트는 뭘 해주었냐?"그러니까 당장 관에 그것을 고발했습니다. 그래서 이 예수 믿는 여성은 정부에 잡혀서 재판을 받았는데 사형선고를 받았습니다. 아니 마호메트가 뭘 해주었느냐 그 말 한마디 했다고 사형선고를 했는데 이슬람교라는 것을 얕잡아 봐서는 큰일 납니다. 우리나라에 이슬람교가 들어오면 이슬람교는 정부 이외에 또 하나의 정부가 되는 것입니다. 국제인권위원회에서 수없이 호소를 하고 문제를 야기해서 결국 크리스천은 사형을 당하지 않았으나 장기간 복역을 하고 나왔던 것입니다. 예수님께서는 안식일 날 나사렛 회당에 들어가셔서 늘 하는 식으로 서니까 거기에 있는 회당장이 성경을 예수님께 내주었습니다. 예수님이 성경을 어디를 펼쳤느냐."주의 성령이 내게 임하셨으니 이는 나를 보내사 포로 된 자에게는 자유를, 눈 먼 자에게는 다시 보게 함을 전파하며 눌린 자를 자유케 하고 하나님의 은혜의 해를 전파하게 하려 하심이라"(눅 4:18~19).

이렇게 기록한데를 펼쳤습니다. 그것을 보면 예수님이 상당히 열심히 성경묵상을 했다는 것을 알 수 있는 것입니다. 그냥 제자들 데리고 돌아다니시니까 성경은 안보는 것 같은데 주님이 구약성경을 상당히 열심히 보셨다는 것을 알 수 있는 것입니다. 예수님께서 뭐라 하시느냐. 쉽게 "주의 성령이 내게 임하셨으니 이는 나를 보내사 포로 된 자에게 자유를, 눈 먼 자에게 다시 보게 함을 전파하며 눌린 자를 자유케 하고 주의 은혜의 해를 전파하게 하려 하심이라"(눅 4:18~19)고 하셨으므로 일을 하신다는 것을 우리가 쉽게 알 수 있는 것입니다.

1. 가난한 자에게 복음을

예수님께서는 가난한 자에게 복음을 전하기 위해서 오셨다고 말한 것입니다. 가난한 자에게 복음을 전하다니요. 아담은 하나님이 지으실 때 가난하게 짓지 않았었습니다. 아담이 있는 에덴은 낙원이었습니다. 낙원이라는 것은 지옥이 아닙니다. 인간이 상상할 수 있는 가장 아름다운 처소를 낙원이라고 말합니다. 아담과 하와는 낙원에 살도록 지음을 받았습니다. 그러나 하나님의 말씀에 거역해서 범죄하므로 낙원에서 쫓겨났습니다.

하나님께서 말씀하기를 동산에 있는 모든 실과는 따먹되 선악을 아는 실과는 먹지 말라 먹는 날에는 네 눈이 밝아져서 선악을 알기를 하나님이 선악을 판단하는 것처럼 될 것이라고… 그리고 그로 말미암아 하나님 앞에 죄를 범하게 되고 에덴에서 쫓겨날 것이라고 분명히 말한 것입니다.

창세기 2장 17절 "선악을 알게 하는 나무의 열매는 먹지 말라 네가 먹는 날에는 반드시 죽으리라"고 말한 것입니다.

반드시 죽는다. 그럼 마귀는 꼭 하지 말라는 것을 하도록 하는 것입니다. 마귀가 하와에게 와서 아니야~ 안죽어. 안죽어. 절대 안죽어. 너 먹으면 눈이 밝아져서 하나님이 좋다 나쁘다를 판별하는 것처럼 너도 좋다 나쁘다를 판별해서 하나님과 같이 동등하게 되므로 그것을 싫어해서 하나님께서 그것을 못먹게 한다. 한번 봐~ 얼마나 멋있느냐? 하와가 보니까 먹음직하고 보암직하고 지혜를 얻기에 탐스럽기까지 한지라 따먹고 기왕 먹은 바에는 자기 혼자 먹어 쫓겨나갈 이유가 어디 있느냐. 남편도 데리고 나가야지. 그래서 이 아담에게 주니까 이 바보 같은 아담이 받아서 먹었어요. 둘이가 공모를 해서 하나님을 거역했기 때문에 둘이가 다 똑같이 저주로 인하여 땅이 저주를 받은 것입니다.

하나님을 거역한 죄는 저주입니다. 그 저주가 땅에 임하여서 땅이 저주를 받아 가시와 엉겅퀴를 냈습니다. 가난이 거기에서부터 온 것이에요. 제일 처음에는 가시와 엉겅퀴가 에덴에는 없었습니다. 그리고 영과 육이 다 죽음의 종이 되고 만 것입니다.

창세기 3장 17절로 19절에 그것이 기록되어 있는 것입니다."아담에게 이르시되 네가 네 아내의 말을 듣고 내가 네게 먹지 말라 한 나무의 열매를 먹었은즉 땅은 너로 말미암아 저주를 받고 너는 네 평생에 수고하여야 그 소산을 먹으리라" 여기 보십시오.

사람이 저주 받으니까 사람이 사는 땅이 저주를 받습니다. 사람이 복 받은 사람이 오면 그 땅도 복을 받습니다. 요사이도 한가지입니다. 복이나 저주는 사람 따라 오는 것입니다. 그렇기 때문에 어떤 집에 사람이 들어오는데 복받은 사람이 들어오면 그분이 들어오자마자 복덩어리가 굴러 들어오는 것입니다.

그러나 저주받은 사람이 들어오면 온 집안 만사가 다 가시와 엉겅퀴가 나고 저주가 쏟아지는 것입니다. 여기에 "땅이 네게 가시덤불과 엉겅퀴를 낼 것이라 네가 먹을 것은 밭의 채소인즉 네가 흙으로 돌아갈 때까지 얼굴에 땀을 흘려야 먹을 것을 먹으리니 네가 그것에서 취함을 입었음이라 너는 흙이니 흙으로 돌아갈 것이니라 하시니라"

욕심은 잉태하면 죄를 낳고 죄가 장성하면 사망을 낳습니다. 아담과 하와가 왜 사람이면 사람으로 살지 사람이 왜 하나님이 되려고 합니까? 욕심이 잉태하면 욕심을 따라 죄를 짓게 되고 죄가 자라면 사망이 오는 것입니다. 그들이 욕심만 잉태하지 않았으면 마귀의 말을 듣지 않았을 것인데 욕심이 잉태하니까 하나님 말씀보다도 마귀의 말을 듣고 죄를 짓고 죄를 계속 짓다가 보니까 하나님께로부터 버림을 받고 자기들만 버림받았으면 모르겠는데 자손 대대로 고통을 받게 만들어 준 것입니다. 아담과 하와보다도 우리가 더 고통을 많이 당할 때가 많습니다. 가만히 보면 격세 유전이라고 해서 아버지 어머니 때보다도 손자 때에 머리가 더 좋은 자식들이 태어나기도 하고, 병이 더 심한 유전적인 병을 가지고 태어난 자식이 있기도 한 것입니다.

아담과 하와는 그때야 에덴 낙원에서 나왔기 때문에 땅이 저주를 받아도 혹심하게 안 받았는데 세월이 흘러가서 오늘날 수천년 지나니까 얼마나 저주를 받았는지 말로 표현을 못해요.

그런데 우리가 이만큼 살아있다는 것은 어떻게 해서 살아 있느냐. 예수님의 십자가 대속의 은총 때문에 살아있는 것입니다. 예수님의 대속, 예수님께서 아담과 하와가 가지고 온 저주를 당신이 청산한 것입니다.

고린도후서 8장 9절을 읽어 보십시다. "우리 주 예수 그리스도의 은혜를 너희가 알거니와 부요하신 이로서 너희를 위하여 가난하게 되심은 그의 가난함으로 말미암아 너희를 부요하게 하려 하심이라"예수께서 이 땅에 오시기 전에 부요하신 분입니까? 아닙니까? 알고 계십니까? 하나님이에요. 하늘과 땅의 모든 권세를 다 가진 굉장히 부요하신 분입니다.

그런데 그것 다 털어버리고 가난한 목수 집안의 아들로 태어난 것은 그의 삶의 희생을 통해서 우리의 모든 가난과 저주를 청산하기 위한 것입니다. 예수님이 이 땅에 오셔서 죽었다가 부활하심으로 말미암아 이 땅에 모든 아담과 하와가 가져온 저주를 청산해 버리고 만 것입니다. 예수님 안에 더 이상 가난은 없습니다. 죄를 용서하신 예수님은 가난도 다 청산해 버린 것입니다.

고린도후서 9장 6절로 10절을 읽어 보십시다. "이것이 곧 적게 심는 자는 적게 거두고 많이 심는 자는 많이 거둔다 하는 말이로다. 각각 그 마음에 정한 대로 할 것이요 인색함으로나 억지로 하지 말지니 하나님은 즐겨 내는 자를 사랑하시느니라. 하나님이 능히 모든 은혜를 너희에게 넘치게 하시나니 이는 너희로 모든 일에 항상 모든 것이 넉넉하여 모든 착한 일을 넘치게 하게 하려 하심이라 기록된바 그가 흩어 가난한 자들에게 주었으니 그의 의가 영원토록 있느니라 함과 같으니라. 심는 자에게 씨와 먹을 양식을 주시는 이가 너희 심을 것을 주사 풍성하게 하시고 너희 의의 열매를 더하게 하시리니"

고린도후서 9장 6절로 10절은 엄청난 축복을 약속해 놓은 것입니다. 너희가 이제 이왕 상황이 이렇게 되었으니까 이제 저주가 사라지고 가시와 엉겅퀴가 사라졌으므로 심는 대로 거둘 수가 있다는 것입니다. 전에는 심어봤자 가시넝쿨에 휩싸여 가지고서 다 녹아버리고 말아요. 저주가 따르기 때문에 아무것도 안 되요. 그러나 이제 예수님께서 저주를 청산해 버렸기 때문에 하나님의 영광을 위해서 우리가 적게 심으면 적게 거두고, 많이 심으면 많이 거두고, 하나님의 우리를 향한 뜻은 모든 일에 항상 모든 일에 모든 것이 넉넉하여 모든 착한 일을 넘치게 하려 함이라. 이것이 하나님 뜻이에요.

거지로 사는 것 하나님 뜻 아닙니다. 모든 일에 항상 모든 것이 넉넉하여 모든 착한 일을 넘치게 하려 함이라. 이렇게 살아야 하나님이 무릎을 치시고 오냐, 내 아들 내 딸, 참 잘한다. 칭찬하게 되실 것입니다. 우리 주님께서는 우리가 언제나 풍성하게 살기를 원하시고 계신 것입니다. 고린도후서 8장 9절, 고린도후서 9장 6절로 10절 이 두 성경구절은 마음 판에 기록해서 묵상하십시오. 갈라디아서 3장 13절로 14절도 엄청난 약속입니다. 가난에 대한 하나님의 약속은 엄청납니다. 아예 이 약속을 다 깨달으면 부자가 안 될 도리가 없어요. 저는 늦게 약속을 깨달았습니다.

갈라디아서 3장 13절로 14절을 읽어 보십시다. "그리스도께서 우리를 위하여 저주를 받은바 되사 율법의 저주에서 우리를 속량하셨으니 기록된바 나무에 달린 자마다 저주 아래에 있는 자라 하였음이라 이는 그리스도 예수 안에서 아브라함의 복이 이방인에게 미치게 하고 또 우리로 하여금 믿음으로 말미암아 성령의 약속을 받게 하려 함이라"

갈라디아서 3장 13절로 14절 이런 축복의 말씀은 보배 덩어리입니다. 금덩어리입니다. 다이아몬드입니다. 이 말씀을 성경에서 팠으면 이걸 우리 마음에 간직하고, 호주머니에 넣고 다니면서 이로 말미암아 흔들리지 않는 믿음을 가지고 있으면 네 믿음대로 될지어다. 믿으면 되는 것입니다.

"그리스도께서 우리를 위하여 저주를 받은바 되사, 율법의 저주에서 우리를 속량하셨으니 기록된바 나무에 달린 자마다 저주 아래에 있는 자라 하였음이라 이는 그리스도 예수 안에서 아브라함의 복이 이방인에게 미치게 하고 믿음으로 말미암아 성령의 약속을 받게 하려 함이라"

하나님이 주신 이 보배로운 약속의 말씀은 꼭 마음에 간직해야 되는 것입니다. 믿음은 들음에서 나며 들음은 그리스도의 말씀으로 말미암느니라. 말씀을 믿으면 하나님께서 뭐라고 말합니까? 네 믿음대로 될지어다. 마음에 간직한 그 말씀이 30배, 60배, 100배의 열매를 맺게 되는 것입니다. 그렇기 때문에 주님께서 내가 가난한 자에게 복음을 전하러 왔다고 하셨는데 가난한 자에게 오늘날 복된 소식이 전해져야 되는 것입니다. 나쁜 소식말구요. 복된 소식 말입니다.

예수님은 부요하신 이로서 우리를 위해 가난하게 되심은 그의 가난함으로 인하여 우리를 부요케 하려 했다고 말한 것입니다.

당신이 가난하므로 말미암아 그 대가로 우리가 부요하게 되어야 된다. 예수님은 죽었다가 부활하셔서 지금 만왕의 왕, 만주의 주로 보좌 우편에 계신 하나님이신 것입니다. 그 대가를 우리가 찾아야지요. 가난하게 있으면서 사랑하신 예수님~ 그러면 주님이 내 대가를 찾아라! 내가 너를 위해서 가난하게 된 대가를 찾아 나에게 내놓으라고 말한 것입니다. 이 문제가 쉬운 문제가 아닙니다.

하나님은 예수님을 통해서 우리에게 영혼이 잘됨같이 범사에 잘되며 강건하고 생명을 얻되 풍성히 얻게 하고 모든 일에 항상 모든 것이 넉넉하여 모든 착한 일을 넘치게 하기를 원하시고 참된 경건이란 가난한 것이 아니라 과부와 고아를 그 환난에서 도와주는 것이 참된 경건이다. 저는 그렇게 믿고 그렇게 실천하고 살아왔습니다.

2. 포로 된 자에게 자유를

예수님께서는 무엇이 예수님의 사명이라고 말했냐면 포로된 자에게는 자유를 주기 위해서 왔다는 것입니다. 무슨 포로입니까? 죄의 포로입니다. 우리는 우리가 죄지어서 포로된 것이 아닙니다. 어머니 뱃속에서 잉태될 때에 죄인으로 잉태 되었습니다. 태어나자마자 죄의 포로가 된 것입니다. 아담과 하와 속에 60억 인구가 다 죄인으로 잉태되어 있었던 것입니다. 그러므로 우리는 태어날 때부터 죄인으로 태어나고 죄의 포로가 되고 죄의 삯은 사망으로 죄와 사망의 포로가 되어 태어난 것입니다.

그런데 예수님께서 오셔서 우리의 죄, 나의 죄, 우리의 사망, 나의 사망을 끌어안고 우리 대신 십자가에서 공개적으로 처형당했지 않습니까? 하나님의 아들이 벌거벗고 공개적으로 처형당하므로 주님께서 내가 다 이루었다. 청산해서 예수를 통해서 그 은혜를 인하여 믿음으로 말미암아 구원을 얻게 된 것입니다.

골로새서 1장 13절로 14절에 "그가 우리를 흑암의 권세에서 건져내사 그의 사랑의 아들의 나라로 옮기셨으니 그 아들 안에서 우리가 속량 곧 죄 사함을 얻었느니라" 주님께서 우리를 흑암의 권세에서 건져냈습니다. 우리는 모두 다 예수 그리스도로 말미암아 흑암의 권세에서 건져내 하나님의 아들의 나라로 옮긴 사람들인 것입니다.

예수님을 믿음으로 우리는 죄에서 해방을 얻고 사망에서 해방을 얻고 죄와 사망을 손에 쥐고 있는 마귀에서 자유와 해방을 얻게 된 것입니다. 죄에서 자유를 얻고 사망에서 자유를 얻고 마귀에서 자유를 얻고 해방된 우리들이 된 것입니다. 우리가 일정 36년의 압박에서 해방된 것처럼 공산주의의 침략에서 해방된 것처럼 우리는 예수 그리스도 안에서 영적으로 심적으로 해방을 얻게 된 것입니다.

로마서 8장 2절에 "이는 그리스도 예수 안에 있는 생명의 성령의 법이 죄와 사망의 법에서 너를 해방하였음이라" 갈라디아서 5

장 1절에 "그리스도께서 우리를 자유롭게 하려고 자유를 주셨으니 그러므로 굳건하게 서서 다시는 종의 멍에를 메지 말라"

우리가 우리의 위치를 알았으면 다시는 종의 멍에를 메지 말아야 되는 것입니다. 마귀는 와서 우리를 죄와 질병, 저주와 절망의 포로로 잡으려고 하는 것입니다. 우리는 예수 그리스도 안에서 단호하게 마귀를 물리쳐야 되는 것입니다. 그리고 해방과 자유를 마음속에 누려야 되는 것입니다. 마귀를 대적하라 그리하면 저가 너를 피하리라고 말한 것입니다. 대적 안하면 안 피하지요. 대적하면 피하게 되는 것입니다.

종교개혁자 마틴 루터는 이런 말을 했습니다. "죄는 당신의 어깨 위에 있든지, 아니면 하나님의 어린 양인 그리스도의 어깨 위에 있든지 둘 중의 한 곳에 있어야 된다." 우리의 죄를 어깨에 걸머지고 있던지 예수님의 어깨위에 걸머지우든지 두곳 중에 한곳에 있어야지 공중에 떠있지 않다는 것입니다. 예수님 어깨 위에 맡기면 용서와 의를 얻고 천국 가는 사람이고 자신이 걸머지고 있으면 그 죄 짐으로 말미암아 지옥갈 것입니다. 그것은 선택에 달린 것입니다. 오늘날 얼마나 좋은 시대에 살고 있는지 예수님께서 우리의 죄와 불의, 추악과 저주를 다 짊어지고 십자가에서 청산해 버리셨으므로 예수님께 맡기면 다 맡겨지는 것입니다. 안 맡기면 안 맡겨지는 것입니다. 우리가 예수님의 십자가 대속의 은혜를 믿음으로 받아들일 때 우리는 마귀의 올무와 죄에서 자유와 해방을 얻게 되는 것입니다.

3. 눈 먼 자에게 다시 보게 함을

예수님이 우리 가운데 오신 것은 눈먼 자에게 다시 보게 함을 전파하기 위해서 오셨습니다. 옛날에는 다 봤어요. 영안이 열려 가지고서 하나님도 보고 천국도 보고 영적 세계를 다 보았는데 아담과 하와가 죄를 짓고 영이 죽으므로 눈이 어두워지고 영적인 눈이 까마귀가 되고 만 것입니다. 영이 죽은 인간은 영의 눈이 어두워져서 물질밖에 안 보이는 유물론자가 되고 하나님이 안보이니까 인본주의자가 되어서 인간 중심으로 서게 되고 천국과 지옥을 모르는 쾌락주의가 되고 만 것입니다.

시편 53편 1절에 "어리석은 자는 그의 마음에 이르기를 하나님이 없다 하도다 그들은 부패하며 가증한 악을 행함이여 선을 행하는 자가 없도다"라고 말한 것입니다.

그런데 예수님이 오신 것은 우리로 하여금 중생하여 영안이 열리게 만들어 주는 것입니다. 니고데모에게 주님께서 말씀하기를 물과 성령으로 거듭나지 아니하면 하늘나라를 볼 수 없다고 말한 것처럼 우리가 물은 회개를 말하고 회개하고 주 예수 그리스도의 십자가의 보혈의 은혜를 받아들이므로 영혼이 살아나면 영안이 열리게 되고 하늘나라를 깨닫게 되는 것입니다. 하늘나라를 깨닫게 되고 하나님의 임재하심을 깨닫게 되는 것입니다.

요한복음 3장 5절 말씀같이 "사람이 물과 성령으로 나지 아니하면 하나님의 나라에 들어갈 수 없느니라" 하늘나라의 영적인 세계는 우리가 물질적으로 이것이다. 저것이다. 지적할 수가 없습니다. 그냥 아는 거에요. 그냥 영적 세계에 거듭나게 되면 내가 거듭났다. 하나님이 와 계시다. 하나님의 천사들이 곁에 와 있다. 그렇게 내가 영적으로 깨달아 알게 되는 것입니다.

갈라디아서 4장 6절로 7절에 "너희가 아들이므로 하나님이 그 아들의 영을 우리 마음 가운데 보내사 아빠 아버지라 부르게 하셨느니라. 그러므로 네가 이 후로는 종이 아니요, 아들이니 아들이면 하나님으로 말미암아 유업을 받을 자니라"

하나님의 아들이 된 우리들이었기 때문에 아들의 영을 우리에게 보내셔서 하나님 아들의 영이 들어와 있기 때문에 우리가 하나님을 향해서 아바 아버지라고 부르는 것입니다. 하늘 아버지와 친해야 돼요. 그래서 우리가 말씀을 읽고 찬양을 하고 방언기도를 하고 이런 것을 통해서 아버지와 가까워지는 것입니다. 저는 방언기도를 할 수 있는 것을 굉장히 큰 축복으로 생각하는 것입니다. 그런데 아버지가 성령으로 우리에게 역사하시면 크나 큰 변화가 다가오는 것입니다.

한 죄수가 영국과 오스트레일리아에 걸쳐서 40년간이나 교도소 생활을 했습니다. 40년을 교도소에 생활하면서 워낙 성격이 포악한데다가 말썽을 일으켜서 간수들의 채찍에 수없이 얻어맞고 독방에 들어가기도 하고 강한 훈련과 교육도 받았지만 변화되지 않았습니다, 피투성이가 되어도 변화가 안돼요. 그래서 복역을 마치고 출소하면 또 죄 짓고, 또 들어오고, 또 죄 짓고, 또 들어오고 했었습니다.

그런데 한번은 이제는 출소를 했는데 갈데 올데가 없으니까 기독교 계통에서 하는 그러한 수용소에 잠시 하룻밤을 지나게 되었는데 그곳에 들어가서 하룻밤 자면서 복음 전도를 들었습니다. 예수 그리스도의 신앙을 가지고 있는 성도에게 복음 전도를 듣고 의심쩍어 하면서 꿇어앉아서 안수를 받았습니다. 그런데 안수를 받은 즉시로 그냥 눈물이 펑펑 쏟아지는데 40년 동안 그렇게 모진 매를 맞고 핍박을 받아도 눈물 한 방울 안 흘리던 그가 눈물을 펑펑 흘렸던 것입니다. 그래서 영안이 열리게 되고 하늘나라가 있구나. 하나님이 계시구나. 영혼이 있구나. 천당과 지옥이 있구나. 깨닫게 된 것입니다.

완전히 180도로 변화되어서 그때 이후로부터 시작해서 18년 동안 그는 교회에서 열심히 그 교회를 섬겼습니다. 사람들이 너무나 놀라서 그에게 물었습니다. 어떻게 해서 당신이 변화될 수 있느냐? "저는 4백 번의 가죽채찍과 40년의 교도소 생활을 해도 변화되지 않던 사람입니다. 그런데 성령이 임하자 불과 1분 만에 새 사람이 되어 버리고 말았습니다." 1분 만에… 그 성령이 지금 우리와 같이 계신 것입니다. 우리 안에 계신 것입니다. 우리도 진실하고 성실하게 믿음으로 구하면 성령이 이 기적을 베풀어 주시는 것입니다. 누구든지 예수님을 구주로 영접하여 중생하면 즉시 새 사람이 되고 눈이 밝아 변화될 수 있습니다. 고린도후서 4장 6절에 "어두운 데서 빛이 비치라 말씀하셨던 그 하나님께서 예수 그리스도의 얼굴에 있는 하나님의 영광을 아는 빛을 우리 마음에 비추셨느니라"고 말씀하고 있는 것입니다.

4. 눌린 자에게 자유를

예수님이 우리 가운데 오시면 눌린 자를 자유케 한다고 하신 것입니다. 눌린다. 누른다. 사람들이 누르면 밑에 깔리지요. 발로 짓밟히면 어떻게 되는 것입니까? 누르면 병이 됩니다. 심령을 누르면 마음에 병이 들고 육신을 억압하면 병이 드는데 그 누른다는 말을 고급적으로 말하면 스트레스라고 말합니다. 스트레스 걸렸다는 것도 우리 한국말로 말하면 눌림을 당했다. 가위 눌렸다. 마귀는 우리에게 다가와서 제일 처음에는 우리에게 따라다닙니다.

그 다음에는 따라다니다가 안 쫓아내면 붙어 다니는 것입니다. 붙어 다니다가 안 쫓아내면 그 다음에는 올라탑니다. 그 다음에는 올라타도 그대로 내버려 두면 억압합니다. 자유를 빼앗는다구요. 그리고 마귀는 자기가 원하는 대로 그 사람을 변화시키는 것입니다. 이 세상에 어떤 마귀가 있느냐고요? 도둑질하는 마귀, 거짓말하는 마귀, 음란한 마귀, 방탕한 마귀, 미워하는 마귀, 오해하는 마귀, 부정적인 것은 99.9%가 다 마귀인 것입니다. 부정적인 것은 마귀역사입니다.

긍정적이고 좋은 것은 100%가 주님께로부터 오는 것입니다. 믿음, 소망, 사랑, 의, 평강, 희락, 사랑과 희락과 화평과 오래 참음과 자비와 양선과 충성과 온유와 절제 모든 것이 다 주님께로 부터 오는 것입니다. 그러므로 우리는 주님의 은혜로 선하게 변화될 수도 있고 마귀를 내버려두면 마귀는 당신을 따라다니면서 도둑질하고 죽이고 멸망시켜서 인격을 빼앗고 마귀처럼 만들어 놓고 마는 것입니다.

마귀에게 눌려 심신이 병들면 마음에 미움, 분노, 시기, 질투, 불의, 추악, 불안, 우울, 절망 이러한 심적인 병이 짓눌려요. 이 것 쫓아내야 돼요. 우리가 가만히 있는데 마음속에 끝없이 미움이 생기고 분노가 생기고 시기, 질투, 불의, 추악, 불안, 우울, 절망이 생기면 그것 내버려 놓으면 안돼요. 성령의 임재를 요청하고 나사렛 예수 이름으로 명하노니 물러가라! 내 마음에서 떠나가라! 물러가라! 물러가라! 대결하고 마귀를 대적하라. 그리하면 저가 너를 피하리라. 반드시 피합니다. 내버려 놓으면 안돼요. 마음에 평안을 얻게 되는 것입니다. 모든 육체의 병도 종국적으로 보면 마귀가 눌러서 병이 되는 것입니다.

이사야 53장 4절로 5절에 "그는 실로 우리의 질고를 지고 우리의 슬픔을 당하였거늘 우리는 생각하기를 그는 징벌을 받아 하나님께 맞으며 고난을 당한다 하였노라 그가 찔림은 우리의 허물 때문이요 그가 상함은 우리의 죄악 때문이라 그가 징계를 받으므로 우리는 평화를 누리고 그가 채찍에 맞으므로 우리가 나음을 받았도다"

주님은 십자가에 못박히기 전에 40에 하나 감한 39차례의 채찍을 맞아서 등이 갈기갈기 찢어졌습니다. 그럴 때마다 하나님께서 말씀하셨습니다. 한 대, 두 대, 세 대, 네 대… 채찍을 때릴 때마다 이것은 우리의 병을 대신 짊어진 것으로 선언했습니다. 암이다. 관절염이다. 폐병이다. 위장병이다. 심장병이다. 예수님이 채찍에 맞을 때 다 청산된 것입니다.

저가 채찍에 맞음으로 나음을 입은 것입니다. 왜 나은 사람들이 병이 들어 있습니까? 왜 예수님이 채찍 맞은 것을 무효로 돌립니까? 하나님의 아들이 흘린 피를 무효로 돌리면 어떻게 하는 것입니까? 나는 낫지 않아도 괜찮다. 낫지 않아도 괜찮은 것이 아니라, 예수님의 피를 무효로 돌리면 안 되는 것입니다.

우리 예수 믿는 사람은 잠재적으로 이미 나은 사람들인 것입니다. 우리는 나았어요. 따라 말씀하세요. 저가 채찍에 맞음으로 나는 나음을 입었다. 나는 건강한 사람이다. 병하고 상관없다. 나는 건강한 사람이다. 할렐루야~

베드로가 사도행전 10장 38절에 말하기를 "하나님이 나사렛 예수에게 성령과 능력을 기름 붓듯 하셨으매 그가 두루 다니시며 선한 일을 행하시고 마귀에게 눌린 모든 사람을 고치셨으니라." 지금 다 몸이 아픈 사람 마귀에게 눌려 있어요. 마귀에 눌려가지고서 지금 몸도 못쓰고 다리도 절룩거리고 간을 누르면 간이 나빠질 것 아닙니까? 폐를 누르면 폐가 나빠지고, 심장을 누르면 심장이 나빠지고, 장을 누르면 장이 나빠지는 것입니다.

그러므로 마귀에게 눌린 모든 자를 고치신 예수님이 믿는 자에게 하나님의 권세와 능력을 주셨으므로 권세를 사용하여 이겨야 되는 것입니다. 성도들이 제게 와서 늘 하는 말이 무엇이냐면 목사님, 저는 자신이 없습니다. 목사님은 자신이 있으셔서 사탄아 물러가라고 담대하게 명령을 하시는데 저는 사탄 앞에 서면은 겁부터 먼저 납니다. 자신이 없습니다. 목사님 어떻게 할까요?

제가 이렇게 설명합니다. 특전사의 병사들이 얼마나 힘이 셉니까? 대단하지요. 그러나 국방부장관이 말하며 가라면 가고 오라면 옵니다. 국방부장관은 주먹은 없어도 권세가 있는 것입니다. 우리는 허리가 꼬부라지면 꼬부라질수록 권세가 더 있어요. 그러니까 두려워하지 마십시오. 주님이 우리에게 예수 이름으로 권세를 주셨습니다.

당신은 예수를 믿는 하나님의 자녀요, 예수님의 권세를 가지고 있습니다. 자기들이 아무리 능력이 커도 별 볼일 없어요. 권세가 얼마나 강한지 압니까? 권세 있는 사람이 사용하는 믿음은 겨자씨만 한 것이 태산을 바다로 던진다고 했습니다. 그런 권세가 대단한 것입니다. 예수 이름의 권세를 담대하게 사용하기를 바랍니다. "예수이름으로 명하노니 더러운 귀신아 물러갈지어다" "예수이름으로 명하노니 우리 가정에 환란풍파를 일으키는 귀신아 물러갈지어다" 권세를 사용해야 합니다. 권세를 사용해야 비정상적인 것들이 물러가는 것입니다. 권세는 예수를 믿는 모두가 가지고 있는 것입니다.

6장 고난의 십자가를 지신 예수님

(고전 1:18-21)"십자가의 도가 멸망하는 자들에게는 미련한 것이요 구원을 받는 우리에게는 하나님의 능력이라. 기록된 바 내가 지혜 있는 자들의 지혜를 멸하고 총명한 자들의 총명을 폐하리라 하였으니, 지혜 있는 자가 어디 있느냐 선비가 어디 있느냐 이 세대에 변론가가 어디 있느냐 하나님께서 이 세상의 지혜를 미련하게 하신 것이 아니냐, 하나님의 지혜에 있어서는 이 세상이 자기 지혜로 하나님을 알지 못하므로 하나님께서 전도의 미련한 것으로 믿는 자들을 구원하시기를 기뻐하셨도다"

십자가는 기독교의 상징입니다. 교회 지붕 위에 십자가가 있고 교회 안에 들어와도 십자가가 있습니다. 많은 성도들이 십자가를 목걸이로, 혹은 반지로 끼고 다닙니다. 십자가는 우리 믿는 성도들에게는 구원과 하나님의 사랑의 표상입니다. 그렇기 때문에 우리는 십자가를 사랑하고 경외합니다. 그 십자가 위에서 우리 주 예수님께서 못 박혀 처형당하심으로 우리와 같은 죄인을 구원하여 주셨기 때문입니다.

그러나 십자가는 우리들에게 그 정도의 의미만 있는 것은 아닙니다. 십자가는 그 위대한 능력을 통하여 하나님과 사람, 그리고 마귀를 변화시켰습니다. 그러므로 인류 역사상 십자가보다 더 위대한 힘을 발휘한 것은 어디를 찾아봐도 없습니다. 저는 이 장에서 하나님과 인간, 그리고 마귀도 변화시킨 이 십자가의 위대한 권능에 관하여 말씀을 전하고자 합니다.

1. 하나님도 변화시켰다.

십자가가 하나님 우리 아버지도 변화시키고 말았다는 사실을 우리는 알아야 합니다. 우리는 늘 십자가는 인간을 변화시키는 위대한 힘이 있다고만 생각했지 하나님 아버지를 변화시킨 위대한 힘을 가지고 있다는 것은 별로 생각하고 있지 않습니다. 인간이 하나님을 배반하고 타락한 이후로 하나님은 우리 인간에게 무서운 존재가 되어버리고 말았습니다. 구약 성경에서 보여준 하나님의 모습은 율법을 제정하시고 엄하게 집행하시는 모습입니다. 하나님은 율법을 만드신 후 사람이 율법을 행함으로써 구원을 받도록 하셨습니다. 율법을 어길 때는 하나님께서는 가차 없이 무서운 심판을 내리셨습니다. 죄를 지은 영혼은 죽으리라 하시고 모세의 율법을 어긴 사람을 두 세 사람의 증인만 있으면 하나님께서는 죽이셨습니다.

그러므로 사람들은 율법 안에서 몸서리를 치고 벌벌 떨었습니다. 우리는 하나님은 언제나 심판하시고 죄인에 대해 무섭게 분노하시는 하나님이시라는 사실을 늘 마음속에 느끼고 될 수만 있으면 하나님 앞에 서지 않는 것이 좋고 하나님의 얼굴을 피해 숨는 것이 좋다고 생각했습니다. 죄를 지은 사람들은 하나님 앞에 감히 나설 수가 없었습니다.

그뿐 아니라 하나님은 언제나 인간으로부터 멀리 떠나 계신 엄위 하신 분이셨습니다. 감히 사람들은 하나님 근처에 나올 수가 없고 하나님 곁에 가는 것조차 생각하지 못했습니다.

성경의 역사를 통해 보면 하나님께서는 범죄한 나라와 민족을 사정없이 멸하셨습니다. 이스라엘 백성이 애굽에서 나와 가나안 땅으로 향할 때 가나안 7족속을 하나님의 사역에 방해가 될 때는 인정사정없이 멸하셨습니다. 하나님의 선민인 이스라엘 백성조차도 하나님을 거역할 때는 하나님께서는 가차 없이 그들의 생명을 빼앗아 버리셨습니다. 이와 같이 구약 시대의 우리가 바라보는 하나님은 무섭고 떨리는 하나님이셨습니다. 심판하시고 저주를 내리시는 하나님이셨습니다.

그러므로 어떠한 사람도 감히 하나님 앞에 나설 수가 없었습니다. 성경은 "모든 사람이 죄를 범하였으니 하나님의 영광에 이르지 못하더라"고 말씀하십니다. "죄를 지은 영혼은 죽으리라"고 말씀하셨습니다.

그런데 예수 그리스도께서 오셔서 우리를 대신해 십자가에 매달리시고, 그 몸을 찢고 피를 흘리시고 죽으시고, 장사되었다가 사흘 만에 부활하시고, 그 후 하나님의 보좌 우편에 앉으사, 우리의 대제사장이 되셔서, 우리를 위해 하나님께 간절히 기도해 주시는 역사가 일어나자마자 하나님 스스로가 변화되시고 말았습니다. 왜냐하면 이제 하나님은 더 이상 우리를 율법으로 심판하시는 분이 아니라, 예수 그리스도의 십자가의 보배로운 피로 말미암아 죄를 지어 불의하고 추악하고 버림을 받아 마땅한 인생들이 오직 나와서 믿기만 하면 구원을 얻도록 용납해 주시는 하나님으로 변하시고 만 것입니다.

이것은 구약 시대에는 어림도 없는 일입니다. 그때는 행위를 통해 구원받았지 행위로서 율법을 지키지 못하면 하나님 앞에는 얼씬하지도 못했습니다. 그러나 이제 우리가 주의 이름을 믿기만 하면 구원을 주시는 하나님으로 십자가를 통해 하나님 자신이 변하신 것입니다.

그리고 하나님께서는 우리에게 심판을 베풀고 분노하시는 하나님이 아니라, 은혜와 용서를 베푸시는 하나님이 되셨습니다. 그래서 베드로가 예수께 나와 "주여! 나에게 범죄한 이웃을 일곱 번 용서하면 됩니까?"라고 물을 때 예수께서 일곱 번이 아니라 일흔 번씩 일곱 번이라도 와서 회개하면 용서해 주라고 하셨습니다. 하나님께서는 죄인을 가차 없이 심판하셨는데 예수 그리스도의 십자가 이후의 하나님은 죄인이 하루에 일흔 번씩 일곱 번을 범죄 하더라도 회개하고 나오면 용서해 주시는 은혜와 용서의 하나님으로 변하신 것입니다.

또 하나님께서는 십자가 이후로 우리에 대해 오래 참으시고 사랑하시는 하나님이 되신 것입니다. 하나님께서 우리의 범죄를 보시고도 오래 참으시고 성령을 보내셔서 회개시키시고 끝까지 사해 주시는 하나님으로 변하신 것입니다.

그 뿐 아니라 하나님은 우리를 떠나 구만리장천에 계신 것이 아니라, 그리스도로 말미암아 우리와 함께 계시고, 더욱 우리 안에 거하셔서 24시간 우리와 함께 거하시겠다고 말씀하셨습니다. 예수께서 "그 날에는 너희가 내 안에 내가 너희 안에 또 내가 하나님 안에 하나님이 내 안에 있는 것을 너희가 알리라"고 말씀하셨습니다.

하나님께서는 자비와 긍휼의 하나님이요, 오래 참으시는 하나님이요, 구원의 하나님, 좋으신 하나님, 무서운 하나님이 아니라 은혜의 하나님으로 변하신 것입니다.

그러므로 십자가의 도는 사람만 변화시키신 것이 아닙니다. 십자가의 도는 하나님을 변화시키셨습니다. 그렇기 때문에 십자가 이전의 사람들은 구원을 받을 수 있다는 것을 거의 상상할 수 없습니다. 그러나 십자가 이후로는 하나님께서 은혜와 사랑, 자비와 긍휼의 하나님으로 변화되며 오래 참아 우리를 구원하시는 하나님으로 변하셨기 때문에 십자가 이후의 우리들은 하나님 앞에 나와서 구원받을 수 있는 가장 좋은 때를 맞게 된 것입니다.

그렇기 때문에 오늘날에는 죄를 짓고 못났음에도 불구하고, 버림받아 마땅함에도 불구하고, 죄짓고 못난 그대로 언제든지 하나님 앞에 나와서 우리 죄를 회개하고 예수님을 구주로 모시기만 하면 하나님은 우리를 활짝 편 팔로 받아주시고, 우리의 과거의 모든 죄를 다 용서하시고 사랑의 팔로 우리를 품어주셔서 하나님의 자녀로 삼아주시고 한없는 은혜를 우리에게 부어 주시게 된 것입니다. 그러므로 우리는 십자가를 바라볼 때 그를 통해 변화된 하나님을 바라보고 감사와 찬양을 드리지 아니할 수 없습니다.

그러나 오늘날에도 그리스도의 십자가를 통하지 아니하고 십자가 밖에서 하나님을 쳐다볼 때 십자가 밖에 있는 사람들에겐 하나님은 여전히 엄격히 율법으로 정죄하시고 심판하시는 하나님이신 것입니다. 그리고 십자가 밖에서 하나님은 진노하시고 언제든지 심판하시려 기다리시는 하나님이신 것입니다. 십자가 밖에 있는 사람들을 하나님께서 절대로 같이 하실 수 없는 이유는 그들의 죄가 하나님과 사람 사이를 막았기 때문입니다. 십자가 밖의 범죄한 나라와 민족은 하나님의 심판을 받을 날을 기다리고 있는 것입니다. 주님께서 이 세상을 심판하시는 그 날에는 어떠한 나라와 민족도 하나님 앞에 설 수 없을 것입니다.

오직 하나님의 자비와 긍휼은 그리스도의 십자가 안에서만 이루어지는 것입니다. 하나님께서는 십자가를 통해서만 변화를 받으셨지 십자가 밖에서는 여전히 하나님은 의의 하나님이시요, 진노의 하나님, 심판의 하나님, 멸망시키는 소멸하는 불의 하나님이신 것입니다.

그렇기 때문에 십자가의 힘이 얼마나 위대한 것이라는 것을 우리는 깨달아야 합니다. 우리가 예수 그리스도의 십자가를 믿고 의지하고 나아가면 예수님께서는 아버지의 보좌 우편에 계시면서 끊임없이 우리를 위해 매시 매시마다 간절히 기도해 주시는 것입니다. 우리 하나님 옆에서 우리를 대변하여 우리를 위해 간절히 기도해 주시는 대제사장 예수님께서 계신 이상 우리는 두려워하지 않고 담대히 은혜의 보좌 앞에 나아가 하나님께 간절히 기도드릴 수 있는 것입니다.

그리고 하나님께서는 오늘 우리가 여러 가지 죄와 허물이 큼에도 불구하고 십자가를 통해 하나님 앞에 나갈 때 하나님께서는 우리를 조금도 미워하지 아니하시고 차별하지 아니하시고 있는 그대로 받아주셔서 하나님의 은총을 쏟아부어 주시는 것입니다.

이러므로 십자가를 통한 하나님은 우리의 친아버지요, 우리를 사랑하시는 하나님이시요, 자비와 긍휼과 은혜가 풍성한 하나님이시므로 예수 그리스도의 십자가를 통하여 지체하지 말고 하나님 앞에 늘 나가서 기도하고 감사하고 찬양하는 모두가 되시기를 주님의 이름으로 축원합니다.

2. 우리 인간을 완전히 변화시켰다.

잘 아시다시피 우리의 조상 아담과 하와가 하나님께 범죄하여 하나님을 등지고 떠난 이후로 인류는 원죄와 자범죄를 통해서 하나님과 원수가 되고 하나님께서 원치 않으시는 길로 걸어갔습니다. 그러나 십자가 이전의 우리는 모두 멸망 받을 죄인이었지만 예수 그리스도의 십자가를 통해서 우리는 용서받은 의인들이 되었습니다. 한없이 많은 죄를 지었는데 그 많은 죄를 예수님께서 걸머지시고 몸 찢고 피를 흘리시므로 다 청산해 버리셨기 때문에 이제는 그 은혜로 인하여 무조건 믿기만 하면 죄 사함을 받고 용서받은 의인들이 되어서 하나님 앞에 부끄럼 없이 설 수 있는 자격을 얻게 된 것입니다.

비유하자면 우리가 옷이 없어 벌거벗고 있는데 예수께서 천상의 옷을 가지고 오셔서 우리에게 입혀 주시므로 우리가 예수 그리스도의 그 의의 의복을 입었으니 아버지의 보좌 앞에 조금도 부끄럼 없이 나갈 수 있게 된 것입니다. 믿지 않는 사람은 모두 다 벌거벗은 수치를 가진 사람들이고 아무리 의로운 공로를 세워도 하나님 앞에 벌거벗은 사람들입니다. 벌거벗고 하나님의 보좌 앞에 나갈 수는 없습니다.

그러나 우리는 예수를 믿음으로 말미암아 용서받은 의인이 되어 의의 의복을 받아 입었으니 우리는 강하고 담대하게 부끄러움 없이 날개 치며 우리 하나님 앞에 나갈 수 있는 사람들이 되었으니 십자가는 우리를 얼마나 많이 변화시켰습니까? 멸망 받을 죄인에서 용서받은 의인으로 만들어 주셨으니 얼마나 감사합니까? 또 십자가를 통해서 우리가 하나님과 원수된 관계에서 화목된 관계로 변화되었습니다. 십자가 이전에는 하나님과 사람 사이는 원수지간이었습니다.

사람은 하나님께 가까이 갈 수 없고 하나님께서 사람에게 가까이 오시면 사람을 심판할 수밖에 없었습니다. 그런 원수된 사이가 예수 그리스도의 십자가를 통해 원수의 담이 무너지고 하나님의 진노가 사라지고 하나님과 사람 사이에 화목이 이루어지고 그 증거로써 하나님께서 아버지의 그 영을 우리에게 부어주셔서 우리가 하나님을 향하여 아바 아버지라 부르게 된 것입니다. 원수였던 우리들이 친자식이 되고 하나님이 친아버지가 되시고 하나님을 향하여 아바 아버지라 부를 수 있게 된 것은 예수 그리스도의 위대한 힘으로 말미암은 것입니다.

그 뿐 아니라 십자가를 통하기 전에는 우리는 병든 인간이었습니다. 영도, 마음도, 육체도, 생활도 병들었습니다. 하나님께 쫓겨난 인간은 그 자체가 병든 인간인데 예수 그리스도의 십자가를 통하여 주께서 우리에게 치료의 능력을 베풀어 주셔서 우리는 치료받은 사람들이 된 것입니다. 그리스도께서 우리의 연약한 것을 친히 담당하시고 병을 짊어지고 가셨으며 저가 채찍을 맞음으로 우리가 나음을 입었습니다.

그러므로 예수 그리스도의 십자가를 통하여 믿는 우리의 영과 마음과 육체와 생활환경도 치료받은 것입니다. 십자가 밖에서는 병든 인간이지만 십자가 안에서는 치료가 우리를 감싸고 있습니다. 십자가 안에서 우리는 기도로써 치료를 마셔 들이고 치료 안에 살므로 우리는 건강한 심신을 가지고 살아갈 수 있습니다.

또, 십자가 밖에 있을 때에는 우리는 저주 아래 있었습니다. 아담 이후로 이 땅은 저주를 받아 가시와 엉겅퀴가 났습니다. 환경에 가시와 엉겅퀴가 나고 마음에도 미움과 원한과 시기와 분노, 질투의 가시와 엉겅퀴가 났습니다. 그래서 사람들은 마음으로 찔려 피투성이가 되고 미워하고 시기하고 질투하여 서로 싸웁니다. 환경에도 수많은 저주로 말미암아 사람들은 헐벗고 굶주리고 낭패와 실망을 당하고 슬픔 가운데 있습니다. 이 세상의 저주가 얼마나 무서운지, 얼마나 많은 사람이 아프리카, 아시아, 소련 연방 등에서 굶주림을 당하고 있는지 모릅니다. 그러나 십자가 안에서 우리는 아브라함의 복을 받은 사람들이 되었습니다.

"그리스도께서 우리를 위하여 저주를 받은바 되사 율법의 저주에서 우리를 속량 하셨으니 이는 기록된 바 나무에 달린자마다 저주 아래 있는 자라 하였음이라 이는 그리스도 예수 안에서 아브라함의 복이 이방인에게 미치게 하려 함이라"고 말씀하십니다. 그리스도의 십자가를 통해 우리는 저주에서 해방되고 아브라함의 복을 받은 복 있는 사람으로 변화되었습니다.

또한 그리스도의 십자가를 통해서 영원히 죽은 인간이 영원히 살게 되었습니다. 죄를 지은 영혼은 죽으리라 하셨고 죄를 지은 모든 사람들이 십자가 밖에서는 영원한 멸망을 가지고 있습니다. 그 영혼은 죽었고 그 육체도 얼마 있지 아니하여 죽을 것인데 후에는 불과 유황으로 타는 못에 참여할 것입니다. 그러나 예수 그리스도의 십자가 안에서는 영원히 사는 사람이 되는 것입니다. 십자가 안에서 의로움을 얻었으며 영생을 얻었으며 성령을 받았고 천국의 시민이 되었습니다.

고린도후서 5장 17절에 "그런즉 누구든지 그리스도 예수 안에 있으면 새로운 피조물이라 이전 것은 지나갔으니 보라 새것이 되었도다"라 하셨습니다. 십자가를 통하여 우리는 새것이 되었습니다. 십자가를 통하지 않고 이와 같은 역사는 절대 일어나지 않습니다. 어떠한 종교나 어떠한 윤리나 도덕적 행위도 우리를 이와 같이 변화된 사람으로 만들 수는 없습니다. 그렇기 때문에 우리는 십자가 이외에 자랑할 것이 절대 없습니다. 십자가 이외에 어떠한 교리나 교파나 인간의 행위를 자랑하면 이는 잘못된 것입니다.

우리가 사는 길은 오직 예수 그리스도 십자가 안에 있는 것입니다. 그러므로 우리는 십자가 이외에 결코 자랑할 것이 없습니다. 자나 깨나 십자가를 통해서 우리를 변화시키시고 구원해 주신 우리 주 예수 그리스도를 찬미하고 감사하며 예수님을 의지하며 살아갈 때 하나님도 십자가를 통하여 변화된 하나님으로 우리에게 다가오시고 우리도 십자가를 통해 변화된 사람으로서 하나님의 품에 안기게 되는 것이니 하늘과 땅이 십자가를 통하여 하나가 되고 화해되며 변화되는 것입니다. 인류 역사상 그 어떠한 힘이 이와 같이 하늘과 땅을 합쳐 변화시킬 수 있는 힘을 가졌었습니까? 십자가 이외에는 절대 없습니다.

3. 마귀도 변화 시켰다.

마귀는 하나님의 보좌를 빼앗으려 하다가 쫓겨나서 하늘의 천사 3분의 1과 함께 타락했습니다. 그래서 지금 마귀는 공중의 권세 잡은 자가 되어 하나님을 대적하고 사람들이 그리스도를 믿어 구원받지 못하도록 하기 위해 온갖 참소와 파괴적인 일을 하고 있습니다. 그렇기 때문에 주님께서는 "도적이 오는 것은 도적질하고 죽이고 멸망시키는 것 뿐이요 인자가 온 것은 양으로 생명을 얻게 하되 풍성히 얻게 하려 함이라"고 하셨습니다. 예수님은 마귀를 도적으로 비유하셨습니다.

그러므로 오늘날도 마귀는 우는 사자와 같이 두루 다니며 삼킬 자를 찾고 있습니다. 그리고 기회만 있으면 영적, 육체적, 생활적으로 우리를 공격하고 파괴하려 하는 것입니다.

그런데 십자가 이전에는 이 마귀를 당할 자가 없었습니다. 왜냐하면 이 땅의 임금으로 지음 받은 아담과 하와가 이 땅의 왕권을 마귀에게 바쳐버리고 마귀의 노예가 되었기 때문입니다. 창세기의 아담과 하와가 타락한 때로부터 시작하여 이 땅의 임금 노릇은 마귀가 하게 되었습니다. 그래서 마귀가 통치자와 권세를 가지고 이 땅을 다스렸습니다.

그러나 십자가가 오고 난 후 위대한 변화가 일어났습니다. 마귀가 예수 그리스도를 십자가에 못박은 것은 우주의 불의를 행한 것이었습니다. 예수 그리스도는 마귀의 나라에 속한 분이 아니었습니다. 이 세상 사람들은 다 마귀에 속하였지만 예수님은 마귀의 나라에 속하지 않았었습니다. 예수님은 죄를 지으신 적이 없었습니다. 예수님은 하나님의 아들이시요, 의의 근본이십니다. 자기 나라에 속하지 아니하고 심판할 수 있는 권한도 없는데 죄의 근본인 마귀가 의의 근본인 예수 그리스도를 십자가에 못박아 죽였다는 것은 중대한 우주의 범죄인 것입니다.

하나님께서는 범죄한 이 마귀를 그대로 두실 수 없습니다. 그래서 십자가를 통해 하나님께서는 마귀를 심판하사 이 세상의 임금의 자리에서 쫓아내셨습니다.

요한복음 12장 31절에 "이제 이 세상의 심판이 이르렀으니 이 세상 임금이 쫓겨나리라"라 하셨습니다. 예수 그리스도께서 십자가에 못 박혀 "내가 다 이루었다" 하시며 운명하신 그 시간에 마귀는 이 세상 보좌에서 쫓겨나 버렸습니다. 이제 마귀는 우리의 영혼을, 우리의 육체를 도적질하고 죽이고 멸망시킬 합법적인 권리가 없습니다. 마귀는 예수 그리스도로 말미암아 쫓겨났기 때문에 마귀가 가장 두려워하는 것이 예수 그리스도의 십자가 보혈입니다. 보혈을 볼 때마다 몸서리치는 것은 예수 그리스도의 십자가 희생으로 말미암아 자기의 권력을 빼앗기고 무장이 해제되고 임금의 자리에서 내쫓겼기 때문입니다. 그러므로 마귀와 대적할 때 예수 그리스도의 이름과 그 보배로운 피를 가지고 대적하십시오. "내가 예수 이름과 보혈을 의지하고 명하노니 귀신은 떠나가라." 마귀는 그리스도의 피를 보면 몸서리를 치고 쫓겨납니다.

그러므로 십자가를 통하여 이 세상의 임금의 자리에 있던 원수 마귀는 쫓겨난 패장이 된 것입니다. 그 후 마귀의 무장이 해제되었습니다. 마귀는 항상 죄악으로써 사람을 붙잡고 있었습니다. 죄는 마귀의 무기였습니다. 죄를 가지고 사람들이 하나님께 가지 못하게 만들었습니다.

그러나 예수 그리스도의 보배로운 피는 어떠한 죄라도 다 용서하고 사하기 때문에 마귀가 아무리 죄악의 무기를 사용해도 그 무기가 아무 효과 없는 것은 그리스도께 회개하면 순식간에 죄가 사라지기 때문입니다. 마귀의 죄악의 쇠사슬은 예수 그리스도의 십자가 앞에서 아무런 힘도 없습니다. 이것은 마치 끓는 물에 눈을 넣는 것이니 이 죄악의 쇠사슬은 주님의 십자가 앞에서 다 풀어져 버리고 마는 것입니다. 이렇게 마귀는 죄악의 무기를 잃어버렸습니다.

참소의 무기도 잃어버렸습니다. 마귀는 밤낮으로 하나님 앞에서 우리를 참소 했습니다. 우리를 따라 다니며 우리의 모든 잘못을 가지고 하나님께 참소함으로 말미암아 하나님께서 우리를 돌보아 주실 수 없도록 만들었습니다. 우리 중에 죄가 없는 사람은 아무도 없습니다. 모두가 허물을 가지고 있습니다. 우리의 모든 죄를 들어 참소를 한다면 우리는 견딜 수가 없습니다.

그러나 이제는 마귀가 참소할 때마다 예수 그리스도께서 아버지의 보좌 우편에 앉아 계셔서"아버지여 참소 당하는 저 사람의 죄는 이미 다 제가 담당하여 청산했기 때문에 그 참소는 무효입니다."라고 하시기 때문에 마귀의 그 참소는 무효가 되어버립니다. 마귀는 참소라는 굉장한 무기를 가지고 행동을 하였지만 이제는 아무리 참소해도 예수님께서 그것을 무력화하십니다. 예수 그리스도의 그 기도를 통해 마귀는 무력화됩니다.

그리고 마귀는 여러 가지 병을 가지고 사람들을 절망에 몰아넣었습니다. 그러나 예수 그리스도께서 우리의 죄를 직접 청산하셨기 때문에 병의 무기도 무기가 아닙니다. 성경에서 베드로는 사도행전 10장 38절에 "하나님께서 나사렛 예수에게 성령과 능력을 기름 붓듯 하셨으매 저가 두루 다니시며 선한 일을 행하시고 마귀에게 눌린 모든 자를 고치셨으니 이는 하나님이 함께 하셨음이라"하였습니다.

예수 그리스도는 어제나 오늘이나 영원토록 동일하십니다. 예수 그리스도는 몸 된 교회와 성령을 통해서 마귀가 가져다주는 병을 멸하고 계시므로 마귀의 병은 이제 무기가 되지 않습니다. '하나님의 아들이 나타나신바 되었으니 마귀의 일을 멸하려 하심이라'하셔서 예수님께서 이 시간에도 마귀의 일을 멸하기 위해서 능력으로 이 자리에 와 계신 것입니다.

마귀는 사망의 무기로 사람들을 포로로 잡았습니다. 사망으로 말미암아 공포에 떨고 있는 사람들을 예수 그리스도께서 오셔서 모두 해방시켜 주셨습니다. 죽음의 권세는 마귀가 가지고 있습니다. 하나님께는 죽음이 없기 때문입니다. 그러나 죄가 사망을 가지고 오는데 죄의 근본인 마귀가 사망의 권세를 가지고 있습니다. 그런데 예수께서 오셔서 우리를 대신하여 죽으셔서 장사지낸바 되고 음부에 내려갔다가 사흘만에 부활, 승천하심으로 말미암아 사망과 음부의 권세를 우리를 위해 다 깨뜨리셨습니다. 인류를 대신하여 죽음에 내려가시고 음부에 들어가시고 그 곳에서 싸워 이기셔서 사흘만에 사망과 음부의 권세를 다 철폐하시고 부활하셨기 때문에 이제는 예수 안에서 사망과 음부는 아무 힘이 없으므로 원수 마귀는 사망의 무기도 다 빼앗긴 것입니다.

그러므로 십자가로 말미암아 마귀는 완전히 패배한 존재가 되어버렸습니다. 십자가 이전엔 그가 세상의 왕이요 세상의 신으로 죄악, 참소, 병, 사망의 무기를 가지고 무장하여 사람들을 억압하고 있었지만, 예수님의 십자가로 말미암아 마귀는 임금의 자리에서 쫓겨나고 무장해제 되고 패졸지장이 되어 사람들이 진리를 알고 예수님의 이름으로 대적하면 한 길로 왔다가 일곱 길로 도망칠 수밖에 없게 되었습니다.

이러므로 성경에는 "마귀를 대적하라 그리하면 저가 너를 피하리라 저가 내 이름으로 귀신을 쫓아내리라"고 말씀하신 것입니다. 이전에는 마귀가 세상의 임금이었기 때문에 우리가 마귀의 밑에서 종살이하였으나 우리가 예수님을 믿고 난 후 모두 임금의 자녀들이 되고 마귀는 우리의 발 밑의 짓밟힌 종이 되었습니다. 십자가의 도가 이렇게 마귀의 모든 위치를 변화시켰습니다.

그러므로 십자가는 하늘, 땅, 지옥도 변화시키고 인간에게 영원한 희망과 행복과 승리를 주신 하나님의 지혜요, 하나님의 능력인 것입니다. 우리는 항상 십자가를 가슴에 품고 굳센 믿음과 감사로써 일생을 살아야만 합니다. 십자가 밖에 나가면 안 됩니다. 십자가의 도 안에서 살고 그것만 자랑하고 살아야 합니다.

7장 하나님의 꿈을 이루신 예수님

(사 53:7-10)"그가 곤욕을 당하여 괴로울 때에도 그의 입을 열지 아니하였음이여 마치 도수장으로 끌려가는 어린 양과 털 깎는 자 앞에서 잠잠한 양 같이 그의 입을 열지 아니하였도다. 그는 곤욕과 심문을 당하고 끌려갔으나 그 세대 중에 누가 생각 하기를 그가 살아 있는 자들의 땅에서 끊어짐은 마땅히 형벌 받을 내 백성의 허물 때문이라 하였으리요. 그는 강포를 행하지 아니하였고 그의 입에 거짓이 없었으나 그의 무덤이 악인들과 함께 있었으며, 그가 죽은 후에 부자와 함께 있었도다. 여호와 께서 그에게 상함을 받게 하시기를 원하사 질고를 당하게 하셨은즉 그의 영혼을 속건제물로 드리기에 이르면 그가 씨를 보게 되며 그의 날은 길 것이요 또 그의 손으로 여호와께서 기뻐하시는 뜻을 성취하리로다"

우리들은 모두 크고 작은 꿈을 가슴에 품고 살아갑니다. 우리가 그 꿈을 이루지 못하면 우리 자녀들이 그 꿈을 우리 대신 이루어주기를 늘 소원합니다. 만일 우리의 자녀들이 받아준다면 그 꿈이 자녀들로 말미암아 이루어지도록 전력을 기울여 어떠한 희생도 마다하지 않고 자녀들의 기회를 부모들이 밀어줍니다. 이처럼 우리 하나님 아버지께서도 꿈을 가지고 계십니다. 하나님의 꿈은 무엇이며 그것이 어떻게 성취될 수 을까요?

1. 하나님의 꿈은 예수 그리스도 안에서 이루어진다.

인간이 하나님을 배반하고 마귀와 짝을 하여 에덴을 떠났을 때 하나님께서는 이미 인간을 구원하실 꿈을 가지고 계셨습니다. 성경 창세기 3장 15절에 보면 뱀을 심판하실 때 "내가 너로 여자와 원수가 되게 하리니 너의 후손도 여자의 후손과 원수가 되게 하리니 여자의 후손은 네 머리를 상하게 할 것이요 너는 그의 발꿈치를 상하게 할 것이니라 하시고"말씀한 것입니다. 예수 그리스도는 남자의 후손이 아니고 아버지 없이 태어난 여자의 후손인 것입니다. 마귀를 상징하는 뱀의 머리를 깨뜨릴 것이고 뱀은 그의 발꿈치를 물어서 상하게 할 것이라는 예수 그리스도의 십자가를 주님께서는 멀리 바라보시고 예언하신 것입니다.

그러므로 우리 인생을 다시 구원하겠다는 하나님의 꿈은 바로 예수 그리스도를 통해서 이루어진 것입니다. 예수 그리스도가 하나님의 꿈인 것입니다. 하나님께서는 예수님을 죄 없는 인간으로 태어나게 하사 인간의 죄를 대신 갚게 하시는 꿈을 가지고 계셨습니다. 그리고 예수님의 고난을 통하여 인간을 구원하시는 것이 하나님의 꿈이셨습니다.

그러므로 예수 그리스도 안에서 하나님이 세우신 꿈의 구체적인 내용은 이러한 것입니다. 예수님께서 인간의 죄를 대속하기 위하여 십자가에 매달려 심판을 받으신 것입니다. 그 일을 통하여 믿는 자를 구원하시겠다는 것이 하나님의 꿈이신 것입니다.

사람들이 죄를 짓고 불의하고 추악하고 버림을 받아야 마땅한 존재인데 이 죄 지은 인간을 대신해서 예수님이 십자가에서 몸 찢고 피 흘려 죽으심으로 인간의 죄를 청산하겠다는 것이 우리 하나님 아버지의 꿈이신 것입니다.

이사야서 53장 10절에 보면 "여호와께서 그로 상함을 받게 하시기를 원하사 질고를 당케 하셨은즉 그 영혼을 속건제물로 드리기에 이르면 그가 그 씨를 보게 되며 그 날은 길 것이요 또 그의 손으로 여호와의 뜻을 성취하리로다."말씀한 것입니다. 하나님은 예수 그리스도를 통해서 인류의 죄를 다 청산하고 인류를 구원하는 꿈을 성취하려고 하신 것입니다.

또한 여호와 하나님께서 예수님께서 심판을 받으심으로 하나님과 사람사이에 막혔던 원수된 담을 헐어내시고 주님 안에서 하나님과 인간이 화목하게 되는 꿈을 가지고 계셨습니다. 하나님은 인간이 하나님을 떠나 버렸으나 어찌하든지 다시 인간을 끌어안고 싶어 하셨습니다. 그래서 그리스도가 대신 심판을 받아 하나님과 사람 사이에 원수된 담을 헐고 하나님께서 사람에게 사람이 하나님의 품에 안기고 하나가 되는 이러한 꿈을 하나님은 가지고 계셨습니다.

또한 하나님께서는 예수님께서 채찍에 맞으시고 십자가의 고난을 당하심으로 우리의 질병과 우리의 슬픔을 대신 다 갚아 주심으로 예수님 안에서 믿는 자가 치료와 기쁨을 얻게 하는 꿈을 가지고 계셨습니다. 그러므로 예수 그리스도를 믿는 자마다 하나님은 치료를 받고 그리스도 안에서 슬픔에서 해방을 얻고 기쁨을 얻게 하는 그러한 꿈을 그리스도 안에서 하나님이 갖고 계셨습니다.

하나님께서는 하나님 앞에서 십자가에 높이 매달리심으로 저주거리가 되신 예수 그리스도, 바로 이 예수께서 저주를 받음으로 인간에게 내려진 저주를 대신 갚게 하사 그를 믿는 자가 저주에서 해방을 얻는 꿈을 하나님은 갖고 계셨습니다. 누구든지 예수를 믿으면 저주가 다 물러가고 가시와 엉겅퀴가 물러가고 아브라함의 축복을 받는 꿈을 하나님은 꿈꾸고 계셨습니다.

그리고 예수님께서 죽으시고 장사지내시고 사흘만에 부활하심으로 예수님 안에서 믿는 자가 함께 죽고 함께 장사된바 되고 함께 부활할 것을 하나님은 그 마음속에 꿈꾸고 계셨습니다. 그러므로 그리스도를 통해서 사망이 철폐되고 예수를 통해서 음부가 정복되고 그리스도 안에서 수많은 자녀들이 부활해서 하나님의 품에 안기는 이 꿈을 하나님은 그리스도 안에서 가지고 계셨습니다.

그러므로 예수님은 하나님의 꿈이요 하나님의 꿈을 이루시는 분이 바로 우리 주 예수 그리스도이신 것입니다. 이렇기 때문에 예수 그리스도를 떠나서는 하나님의 꿈은 전혀 없습니다. 예수 그리스도를 떠나서는 인간과 하나님과의 관계에서 아무런 꿈도 이루어질 수 없습니다. 그러므로 유대인들이 여호와 하나님을 아무리 부르짖고 여호와 하나님을 아무리 섬겨도 예수님을 통하지 않은 여호와 하나님은 인간의 아무런 꿈도 가지고 계시지 않습니다.

하나님의 꿈은 바로 예수 그리스도인 것입니다. 그리스도를 통해서 하나님은 인간에 대한 아버지 하나님의 꿈을 갖고 계시고 그 꿈을 이루시는 것입니다. 그러므로 예수 그리스도를 떠나서는 하나님의 꿈은 없습니다. 아무리 하나님의 이름을 부르짖고 아무리 몸부림친다고 해도 하나님과 인간은 아무 관계가 없는 것입니다.

이렇기 때문에 그리스도 예수만이 하나님의 꿈이라는 것을 알아야 되는 것입니다. 하나님의 꿈은 예수 그리스도 안에서 십자가에 몸 찢고 피 흘리는 고통을 통하여 이루어졌고 또 예수를 믿는 사람들 속에 하나님의 꿈이 이루어지는 것입니다.

2. 하나님의 꿈은 보혜사 성령이 알게 하신다.

확실히 알아야 될 것은 하나님의 꿈을 우리 마음속에 진실로 깨닫고 알리기 위해서 보혜사 성령님이 오셨다는 것입니다. 우리가 성령으로 말미암지 않고는 그리스도 안에서 이루시려고 하는 하나님의 꿈을 이해할 사람이 아무도 없습니다.

고린도전서 1장 18장을 보면 "십자가의 도가 멸망하는 자들에게는 미련한 것이요 구원을 얻는 우리에게는 하나님의 능력이라"고 말하는 것입니다. 믿지 않는 자에게는 십자가의 도가 너무나 어리석고 미련한 것입니다. 그들은 그리스도의 십자가 안에 있는 하나님의 꿈을 인간의 이성으로 이해할 수 없기 때문인 것입니다.

고린도전서 1장 22절로 25절에 "유대인은 표적을 구하고 헬라인은 지혜를 찾으나 우리는 십자가에 못 박힌 그리스도를 전하니 유대인에게는 거리끼는 것이요 이방인에게는 미련한 것이로되 오직 부르심을 입은 자들에게는 유대인이나 헬라인이나 그리스도는 하나님의 능력이요 하나님의 지혜니라"고 말하고 있는 것입니다. 그런데 그리스도의 십자가가 하나님의 능력이요 하나님의 지혜요 그것이 바로 인류에 대한 하나님의 꿈인데도 불구하고 사람들은 인간의 지혜나 지식으로 이해가 되지 않습니다.

고린도전서 12장 3절에 보면 "그러므로 내가 너희에게 알게 하노니 하나님의 영으로 말하는 자는 누구든지 예수를 저주할 자라 하지 않고 또 성령으로 아니하고는 누구든지 예수를 주시라 할 수 없느니라" 말하신 것입니다. 성령이 오셔야 비로소 성령이 그리스도 예수 안에 있는 하나님의 꿈을 우리에게 보여주시지 성령의 역사가 아니고는 아무리 공부를 하고 연구하고 수양과 도덕을 쌓아도 하나님의 꿈을 이해할 수가 없습니다.

하나님의 꿈이신 예수 그리스도의 탄생과 죽으심과 부활의 메시지는 인간의 이성으로서는 도저히 받아들이기 힘든 사건인 것입니다. 예수님께서 십자가에 못박혀 죽으셨을 때 원수들은 기뻐하고 춤을 추고 좋아했었습니다. 왜냐하면 예수께서 죽으심으로 이제 그리스도의 복음 사역은 끝나고 유대교에 대한 위협은 끝났다고 생각한 것입니다. 실상은 예수 그리스도의 십자가가 하나님의 꿈을 이루는 것인데도 불구하고 그것을 유대인들은 이해하지 못했습니다. 그러므로 오히려 하나님의 꿈이 파괴되었다고 생각하고 기뻐하고 즐거워했습니다.

그리고 예수님을 3년 반 동안 따라다니면서 배움을 받았던 제자들조차도 망연자실했습니다. 예수 그리스도가 죽으심으로 말미암아 그들의 모든 꿈은 다 사라지고 희망은 다 깨어지고 이제는 절망밖에 남아 있지 않다고 생각한 것입니다. 실상은 하나님께서 예수 그리스도를 통해서 십자가의 고난을 받게 하심으로 하나님의 꿈을 이루는 한 과정인데도 불구하고 이것은 유대인도 이해하지 못하고 예수님의 제자들도 이해하지 못했습니다.

예수님이 부활하신 후 40여일동안 제자들을 수없이 만나 보셨습니다. 부활한 예수님을 그렇게 만나고도 예수님의 죽으심과 부활이 무슨 의미가 있는지 제자들은 도무지 알 수 없어 어리둥절했습니다. 왜 예수님은 구태여 죽으셨다가 또 살아나셔서 동에 번쩍 서에 번쩍 하면서 자꾸 나타나시는가 도대체 왜 우리를 번거롭게 하시는가? 살아날 바에야 죽지 않았으면 좋았는데 무엇 때문에 죽었다가 살아나서 또 나타났다가 나타났다 번거롭게 하시는가? 그렇게 생각했었습니다.

그러나 오순절 날 성령께서 강림하시자 순식간에 예수 그리스도의 고난이 하나님의 인간 구원의 계획이요 꿈이시라는 것을 확실하게 깨닫게 된 것입니다. 성령이 오시자마자 아 예수님이 오셔서 십자가에 몸 찢고 피 흘려 죽어서 사흘동안 음부에 내려갔다가 사흘만에 부활해서 일어난 것이 바로 하나님의 인류 구원의 계획이요. 우리에 대한 하나님의 꿈의 성취였구나 이것을 순식간에 깨달아 알게 된 것입니다. 이러므로 성령이 오시기 전에는 예수님의 친 제자들조차도 부활하신 예수님을 눈으로 보고도 왜 예수님이 부활하셨는지 이유를 알 수가 없었던 것입니다.

오늘날 성령께서는 오순절 이후에 우리 가운데 역사하여 주셔서 하나님 성령은 우리의 마음을 열어 주시는 것입니다. 성령이 우리의 마음을 열어주지 아니하시면 우리는 절대로 예수 그리스도의 죽으심과 부활이 하나님의 꿈인 것을 이해하지 못합니다. 하나님의 성령께서 우리가 말씀들을 때 우리 마음 문을 열어 주셔야 되는 것입니다.

빌립보에서 바울과 실라가 복음을 증거할 때 성령께서 루디아의 마음을 열어 주심으로 그가 예수 그리스도를 믿게 되었고, 그 가족과 함께 세례 받고 구원을 받았다고 말한 것입니다. 그러므로 오늘 이 시간에 예수를 구주로 모신 우리들은 모두 다 성령이 마음 문을 열어준 사람들인 것입니다.

그러므로 성령으로 말미암지 않고는 예수 그리스도를 주라고 할 수 없는 것입니다. 이런데다가 우리가 성령 충만한 세례를 받으면 예수님의 구원에 대한 능력 있는 신앙을 갖게 되는 것입니다. 성령이 충만해지면 그리스도의 죽으셨다 부활하신 그 진리와 그 은혜와 그 영광이 우리 속에 충만하게 되는 것입니다. 이렇기 때문에 성령님과의 깊은 교통만이 그리스도 안에서 살도록 우리를 이끌어 주는 것입니다.

하나님의 성령은 보혜사입니다. 보혜사라는 것은 하나님께로부터 보내심을 받아 우리를 돕기 위해서 항상 우리 곁에 계신 이를 말하는 것입니다. 하나님 아버지는 보좌에 계시고 예수님은 일을 다 완성하시고 보좌 우편에 와 계시지만, 성령은 이 땅에서 예수 그리스도의 십자가에 죽으셨다 부활한 것이 하나님의 인류 구원의 계획이요. 하나님의 꿈이라는 사실을 우리 가운데 끊임없이 깨닫게 해 주시는 것입니다. 기억나게 해 주시고, 가르쳐 주시고, 깨닫게 해 주시고, 능력을 주시고, 위로를 주시고, 은혜를 주시고, 꾸짖어 주시고, 온갖 일을 다 하는 것이 보혜사 성령님의 역사인 것입니다. 그렇기 때문에 성령님의 도우심이 없이 우리가 예수 그리스도를 믿을 수 없고 그 그리스도의 은혜를 통해서 하나님의 꿈을 우리가 받아들일 수가 없는 것입니다.

이렇기 때문에 우리의 삶 속에 우리는 항상 우리 곁에 계신 보혜사 성령님을 인정하고 환영하고 모셔들이고 의지하고 감사해야 되는 것입니다. 성령은 영이시기 때문에 우리 눈에는 보이지 않습니다. 바람을 눈으로 보셨나요? 바람은 눈으로 보지 못해도 바람이 우리와 같이 있는 것을 아는 것입니다. 그리고 숨쉬면 우리 폐 속에 들어왔다 나갔다 하는 것을 아는 것입니다. 성령은 바람과 같이 영이십니다.

그러므로 우리 눈에는 보이지 않지만 성령은 우리와 함께 거하시며 우리 안에 거하시며 우리를 충만히 채우시고 우리를 기도하게 하시고 우리를 손잡아 이끌어 주시는 것입니다. 이러므로 성령을 인정하시면 아멘! 하십시다.

환영하면 아멘! 하십시다. 모셔들이면 아멘! 하십시다. 감사하면 아멘! 하십시다. 보혜사 성령으로 말미암지 않은 개인이나 교회는 종교 단체에 불과한 것입니다. 그리스도와 아무 상관이 없는 것입니다.

우리 충만한 교회가 온 천하만국에 책을 통하여 복음을 증거하게 된 것도 우리가 성령님을 인정하고 환영하고 모셔들이고 의지하고 성령충만하게 살기 때문에 성령이 우리를 붙잡아서 그리스도의 일꾼들로 만들어 주신 것입니다. 이렇기 때문에 우리가 이 땅에 사는 동안에 우리의 삶은 전적으로 성령님과 함께 동행한다는 것을 아시고 매일 같이 성령충만한 삶을 살게 되시기를 주님의 이름으로 축원합니다.

3. 하나님의 꿈과 우리들의 관계

우리가 하나님의 꿈이신 예수 그리스도를 모셔들이고 하나님의 구원의 꿈이 우리 안에 이루어지기 위하여 항상 애를 써야 되겠는데 어떻게 해야 될까요? 하나님은 예수 그리스도 안에서 우리를 구원하실 꿈을 꾸셨는데 그럼 우리는 어떻게 해야 될까요?

우리는 예수님에 대한 하나님의 꿈을 나의 꿈으로 받아들여야만 하는 것입니다. 십자가를 통하여 하나님이 꿈꾸신 그 꿈을 내 꿈으로 받아들여야 되는 것입니다. 하나님의 꿈, 나의 꿈, 하나님이 예수 그리스도 안에서 꿈꾸신 그것을 나의 꿈으로 내가 받아들여야 되는 것입니다. 눈에는 아무 증거 안보이고 귀에는 아무소리 안 들리고 손에는 잡히는게 없을지라도 나의 생각이나 감각이나 현실적인 환경을 초월하여 하나님의 꿈을 나의 꿈으로 받아들여야만 하는 것입니다.

고개를 들어 갈보리 십자가를 바라보십시오. 그것이 바로 하나님의 꿈이 있는 자리를 보는 것입니다. 십자가에 높이 달려있는 예수 그리스도를 보십시오. 몸을 찢고 피를 흘린 그리스도를 보십시오. 그것이 바로 우리에 대한 하나님의 꿈입니다. 그 하나님의 꿈을 내가 받아들여야 되는 것입니다. 나의 대한 하나님의 꿈을 받아들이면 어떻게 될까요? 죄를 사함받고 하나님과 친밀하게 지내는 권능있는 성도가 됩니다.

죄 사함에 대한 꿈을 받아들여야 되는 것입니다. 요한 1서 2장 2절에 "저는 우리 죄를 위한 화목 제물이니 우리만 위할 뿐 아니요 온 세상의 죄를 위하심이라."고 말씀하셨는데 그리스도의 십자가를 바라보고 하나님의 꿈인 예수 그리스도를 내가 받아들일 때 나는 죄 용서함 받고 의롭게 되었다는 하나님의 꿈을 내 꿈으로 받아들이는 것입니다. 나는 용서받았다. 하나님 앞에 의롭다 함을 얻었다고 하는 그 꿈을 내가 확실하게 받아들여야 되는 것입니다. 나의 꿈으로 받아들이는 것입니다. 그것이 하나님의 꿈이 아닌 나의 꿈으로 받아들여야 되는 것입니다. 오늘 이 시간에 내가 예수 그리스도 안에서 용서받고 의롭게 되었습니다. 그 꿈을 내가 받아들이면 하나님의 꿈이 내 꿈이 되는 것입니다.

우리는 화해에 대한 꿈을 내 꿈으로 받아들여야 되는 것입니다. 골로새서 1장 20절에 "그의 십자가의 피로 화평을 이루사 만물 곧 땅에 있는 것들이나 하늘에 있는 것들을 그로 말미암아 자기와 화목케 되기를 기뻐하심이라."고 하셨습니다. 하나님은 예수 그리스도를 통해서 원수된 담이 무너지고 화목 되게 하는 꿈을 꾸고 계시는데 이 하나님의 꿈인 예수를 받아드리면 나는 이제 화목하게 된 것입니다.

그러므로 하나님의 꿈을 내 꿈으로 받아들이면 나는 이제 하나님과 화목하게 된 것입니다. 그러므로 하나님의 꿈을 내 꿈으로 받아들이면 이제 내가 하나님 안에 하나님이 내 안에 들어오시게 되고 내가 하나님 앞에 조금도 부끄럼 없이 두려움 없이 당당하게 나갈 수 있는 것입니다. 왜! 내가 하나님의 꿈을 받아들여서 내 꿈으로 만들었기 때문에 나는 하나님과 이제 화해되었기 때문인 것입니다.

치료와 기쁨에 관한 꿈도 그런 것입니다. 베드로전서 2장 24절에 "친히 나무에 달려 그 몸으로 우리 죄를 담당하셨으니 이는 우리로 죄에 대하여 죽고 의에 대하여 살게 하려 하심이라 저가 채찍에 맞음으로 너희는 나음을 얻었나니"라고 말했는데 하나님은 예수 그리스도가 채찍에 맞고 십자가에 매달림으로 우리의 질병과 우리의 슬픔을 대신 질머지고 가는 꿈을 그 속에 이루어 놓았었습니다.

그 하나님의 꿈을 내가 받아들여서 내 꿈으로 만듭니다. 나는 이제 그리스도를 통해서 치료를 받았다. 나는 슬픔에서 놓여남을 받았다. 이 하나님의 꿈을 내 꿈으로 내가 받아들이면 우리 하나님의 꿈이 내 것이 되어버리고 마는 것입니다.

그리고 하나님의 축복에 대한 꿈을 내 것으로 받아들여야 됩니다. 고린도후서 8장 9절에 "우리 주 예수 그리스도의 은혜를 너희가 알거니와 부요하신 자로서 너희를 위하여 가난하게 되심은 그의 가난함을 인하여 너희로 부요케 하려 하심이니라"하였는데 하나님은 우리를 부요케 할 꿈을 예수 그리스도 안에서 꾸고 계셨습니다. 예수께서 저주를 받은바 되사 율법의 저주에서 우리를 속량하심으로 우리를 가난에서 부요케 하는 꿈을 가지고 있었는데 이 하나님의 꿈인 예수 그리스도를 내가 받아들이고 하나님의 꿈을 내가 꾸어야 되는 것입니다. 나는 이제 저주에서 해방을 얻었고 내가 가난해서 놓여남을 받았다는 꿈을 영롱하게 내 마음속에 받아들여야 되는 것입니다. 이건 내가 만든 꿈이 아닙니다. 하나님의 꿈을 내 꿈으로 내 마음속에 받아들여야 되는 것입니다.

영생 복락 천국에 관한 하나님의 꿈도 내 꿈으로 받아들여야 되는 것입니다. 고린도후서 5장 1절로 2절에 "만일 땅에 있는 우리의 장막집이 무너지면 하나님께서 지으신 집 곧 손으로 지은 것이 아니요 하늘에 있는 영원한 집이 우리에게 있는 줄 아나니 과연 우리가 여기 있어 탄식하며 하늘로부터 오는 우리 처소로 덧입기를 간절히 사모하노니"라고 말했었습니다.

하나님께서는 예수 그리스도를 통해서 사망을 멸하시고 음부를 멸하시고 부활시킴으로 우리 인생들을 다 부활시키는 꿈을 예수 안에서 이루어 놓은 것입니다. 이 예수 그리스도를 모셔 들임으로 나는 이제 사망과 음부를 이기고 부활하여 천국 영생에 들어가는 꿈을 받아들여야 되는 것입니다. 그 꿈을 꾸어야 되는 것입니다. 우리 예수 믿는 사람들은 꿈꾸는 사람들인 것입니다. 우리의 꿈은 우리가 만든 것이 아니라, 하나님의 성령이 가르쳐 준 것으로 하나님이 예수 안에 꾼 꿈을 내 꿈으로 받아들이면 이제 나는 나의 힘으로 살지 않고 하나님의 능력으로 살아가게 되는 것입니다. 오늘 이 시간에 입을 넓게 열고 그리스도 안에 있는 하나님의 꿈을 예수 이름으로 받아들이게 되시기를 주의 이름으로 축원합니다.

이것은 하나님의 꿈입니다. 우리의 꿈이 아닙니다. 그러나 하나님의 꿈을 내가 내 속에 받아들여서 내가 그것을 내 꿈으로 만들게 되면 하나님의 꿈이 나의 속에서 역사하게 되는 것입니다.

이래서 하나님의 꿈을 나의 꿈으로 받아들이고 마귀의 부정적인 생각을 단호히 물리치고 긍정적으로 생각하고 믿어야만 되는 것입니다. 마음속에 부정적인 생각이 들어오지 못하게 해야 되는 것입니다. 원래 우리는 부정적인 세계에서 살고 있습니다. 타락한 우리 아담 이후의 우리의 모든 삶은 부정적인 삶입니다. 여기 하나님의 꿈을 받았으니 이제 하나님의 꿈을 따라 믿고 하나님의 꿈을 따라 말할 줄 알아야 하는 것입니다.

이것이 내 꿈이면 내가 긍정적으로 말해야죠? 반대로 나는 유한한 인간이요 무능력하기 때문에 내 꿈을 꾸었다면 내가 부정적으로 말할 수밖에 없는 것입니다. 이제 우리는 하나님의 꿈을 예수 안에서 받아들인 사람이기 때문에 그 꿈을 따라 믿고 그 꿈을 따라 입으로 강하게 시인해야 하는 것입니다.

이렇기 때문에 마음속에 부정적인 생각이 들어오면 언제나 갈보리 십자가 위에 매달린 예수를 바라보십시오. 그리고 그것을 지적하십시오. 저기에 하나님의 꿈이 매달려 있다. 나는 저 하나님의 꿈을 받아들여서 내가 변화되었다 이것은 내 생각이 아니라 하나님의 생각이다. 나는 하나님의 꿈을 받아들임으로 하나님의 생각을 하게 됨으로 사탄아 물러가라. 너희 흑암은 물러가라. 너 인간의 부정적인 생각은 물러가라. 그리고 입술로 강하게 우리는 하나님의 꿈을 믿었으니 그것을 입으로 시인해야 되는 것입니다.

나는 예수 안에서 용서와 의로움을 받은 사람이다. 나는 그리스도 안에서 하나님과 화목 되고 하나님의 사랑을 받고 성령을 모신 사람이다. 나는 그리스도 예수 안에서 질병에서 치료를 받고 모든 슬픔에서 놓여남을 받은 사람이다. 나는 예수 그리스도로 말미암아 가난과 저주에서 벗어나고 가시 엉겅퀴에서 해방되고 아브라함의 복을 들어가며 나가며 누리는 사람이다. 나는 예수 그리스도 안에서 하나님의 능력으로 말미암아 사망과 음부를 벗어나고 천국과 영생을 얻어 누리고 내 집이 천국에 있는 사람이다. 나는 이런 사람이다. 누구든지 그리스도 안에 있으면 새로운 피조물이라 이전 것은 지나갔으니 보라 하나님의 꿈인 예수 그리스도 안에서 나는 새 것이 되었도다. 새 말을 해야 되는 것입니다. 새 생각을 해야만 하는 것입니다. 새 노래를 불러야 되는 것입니다. 그리고 하나님의 꿈이 예수님으로 말미암아 성령님의 능력으로 내게 이루어진 것을 항상 감사해야 되는 것입니다.

주님이여 감사합니다. 나는 헐벗고 굶주리고 저주받고 버림받을 수밖에 없는데 그리스도인 하나님의 꿈을 내가 받아들임으로 내가 새로운 사람이 되었습니다. 나는 영혼이 잘 되게 되었습니다. 범사가 잘 되게 되었습니다. 예수님 안에서 강건하게 되었습니다. 그리고 생명을 얻되 넘치게 얻게 된 것 하나님 아버지 감사합니다. 우리는 입술로써 끊임없이 감사해야 되는 것입니다. 눈에는 아무 증거 안보이고 귀에는 아무소리 안 들리고 손에는 잡히는 게 없어도 나는 내 입술로 계속 감사 찬송을 드려야 됩니다. 왜! 하나님의 꿈을 내 마음속에 받아들였기 때문인 것입니다.

그리고 하나님의 꿈을 이루기 위해서 하나님의 성령이 내 안에서 역사하고 계시기 때문인 것입니다. 부모가 자녀의 꿈을 이루어 주기 위하여는 전력을 기울여 뒤를 밀어 주는 것처럼 우리가 하나님의 꿈이신 예수 그리스도를 알고 모셔들이고 믿어 드리면 하나님은 전지전능한 권세와 능력으로 우리 안에서 성령으로 일하시사 그리스도 안에 있는 하나님의 꿈을 이루려고 하나님께서 역사하여 주시는 것입니다.

그러므로 하나님의 꿈인 예수를 모셔들이면 하나님은 그리스도 안에 있는 당신의 꿈이 우리에게 이루어질 수 있도록 우리를 통하여 기도하게 하시고 우리를 통하여 믿게 하시고 우리를 통하여 감사하게 하시고 성령은 하나님의 꿈을 하나 둘 남김없이 우리 속에 이루어 주시는 것입니다.

하나님의 꿈은 이루어져야만 하는 것입니다. 하나님의 꿈은 이루어지고야 말 것입니다. 하나님은 그 꿈을 이루시기 위해서 예수 그리스도의 몸을 찢었습니다. 예수님이 피를 흘리시고 그를 통해서 하나님의 꿈을 이루십니다. 하나님의 꿈은 너무나 값비싼 댓가를 지불했습니다. 이 하나님의 꿈인 예수 그리스도를 바라보고 이 하나님의 꿈인 예수 그리스도를 모셔들이고 그리스도를 통해서 하나님의 꿈을 내 꿈으로 꿈꾸고 믿고 긍정적으로 시인하고 입으로 시인하면 하나님은 보좌에서 기뻐하사 박수를 치시고 하나님은 성령을 통해서 말씀하실 것입니다. 성령이여 저 사람 속에 내 꿈을 이루어라 저 사람 속에 내 꿈을 이루어라 저 교회 속에 내 꿈을 이루어라. 오늘 그래서 하나님은 성령을 통해서 끊임없이 꿈을 이루시는 하나님이신 것입니다.

8장 하늘의 권능을 가지신 예수님

(막 11:20~25)"그들이 아침에 지나갈 때에 무화과나무가 뿌리째 마른 것을 보고 베드로가 생각이 나서 여짜오되 랍비여 보소서 저주하신 무화과나무가 말랐나이다. 예수께서 그들에게 대답하여 이르시되 하나님을 믿으라. 내가 진실로 너희에게 이르노니 누구든지 이 산더러 들리어 바다에 던져지라 하며 그 말하는 것이 이루어질 줄 믿고 마음에 의심하지 아니하면 그대로 되리라. 그러므로 내가 너희에게 말하노니 무엇이든지 기도하고 구하는 것은 받은 줄로 믿으라. 그리하면 너희에게 그대로 되리라. 서서 기도할 때에 아무에게나 혐의가 있거든 용서하라 그리하여야 하늘에 계신 너희 아버지께서도 너희 허물을 사하여 주시리라 하시니라"

예수님의 이름에는 초자연적인 권능이 있습니다. 제자들은 예수의 이름으로 귀신들을 내어 쫓습니다(눅10:17). 그들이 제자이기 때문에 귀신을 내어 쫓는 것이 아니라, 그들이 예수의 이름을 선포했기에 귀신들이 항복한 것입니다. 제자들은 자신들과 함께 하지 않는 사람이, 예수의 이름으로 귀신을 내어 쫓는 것을 보고 놀랍니다(눅9:49).

그러나 예수님은 그것을 금하시지 않습니다. 믿음으로 예수의 이름을 사용하는 사람에게는 허락하시는 것입니다. 예수의 이름에는 능력이 있습니다. 예수의 이름이 우리에게 주는 가장 큰 축복은 구원입니다. 누구든지 믿음으로 예수의 이름을 부르는 자는 구원을 받습니다(롬10:13). 하나님과 친밀한 의인이 됩니다. 우리의 이름이 생명책에 기록되는 것입니다. 예수의 이름은 때로는 우리에게 고통을 주고, 흩어지게 만듭니다.

초대교회의 성도들이 핍박을 받은 것은, 그들이 예수의 이름을 포기하지 않았기 때문입니다. 하지만 예수의 이름은 그들을 구원하였습니다. 그래서 예수님은 눈으로 보이는 능력보다, 우리의 이름이 생명책에 기록되어 있음을 더 크게 감사하고 기뻐하라고 말씀하셨습니다(눅10:24). 예수 이름의 능력을 바르게 알고 사용하기를 바랍니다.

1.예수를 믿는 우리의 입에 권세를 주셨다.

예수를 믿는 성도는 말에 권세가 있습니다. 하나님의 형상을 입은 인간들 중에서도 예수 그리스도를 구주로 믿은 우리는 하나님의 자녀가 되는 권세를 가졌습니다(요1:12). 하나님은 예수님을 믿는 우리의 말에 초자연적인 권세를 주셨습니다. 성경에 "여호와여 내 입 앞에 파수꾼을 세우시고 내 입술의 문을 지키소서."(시141:3) 했습니다. 그래서 우리의 입술이 긍정적으로 주님이 원하시고, 기뻐하시는 대로 믿음으로 사용되면 엄청난 축복과 이적이 생기지만, 입술로 남을 비방하고, 부정하고 자포자기하면 인생이 파멸되고 다른 사람까지 죽이게 됩니다.

그래서 야고보서 3장에도 우리의 말에 대해서 말씀하고 있습니다. 야고보서 3장 3~6절에"우리가 말을 순종케 하려고 그 입에 재갈을 먹여 온몸도 굴레 씌우리라 우리가 말을 순종케 하려고, 그 입에 재갈 먹여 온몸을 어거하며 또 배를 보라 그렇게 크고 광풍에 밀려가는 것들을 지극히 작은 키로 사공의 뜻대로 운전하나니 이와 같이 혀도 작은 지체로되 큰 것을 자랑하도다 보라 어떻게 작은 불이 어떻게 많은 나무를 태우는가 혀는 곧 불이요 불의의 세계라 혀는 우리 지체 중에서 온몸을 더럽히고 생의 바퀴를 불사르나니 그 사르는 것이 지옥 불에서 나느니라"했습니다.

우리 인생의 성공과 실패도 우리의 혀에 달려 있습니다. 혀를 잘 사용해야 합니다. 그리고 성령의 역사인지 악령의 역사인지를 혀를 가지고서 판단할 수 있습니다. 예수를 믿고 구원을 받아 주님을 위해서 열심히 충성을 했는데 마지막 숨이 끊어지려는 순간에…."나 예수 안 믿으렵니다. 나 지옥 가렵니다."하고 한 마디 했다면 지금까지의 믿음은 다 허사로 돌아가고 물거품이 되고 맙니다.

그만큼 말이 중요합니다. 이에 반해 어떤 사람이 일생동안 예수를 안 믿고 살다가 마지막 죽는 순간에 크게 깨닫고, 뉘우치고, 회개하고, 마지막 숨이 끊어지기 직전에"예수님! 내가 그 동안 잘못했습니다. 용서해 주시옵소서. 내가 이제 예수님을 나의 구주로 영접하고 구원받기를 원합니다. 내 영혼을 받아 주시옵소서."하고 한마디 했다면 그 사람은 천국에 가는 것입니다.

하나님의 창조의 역사가 말씀으로 이루어진 것처럼, 하나님께서 우리에게도 이와 같은 말의 권세를 주셨으니 우리는 긍정적으로 축복하는 말을 해야 하고, 기쁜 말을 해야 하고, 사랑하는 말을 해야 합니다. 우리의 입술에 파수꾼을 세우고, 주님의 말씀만 하면 자신이 말하는 말씀 안에서 놀라운 생명이 넘쳐 나온다는 것을 믿으시기를 바랍니다. 이는 초자연적으로 역사하는 권능입니다. 귀신이 떠나가는 권능입니다.

오늘 본문 말씀의 배경이 무엇입니까? 예수께서 길을 지나가다 배가 고프셔서 무화과나무에게 갔을 때 잎사귀가 무성했습니다. 그래서 "열매가 있나?" 하고 가봤더니 열매가 없었습니다. 그래서 예수께서 "잎사귀가 무성하면 당연히 열매가 있어야 하는데 왜 없냐? 너에게서는 영원히 열매를 맺지 못하리라." 하고 저주하셨습니다.

그 이튿날 베드로와 제자들이 그곳을 지나가다 보았는데 예수께서 저주하신 말씀에 의해 무화과나무가 바짝 말라 죽었다고 했습니다. 그래서 베드로가 "랍비여 보소서 저주하신 무화과나무가 말랐나이다." 하고 말을 했을 때 예수께서는 "하나님의 믿음을 너도 가져라. 천지를 창조하신, 말씀으로 지으신 믿음을 가져라. 누구든지 이 산더러 들리어 바다에 던지우라 하는 말을 믿고 마음에 의심치 않으면 그대로 되리라." 하고 말씀하셨습니다.

그러므로 본문의 말씀을 통해 예수께서는 우리에게 명령의 위대한 법칙을 가르쳐주셨습니다. 우리는 하나님 앞에 기도해야 합니다. 하나님의 도움을 청하기 위해서 부지런히 기도해야 합니다. 기도는 내 힘과 능력과 지혜로도 못하는 것을 성령님께 부탁하는 것입니다. 성령으로 기도하면 '레마'를 주셔서 선포함으로 내 힘과 능력과 지혜로 못하는 것이 이루어지는 것입니다. 물론 우리가 충분히 할 수 있는 것은 우리가 해야 합니다. 사람이 해야 할 부분은 해야 합니다. 그러나 그것까지도 주님에게 물어보고 도움을 청해야 합니다.

"내가 할 수 없는 부분, 불가능한 것도 주님은 하실 수 있습니다."하고 주님의 도움을 청하는 것이 기도입니다. 자신이 할 수 있는 것도 주님의 도움을 청해서 해야 하고, 할 수 없는 부분도 하나님의 도움을 청해야 됩니다. 기도하고 우리 속에 있는 하나님의 생명과 능력과 믿음으로 우리 앞에 있는 불가능한 것들을 향해 명령도 해야 합니다.

성경의 법칙으로 돌아가면 하나님께서는 천지 만물을 말씀으로 창조하셨습니다. 그렇다면 천지 만물(天地萬物) 곧 해와 달과 별과 바다의 고기와 모든 산천초목과 인간과 천사들 모두가 하나님의 말씀을 듣고 움직이도록 창조됐습니다. 하나님이 지으셨기 때문에 천지 만물은 다 하나님의 음성을 듣고 움직일 수 있는 귀가 있습니다.

2. 담대하게 예수 이름으로 명령하라.

여호수아가 전쟁을 할 때 전쟁이 거의 승리할 지점에 가까이 왔는데 해가 넘어가려고 했습니다. 캄캄하면 적을 무찌를 수가 없고, 전쟁을 치를 수가 없었기 때문에 여호수아가 태양을 향하여서 "태양아 중천에 머물라."하고 명령을 했더니 넘어가는 태양이 중천에 머물렀다고 성경에 기록돼 있습니다.

바로 태양도 하나님의 음성으로 지어진 것이기 때문에 하나님의 음성을 믿음으로 소유한 여호수아가 명령했기 때문에 멈추어진 것입니다.

여호수아 10장 12~14절에 "여호와께서 아모리 사람을 이스라엘 자손에게 붙이시던 날에 여호수아가 여호와께 고하되 이스라엘 목전에서 가로되 태양아 너는 기브온 위에 머무르라 달아 너도 아얄론 골짜기에 그리할지어다. 하매 태양이 머물고 달이 그치기를 백성이 그 대적에게 원수를 갚도록 하였느니라. 야살의 책에 기록되기를 태양이 중천에 머물러서 거의 종일토록 속히 내려가지 아니하였다 하지 아니하였느냐 여호와께서 사람의 목소리를 들으신 이 같은 날은 전에도 없었고 후에도 없었나니 이는 여호와께서 이스라엘을 위하여 싸우셨음이니라"했습니다.

태양도 머물렀다고 했습니다. 태양도 하나님이 지으신 피조물에 불과합니다. 하나님의 놀라운 역사를 성취하기 위해서는 태양도 머물러야 하는 놀라운 일이 있었던 것입니다. 우리는 이와 같은 기도를 성경을 통해서 배우고 자신의 것으로 소유해야 합니다. 천지 만물은 하나님 말씀으로 지음 받았기에 하나님의 음성을 듣게 돼 있고, 우리도 하나님의 성령을 모셨기 때문에 우리도 예수 이름으로 명령하면 천지 만물이 듣게 됩니다. 그리고 우리가 믿음으로 명령할 때 성령께서 기뻐하셔서 역사해 주신다는 것을 알고 명령하시기를 바랍니다.

민수기 20장 10~13절에 이런 역사가 있었습니다. 이스라엘 백성들이 광야에서 물이 먹고 싶다고 했지만 물이 없었습니다. 그래서 모세가 하나님 앞에 기도 했더니 하나님께서 "모세야 지팡이를 가지고 반석을 향하여 가리키면서 명령을 하라." 하셨습니다. 그런데 모세는 지팡이를 가지고 반석을 쳤습니다.

하나님께서는 단지 명령을 하라고 했는데 화를 내면서 반석을 쳤습니다. 왜 모세가 화를 냈습니까? 백성들이 너무 완악해서 자꾸 의심했기 때문입니다. 그러나 하나님께서는 모세가 실수했을지라도 반석에서 물이 솟아 나오게 했습니다. 하나님이 살아 계신 이적을 나타내주신 것입니다.

모세는 그 므리바 물 사건 때문에 가나안 땅에 들어가지 못했습니다. 여기에서 모세가 가나안 땅에 들어가지 못한 것이 중요한 것이 아니고, 하나님의 말씀이 반석에 떨어졌을 때 물이 나왔다는 사실입니다. 바위 속에 누가 물이 있다고 생각할 수가 있습니까? 불가능합니다. 그러나 하나님의 말씀이 떨어졌을 때 바위 속에서도 물이 나온 것입니다. 우리는 불가능한 것이 있을 때 내 안에 계신 하나님은 하실 수 있다는 믿음을 가지고 성령으로 기도하여 하나님이 '레마'를 주시면 불가능한 것을 향하여 담대하게 명령하는 사람이 되어야 합니다.

성령의 임재 하에 "내가 예수 이름으로 명하노니 돈아 오라." 명령하시기를 바랍니다. "건강아 올지어다!" 하고 명령하시기를 바랍니다. "내가 예수 이름으로 명하노니 질병은 치유될지어다." 명령하시기를 바랍니다. 그리고 부정적인 것, 불필요한 요소들은 버리시기를 바랍니다. 예수께서는"이 산더러 들리어 바다에 던지우라 하며 그 말한 것이 이룰 줄 믿고 마음에 의심치 않으면 그대로 되리라."했습니다.

예수께서"산을 번쩍 들어서 산을 옮겨지도록 명령하라."하셨습니다. 여기서 산이라고 하는 것은 질병의 산, 문제와 고통의 산을 말합니다. 비정상적인 산들을 말합니다. 마음속에 두려움과 공포가 있으면"두려움과 공포와 절망의 산아 예수 이름으로 명하노니 옮겨질지어다!"하고 명령하시기를 바랍니다.

두려운 마음이 생기고 공포심과 근심이 생기게 하는 것은 마귀가 주는 것입니다. 두려움과 공포와 근심 염려가 오거든 칼로 두부를 베듯이 예수 이름의 권세로 명령하시기를 바랍니다. 가만히 있어서는 안 됩니다. 우리에게 주신 권세를 잊어버리면 안됩니다. 마귀는 자꾸 두려움과 근심을 줘서 거기에 집착하게 만듭니다. 마귀가 우리를 실패하게 하는 법칙이 있습니다. 첫째로 생각을 주장합니다. 두려운 생각, 공포 같은 것을 집어넣습니다."아~두렵고 우울하다."하는 생각을 넣습니다. 그래서 결국 그 생각에 집착하다가 보면 자꾸 두려움과 우울함이 자신을 장악합니다. 좀 더 진행이 되면"불면증과 우울증에 걸리는 것입니다."생각한 대로 움직이고 진전되는 것입니다.

마귀는 우리에게 두려움과 공포심을 갖다 줍니다. 나쁜 생각을 갖다 줍니다. 그래서 그 생각에 집착하게 해서 거기에 속아넘어가면 결국 그 사람의 생활이 타락하도록 합니다. 그러므로 두려움과 공포의 생각과 안 된다는 생각, 부정적인 생각이 들어오면"마귀가 또 유혹하려고 하는구나."하는 것을 깨닫고 그것을 쫓아내야 합니다. 성령의 임재를 요청하고 명령을 해야 합니다.

미련하게 가만히 있거나 두려워하지 말고 단호하게 명령하시기를 바랍니다. 그럴 때 마음이 평안해집니다. 평안해지고 담대함이 생겨서 무슨 일을 만나든지 긍정적으로, 기쁨으로 생각하게 되는 것입니다. 우리의 심령이 그렇게 중요한 것입니다. 하나님이 우리에게 명령하라 하신 것은 우리에게 있는 모든 문제와 근심을 전부 갈아치우라는 것입니다. 그러므로 우리는 주저하지 말고 과감하게 명령을 해야 합니다. 명령을 하면 모든 것이 듣는다는 믿음을 가지기를 바랍니다.

마태복음 8장 13절에"네 믿은 대로 될지어다."했습니다."네 믿음대로"라고 하지 않았고,"네 믿은 대로"라고 했습니다. 믿은은 현재 믿고 있는 상태를 말합니다. 진행형입니다. 믿음은 과거에 생긴 것이기 때문에 과거형입니다.

마태복음 8장 13절에"예수께서 백부장에게 이르시되 가라 네 믿은 대로 될지어다 하시니 그 시로 하인이 나으니라"했습니다. 믿음이 과거에 얻었던 경험을 말하지만 여기에서는"현재 네가 믿고 있는 상태대로 될지어다."하신 것입니다. 그러면 우리는 어떤 믿음을 가져야 합니까?

자신이"내가 예수 이름으로 명령하면 산천초목도 듣고, 사람도 듣고, 귀신도 듣고, 병균도 듣고 다 듣는다."는 믿고 있는 상태를 고백할 때 주님이 기뻐하시는 것입니다. 그러므로 우리는 신장, 간, 위가 아파서 안수할 때에도 명령을 해야 합니다. 저는 심장이 내 말을 들을 것을 믿고 명령을 합니다. 심장도 예수님의 말을 들어야 하기 때문입니다. "내가 예수 이름으로 명하노니 심장아, 강심장이 될지어다. 건강해질지어다"고 명령을 합니다. 아니 심장이 귀가 달렸습니까? 그래도 저는 그냥 "심장아! 간아!" 하고 부릅니다.

심장이 아파서 병원에 가면 의사가 청진기를 대고 "심장아 소리 좀 내봐라!"하고 말을 합니까? 그냥 청진기를 대서 심장이 뛰는 소리를 듣지만 우리는 믿음으로 "내가 예수 이름으로 명하노니 심장아! 정상으로 될지어다!" "심장아! 강심장이 될지어다!"라고 명령을 하는 것입니다. 인격적으로 듣는다는 믿음을 가지고 하는 것입니다. "위장아!"하고 명령을 하면 벌써 위가 듣고 움직이기 시작합니다.

치료가 되기 시작합니다. "위장아, 신장아, 간아, 내가 예수 이름으로 명하노니"하고 명령을 하면 우리의 말을 듣는 것입니다. 왜 그렇습니까? 성령께서 우리 안에 계시기 때문입니다. 하나님의 성품과 능력과 권세가 우리에게 있기 때문에 "내가 예수 이름으로 명하노니 간아 내 말을 듣고 깨끗함을 받을지어다."하고 말을 하는 것입니다. 모든 불합리한 것과 비정상적인 것을 향해 담대하게 명령하시기를 바랍니다.

이상하게 생각할 것 하나도 없습니다. 예수께서 그렇게 하셨습니다. 세상 사람들이 보기에는 주님이 더 비웃음을 살만한 행동을 했습니다. 왜 그렇습니까? 죽은지 나흘이나 되어 베로 싸서 무덤 속에 집어넣어 내장이 푹 썩어서 냄새가 나는 송장을 향해서 예수께서 "나사로야!" 하고 명령하셨기 때문입니다.

성경에는 "벌써 죽은지 나흘이 되었으매 냄새가 나나이다." 했습니다. 예수께서 "나사로야 나오라." 했을 때 죽었던 나사로는 베로 동인 채로 저벅저벅 걸어 나왔습니다. 예수께서 동굴 앞에서 "나사로야!" 했을 때 동네 사람들은 킥킥거리면서 "저 사람 돌은 사람이구나. 웃긴다 웃겨!" 하고 비웃었습니다. 손바닥을 치면서 비웃기도 했을 것이고, 남 말하기 좋아하는 사람은 옆 사람 쿡쿡 찔러 가면서 "저 병신." 하고 비웃었을 것입니다.

그렇지만 예수께서는 그런 말을 하나도 듣지 않았습니다. 예수께서 "나사로야 나오라!" 했을 때 비웃던 사람들이 예수의 말씀에 의해서 저벅저벅 걸어 나오는 나사로를 보고 얼마나 기절초풍했겠습니까? 나사로의 힘으로 나오는 것이 아닙니다. 예수님의 초자연적인 말을 나사로의 영이 알아들으니 혼과 육이 순종하여 일어나 걸어 나오는 것입니다.

3. 말을 선포하고 의심하지 마라.

예수께서 우리 안에 계시고 예수 이름이 계시니 예수 이름의 권세를 의지해서 명령을 하는 것입니다. 우리는 의심하지 말아야 합니다. 그리고 우리 마음속에 있는 의심이나 비웃음들을 다 내버려야 합니다. 우리 속에 있는 의심과 부정적인 요소와 생각은 자신에게 심각하게 해를 입힙니다. 예수 믿으면서도 왜 성령의 역사가 일어나지 않습니까? 의심하기 때문입니다.

예수 믿으면서도 왜 믿음이 생기지 않습니까? 그 마음속에 있는 부정적인 생각이 떠나지 않기 때문입니다. 우리 속에 아직까지 부정적인 요소가 있다면 다 내보내야 합니다. 그럴 때 하나님의 성령이 역사하는 것입니다.

그러므로 우리 마음속의 쓰레기를 싹 치워야 합니다. 우리 마음속에 부정적인 것과 의심이 있으면 귀신을 쫓아도 다시 계속해서 들어오게 됩니다. 그러므로 부정적인 생각과 요소 즉"안 된다, 나는 안 된다."하는 것들을 완전히 생각 속에서 예수 이름으로 명령해 쫓아내야 합니다.

예레미야 6장 19절에"땅이여 들으라. 내가 이 백성에게 재앙을 내리리니 이것이 그들의 생각의 결과라 그들이 내 말을 듣지 아니하며 내 법을 버렸음이니라"했습니다. 엉뚱한 생각, 부정적인 생각 때문에 재앙을 받는다는 것입니다. 이 성경 말씀이 하나님의 말씀인 것을 믿으시기를 바랍니다. 재앙이 왜 왔다고 했습니까? 생각의 결과에 의해서입니다.

"아이고 나는 이 병으로 암만해도 죽을 것 같아. 나는 평생 이 병을 가지고 있으려나 봐!"하고 말을 하는 사람도 있고,"나는 원래부터 알레르기 체질이기 때문에 봄에 꽃가루만 날리면 두드러기가 생기고 그래. 나는 또 겨울만 되면 독감을 대여섯 번씩은 앓아야 돼."하는 사람도 있습니다.

그래서 겨울에 독감이 걸리지 않으면 괜히 이상하게 생각하고 그것을 가지고 근심스러워 하는 사람도 있습니다. 사람들 중에 "나는 독감을 대여섯 번은 앓아야 겨울을 지난다"는 부정적인 생각을 가지고 있는 사람이 있으면 오늘 다 털어놓고 가시기를 바랍니다. 어떤 사람이 "나는 독감을 대여섯 번은 앓아야 이 겨울을 난다"는 부정적인 생각을 가지고 있다면 그대로 되도록 돼 있습니다. 이는 그것을 믿었기 때문입니다.

"우리 가족은 유전병이 있어. 우리 조상들은 심장병이 있고, 고혈압이 있고, 우리 가족들은 간질 하는 것이 있었어! 아마 나도 그렇게 될 거야. 지금은 젊어서 괜찮지만 60이 넘으면 우리 조상들처럼 그렇게 아플 거야."하는 생각을 가지고 있는 사람은 틀림없이 60살에 그런 병에 걸리게 됩니다. 그러므로 부정적인 생각을 성령으로 도말하시고 쫓아내시기를 바랍니다. 예수 이름으로 명령하시기를 바랍니다. "예수 이름으로 명하노니 자꾸 부정적인 생각이 들게 하는 더러운 영은 물러갈지어다."

우리는 "나는 육신의 아버지와 상관없이 하늘에 새아버지를 가졌다."고 주장해야 합니다. 요한복음 1장 12절에 "영접하는 자 곧 그 이름을 믿는 자들에게는 하나님의 자녀가 되는 권세를 주셨으니"했습니다. 보라 이전 것은 지나갔으되 새것이 되었도다, 했습니다. 육신의 아버지가 유전병이 있었을지라도 우리는 이제 말씀과 성령으로 치유해야 합니다. 그리고 성령의 임재 하에 명령을 해야 합니다. "내가 예수이름으로 명하노니 대물림의 질병의 줄아! 끊어질지어다."하고 단호하게 대적해야 합니다. "대물림의 질병의 영아! 떠나갈지어다."하고 단호하게 명령해야 합니다.

그리고 "나는 하나님 아버지의 자녀다. 나는 새 아버지가 생겼다."하고 주장해야 합니다. 의붓아버지가 생긴 것이 아닙니다.

하나님 아버지가 생긴 것입니다. 그러므로 우리는 부정적인 생각을 버려야 합니다. 우리에게는 하늘에서 새 생명을 부여해주시는 아버지 하나님이 생겼습니다. 부정적인 생각은 귀신이 주는 생각입니다. 하나님의 성령이 주시는 생각은 긍정적이고, 기쁨이 넘치고, 생산적이고, 적극적이고, 아름답습니다. 그러나 마귀와 귀신이 주는 생각은 부정적입니다.

동양 사람들은 해가 떴다가 지면 하루가 시작됐다가 하루가 끝난 것이라고 보고, 더 나아가서는 살았다가 죽는 것으로 봅니다. 그러나 유대인의 사상이나 성경은 그렇지 않습니다. 창세기 1장에는 "저녁이 되며 아침이 되니" 했습니다. 이것은 "죽음이 있으니 부활이 있고." 하는 뜻입니다.

우리 동양 사람들과 얼마나 다릅니까? 우리 동양 사람들은 "아침이 되고 저녁이 되니 하루가 지나가고" 하면서 부정적인 사고를 가지고 있습니다. 그런데 유대인의 사상은 "저녁이 되며 아침이 되니 이는 첫째 날이다. 죽음이 있은 다음에 부활이 있고 곧 저주가 있은 다음에 생명이 있다."는 것입니다.

우리 마음속에 부정적인 생각, 슬픈 생각들이 있으면 믿음이 성장하지 않고, 성령의 역사는 중단이 됩니다. 그래서 마음에 병이 드는 것입니다. 육신의 병 때문에 고생하는 사람들은 그 육신의 병이 나기 전에 벌써 마음에 병이 들었던 것입니다. 의학적으로 부정적인 요소가 자꾸 들어와서 시간이 흐른 다음에 육신의 병으로 나타난다고 발견해낸 적도 있습니다.

그런데 성경에 벌써 이것을 기록하고 있습니다. 잠언서 18장

14절에 "사람의 심령은 그 병을 능히 이기려니와 심령이 상하면 그것을 누가 일으키겠느냐" 했습니다. 마음이 긍정적이고, 적극적인 믿음을 가지고 있는 사람은 그 병을 능히 이기지만 심령이 상하여 마음이 부정적이고 귀신에게 사로잡혀서 "나는 안 된다." 하고 소극적이고 부정적인 요소로 꽉 들어찬 사람은 그 병을 누가 일으키겠느냐는 것입니다. 하나님도 어찌 할 수 없다는 것입니다.

잠언 17장 22절에 "마음의 즐거움은 양약이라도 심령의 근심은 뼈로 마르게 하느니라" 했습니다. 우리 몸의 건강이 어디서 옵니까? 의사들은 나이가 들면 뼈에서 영양소가 빠져나가서 골다공증에 걸리기 때문에 뼈를 건강하게 해야 한다고 말을 하지만, 성경은 그 이전에 마음의 즐거움은 양약이고 심령의 근심은 뼈를 마르게 한다고 했습니다. 성경은 앞질러 가고 있는 것입니다. 성경은 과학자들이 발견하기 이전에 벌써 원인을 말씀해 놓고 있는 것입니다. 잠언 17장 22절에 "마음의 즐거움은 양약이라도 심령의 근심은 뼈로 마르게 하느니라" 했습니다. 그리고 18장 14절에 "사람의 심령은 그 병을 능히 이기려니와 심령이 상하면 그것을 누가 일으키겠느냐" 했습니다.

그래서 찬송도 즐겁게 해야 합니다. 즐거움으로 찬양하지 않는 사람들은 그날 예배 때 하나님의 말씀도 마음에 부딪혀오지 않습니다. 그들은 "얼른 끝내고 집에 가서 드러누웠으면 좋겠다." 하고 생각합니다. 그것은 마귀가 틈탄 것입니다. 예수 이름으로 나태하게 하는 귀신을 몰아내야 합니다. "나를 나약하게 하는 귀신은 예수 이름으로 명하노니 물러갈지어다.”

4. 예수 이름으로 안수를 자주 받아라.

안수를 자주 받는 사람을 “믿음이 없다”고 말을 하는 사람들이 있습니다. 그렇지 않습니다. 마가복음 8장22~26절에 보면 예수께서도 벳세다 지방의 소경에게 안수를 두 번 하셨습니다.

마가복음 16장 18절에 “병든 사람에게 손을 얹으면 나으리라” 했습니다. 병든 사람에게 손을 얹으면 낫는다고 주님이 말씀해 놓으신 것입니다. 병든 사람에게 손을 얹으면 낫는다고 하신 것은 주님의 말씀이기 때문에 병이 나을 때까지 백 번이고 천 번이고 만 번이고 안수를 해도 무방합니다. 능력안수는 받으면 받는 대로 쌓입니다. 없어지는 것이 아닙니다. 안수는 자주 많이 받는 것이 좋습니다. 성령으로 장악이 되어야 질병과 흑암이 떠나가기 때문입니다.

가나안의 어떤 여인이 예수 앞에 가서 자기 딸 좀 고쳐달라고 애원을 했습니다. 그때 예수께서는 “자녀의 떡을 취하여 개에게 던짐이 마땅치 아니하니라.”했습니다. 그 여자는 “개 같은 여자라도 좋습니다. 고쳐주세요.”하고 아주 끈기 있게 매달렸습니다. 주님이 병든 사람에게 손을 얹은 즉 낫는다고 했으면 나을 때까지 부딪혀야 합니다.

주님이 믿음을 보시기를 원한다는 것을 믿으시길 바랍니다. 나을 때까지 해야 합니다. 어떤 사람이 “아니 저 사람은 뭐 저렇게 안수를 자주 받어? 믿음 되게 없네."하고 말을 한다면 그 사람이 더 믿음이 없는 것입니다. 그 사람은 말씀을 믿지 않는 사람입니다. 성경에 기록돼 있으므로 자꾸 안수를 받으시길 바랍니다. 적극성을 보여야 합니다.

하나님의 말씀을 의지해야 합니다. 적극적으로 자꾸 안수 받는 사람이 어린아이처럼 순수한 믿음을 소유한 자입니다. 어린아이처럼 순수한 믿음을 가지고 있는 사람들은 하나님의 말씀을 믿고 그대로 하려고 합니다. 그러나 의심을 하는 사람들은 한두 번 해보고 안 되면 포기를 합니다. 하나님의 능력을 의심하여 하지 않는 것은 교만입니다.

오늘날에도 교만한 사람들은 하나님의 말씀을 부인하고, 안수 받는 것을 창피하게 생각합니다. 안수 받는 것을 창피하게 생각하고, 병 고치려고 나오는 것을 창피하게 생각해서 병을 그대로 가지고 있습니다. 왜 그렇습니까?"그래도 나는 집사이고 장로인데 어떻게 안수를 받으랴?"하기 때문입니다.

하나님 앞에 나오는 것이지, 목사 앞에 나오는 것입니까? 목사가 안수 기도할 때 자기 이름으로 기도합니까? 예수 이름으로 기도합니다. 열왕기하 5장의 나아만은 엘리사에게 나아간 것이 아니라 하나님 앞에 나아간 것입니다. 하나님 앞에서 어른 노릇하려고 하는 사람들이 있습니다. 자기가 하나님보다 나이가 많습니까? 이 세상에 하나님보다 나이 많이 먹은 사람이 있으면 나와 보라고 하세요! 하나님의 나이는 영원 살입니다.

그러나 하나님보다 나이 많이 먹은 것처럼 행세하고, 교만한 사람들이 얼마나 많은지 모릅니다. 교만하지 않고 겸손한 사람이 되시기를 바랍니다. 겸손할 때 하나님의 성령은 역사하게 돼 있습니다. 겸손할 때 마음이 열리기 때문입니다. 그래서 예수께서는 어린아이와 같지 아니하면 천국에 들어갈 수가 없다고 했습니다. 어린아이와 같지 않으면 천국에 들어갈 수 없다는 것은 하나님의 나라가 그에게 임할 수가 없다는 것입니다. 하나님의 능력, 하나님의 사랑, 하나님의 권세가 어떻게 그에게 임할 수가 있습니까?

주님으로부터 은혜를 받을 자는 어린아이와 같은 마음을 갖는 사람인 것입니다. 우리가 말씀에 의지하여 안수하거나 안수를 받을 때 성령께서 보증해주시게 돼 있습니다. 성령께서 역사 해 주시게 돼 있습니다. 사람의 힘으로 하는 것이 아닙니다.

성령이 역사하실 때 성령의 역사를 제한하거나 절제하지 마시기를 바랍니다. 순수하게 오히려 마음속으로 기뻐하면서"성령께서 하시옵소서."하고 환영하며 기도해야 합니다.

우리는 성령이 일하시도록 해야 하고 성령의 역사를 제한하지 말아야 합니다. 나타나는 현상에 신경 쓰지 말고 그분이 하시는 대로 순종하리라는 믿음의 자세가 중요한 것입니다. 성령의 역사를 제한하지 마시기를 바랍니다. 성령이 역사할 때 자꾸 보채시기를 바랍니다. 이곳도 해주시고 저곳도 해주시고 더 강하게 만져주시옵소서, 하고 기도하시기를 바랍니다.

9장 권세와 능력의 근원이신 예수님

(행 3:3-10)"그가 베드로와 요한이 성전에 들어가려 함을 보고 구걸하거늘 베드로가 요한과 더불어 주목하여 이르되 우리를 보라 하니, 그가 그들에게서 무엇을 얻을까 하여 바라보거늘 베드로가 이르되 은과 금은 내게 없거니와 내게 있는 이것을 네게 주노니 나사렛 예수 그리스도의 이름으로 일어나 걸으라 하고, 오른손을 잡아 일으키니 발과 발목이 곧 힘을 얻고, 뛰어 서서 걸으며 그들과 함께 성전으로 들어가면서 걷기도 하고 뛰기도 하며 하나님을 찬송하니, 모든 백성이 그 걷는 것과 하나님을 찬송함을 보고, 그가 본래 성전 미문에 앉아 구걸하던 사람인 줄 알고 그에게 일어난 일로 인하여 심히 놀랍게 여기며 놀라니라"

예수 믿는 다는 것은 행복을 의미합니다. 예수 믿으면 하루의 삶이 달라집니다. 예수 믿는 다는 것은 평안을 의미합니다. 예수를 믿으면 인생이 달라지게 되어있습니다. 예수 믿는 다는 것은 기적을 의미합니다. 예수를 믿으면 아브라함의 축복을 받습니다. 예수를 믿으면 운명이 달라집니다. 오늘날 많은 사람들이 주저앉은 인생을 살고 있습니다. 사랑이 주저앉았다. 믿음이 주저앉았다. 가정이 주저앉았다. 사업이 주저앉았다. 도무지 헤어날 수 없는 좌절의 바닥에서 몸부림치고 있는 사람들이 있습니다.

도대체 누구를 잡아야 살 수 있을까 누구의 도움을 받아야 일어설 수 있을까 고민하고 있습니다. 하지만 세상을 아무리 바라보아도 우리의 도움은 오직 주 밖에 없습니다. 예수 그리스만이 우리 운명을 바꾸는 능력이십니다. 사람들은 돈이 있어야 운명을 바꿀 수 있다고 생각하지만 성경은 우리에게 이렇게 가르쳐줍니다.

베드로가 "은과 금은 내게 없으나 내게 있는 것을 당신에게 주겠소. 나사렛 예수 그리스도의 이름으로 일어나 걸으라"고 말하고 있습니다(행:3-6). 예수 이름의 능력이 인생의 운명을 바꿉니다. 인생의 희망은 오직 예수 그리스도의 이름에 있습니다. 누구든지 예수 그리스도의 이름을 붙들어야 구원을 얻고 영원한 생명을 얻는 것입니다. 저는 모든 성도들이 자신의 운명을 바꾸는 예수 이름의 권능을 사용하기를 소망합니다. 하나님은 예수 그리스도를 통해 우리의 인생이 평안하기를 원하십니다. 하나님은 예수 그리스도를 통해 주저앉은 삶이 일어나기를 원하십니다. 하나님은 예수 그리스도를 통해 구원받기를 원하십니다.

예수 이름에 치유가 있습니다. 예수 이름에 축복이 있습니다. 예수 이름에 행복이 있습니다. 예수 이름에 회복이 있습니다. 예수 이름에 능력이 있습니다. 예수 이름에 기적이 있습니다. 권능 있는 예수 이름을 적절하게 사용하십시오. 그러면 당신의 운명은 주저앉은 인생에서 일어서는 인생으로 바뀌게 될 것입니다. 남에게 도움 받는 인생에서 남을 도와주는 인생으로 바뀌게 될 것입니다. 오직 예수 그리스도의 이름만이 우리의 운명을 변화시키는 기적을 가져옵니다. 예수의 이름에는 능력이 있습니다.

1. 성령으로 기도할 때 나타나는 능력

예수님의 능력은 항상 성령으로 기도하는 사람을 통해 나타납니다. 기도가 능력이고, 기도가 성령충만이기 때문입니다. 유대인들은 바벨론 포로에서 돌아온 후 하루에 세 번 기도하는 습관을 가지고 있었습니다. 본문에는 베드로와 요한이 유대인의 습관을 따라 제 구시에 성전으로 기도하러 올라가는 모습이 소개되고 있습니다. 성령 충만을 경험했던 베드로와 요한이 유대인의 전통적인 기도 시간에 기도하러 성전에 올라갔다는 말은 초대 교회가 유대교의 전통을 완전히 버리지 않고 준행했음을 시사하고 있습니다. 초대교회 성도들이 복음을 유대교의 연장선상에서 이해하고 있었기 때문입니다. 그래서 베드로가 이방인 고넬료에게 복음을 전하는 것을 꺼려했고, 예루살렘 교회 성도들이 문제를 삼았습니다(행11:2-3). 그러나 유대교의 전통이 모두 다 그릇된 것은 아닙니다. 그리스도인이 시간을 정해 놓고 기도하는 습관을 갖는 것은 유익한 것입니다.

베드로와 요한은 자기 형제가 있었지만 그들은 자기 형제 이상으로 친밀한 관계를 유지하고 있었습니다. 그것은 베드로가 회개하고, 하나님이 그를 용납하셨다는 좋은 증거가 되며, 그리스도 안에 있는 교제가 혈연관계보다 더 친밀할 수 있다는 사실을 보여주는 것입니다.

앉은뱅이가 일어나는 기적은 기도하는 시간에 베드로와 요한을 통해 일어났습니다. 기도하는 사람은 하나님이 함께 하시는 특별한 존재입니다. 그들을 통해 하나님은 기사와 표적을 나타내십니다. 기도는 영적 호흡이며, 하나님과의 교제이고, 자신을 치유하는 시간이고, 심신의 피로를 회복하는 시간이며, 하늘나라의 보물 창고를 열 수 있는 열쇠가 되기 때문입니다. 우리 주님은 구하고 찾는 자에게 가장 좋은 것으로(마7:11), 가장 빠른 시간 안에(눅18:8), 우리가 필요한 것만큼(눅11:8) 주시는 분입니다.

하나님께서 우리에게 주신 최고의 능력 가운데 하나가 기도입니다. 하나님께 쓰임 받았던 사람들의 공통점은 기도의 사람이었습니다. 기도의 능력은 제한이 없습니다. 성도는 얼마든지 기도를 통해서 세상을 변화시킬 수 있습니다. 우리는 사도들과 같이 하루에 세 번씩 시간을 정해 놓고 기도할 수는 없어도 하루를 시작하는 새벽 시간을 하나님께 드릴 수는 있습니다. 시간을 정해 놓고 하나님을 만나는 사람은 믿음의 사람입니다.

2. 그보다 큰 것도 하는 능력

성도들의 믿음의 성장, 영적 성장의 과정을 보면 크게 나누어 3단계로 변화를 체험합니다. 예수님을 영접하고 처음 교회에 들어와 새 신자 교육이나, 성경 공부 등을 통하여서 예수님을 우리의 죄를 사하기 위하여서 십자가에 달리신 분이라고 인식하게 됩니다. 즉 "구원자의 예수님"으로 "아 나는 구원을 받았구나"이렇게 인식하게 됩니다. 그 이후 차츰 시간이 흐르고 목사님들의 설교를 통하여서 혹은 다른 성도들의 간증을 통하여서, 또 성경 말씀을 통하여서 예수님에 대한 인식이 한 단계 변화하게 됩니다.

그 두 번째 단계는 바로 "권능의 예수님"입니다. 성경말씀 속 예수님께서 제자들과 함께 돌아다니시면서 병을 고치고 귀신을 내보내고 오병이어와 같은 각종 이적과 기사를 행하시는 것을 보면서 "아 예수님은 권능이 있으시구나" "권능의 예수님이시구나" 알게 됩니다.

그런데 문제는 많은 크리스천들이 이 2번째 단계에서 멈춘다는 것입니다. 그 이후에 있는 3번째 단계에 도달하지 못한다는 것입니다. 그렇다면 3번째 단계는 무엇이기에 많은 크리스천들이 이 단계에 도달하지 못하는 것일까요? 바로 3단계는 2단계에서 인식한 능력의 예수님께서 우리에게 실제적으로 역사하는 것을 체험하는 것입니다. 그런데 왜 3단계로 변화되지 못할까요? 그것은 살아있는 성령의 역사를 체험하지 못하기 때문입니다. 성령으로 세례를 받고 내면의 상처를 치유 받으면서 자신에게 역사하는 악한 영을 알고 몰아내는 체험을 하기가 어렵다는 것입니다. 보수적인 교회에서 성령을 체험하기는 상당히 어렵습니다.

왜냐하면 성도들을 양육하는 목회자 중에 예배나 집회를 통하여 성령으로 세례를 베풀 수 있는 목회자가 많지 않기 때문입니다. 그래서 실제 말씀대로 성령의 역사를 일으키지 못합니다. 성도들이 살아있는 성령의 역사를 체험하지 못하니까, 예수님께서 행하신 기적들은 당시 예수님 시대에서만 행하여지는 것이고, 우리가 사는 현대 시대에는 있을 수 없는 일이라고 생각한다는 것입니다. 성도들은 목사님이 알려주는 것만 알고 행하기 때문입니다. 그러므로 담임 목사님들의 영성이 중요합니다. 영적인 진리를 많이 알고 전하고 체험하게 해야 한다는 책임감이 있어야 합니다. 성도들은 자신이 알려주는 것만 알고 있다는 것을 알아야 합니다.

또 우리는 그런 기적을 행할 수 없다고 생각하는 것입니다. 이는 우리가 믿는 기독교가 생명의 종교요, 기적의 종교요, 체험의 종교라는 것을 알지 못하고 믿지 않은 연고입니다. 하지만 우리 안에 성령이 계시고, 지금도 살아서 역사하고 계시는 성령이라는 것을 알고 믿으며, 성경을 하나님의 말씀으로 믿고 있다면 이런 생각은 잘못된 것임을 알아야 합니다.

하나님은 지금도 살아서 역사하시는 하나님이십니다. 하나님은 말씀하신 것을 실제로 이루시는 분입니다. 그러므로 성령의 임재 하에 말씀을 선포한 그대로 이루어진다는 믿음을 가져야 합니다. 요한복음 14장 12절을 보면 "내가 진실로 진실로 너희에게 이르노니 나를 믿는 자는 나의 하는 일을 저도 할 것이요 또한 이보다 큰 것도 하리니 이는 내가 아버지께로 감이니라"

이처럼 예수님께서는 친히 우리에게 우리가 예수님을 믿는다면 예수님께서 하신 일을 할 수 있으며 또 그보다 큰 것도 한다고 말씀하셨습니다. 예수님께서 행하신 눈먼 사람도 고칠 수 있으며, 앉은뱅이도 일어서게 할 수 있으며, 혈루병, 귀신들린 자, 벙어리 된 자, 우울증, 공황장애, 죽은 자, 오병이어의 기적뿐만이 아니라, 그보다 더 큰 기적을 우리는 행할 수 있다고 말하고 계시는 것입니다.

그렇다면 2단계에서 3단계로 성장하기위해서는 어떻게 해야 할까요? 예수님께서 행하신 기적들을 우리가 행하려면 어떤 것이 필요할까요? 그 비밀의 열쇠는 바로 "예수라는 이름의 능력의 사용"입니다. 예수님의 권능을 사용하려면 먼저 성령을 바르게 알고 성령으로 세례를 받아야 합니다. 예배나 집회에서 실제로 살아서 역사하시는 성령을 체험해야 영적인 수준이 향상되는 것입니다. 예수님은 이렇게 말씀을 하십니다.

"너희가 내 이름으로 무엇을 구하든지 내가 시행하리니 이는 아버지로 하여금 아들을 인하여 영광을 얻으시게 하려함이라 내 이름으로 무엇이든지 내게 구하면 내가 시행하리라"(요 14:13~14)

위 말씀은 예수님께서 직접 하신 말씀으로 13절에 "너희가 내 이름으로 무엇을 구하든지 내가 시행하리니…"그리고 또 14절 "내 이름으로 무엇이든지 내게 구하면 내가 시행하리라"에 두 차례나 걸쳐서 예수님께서 예수님 자신의 이름으로 "무엇이든지"구하면 시행하리라 라고 말씀하고 계십니다. 이처럼 내 이름으로! 예수이름! 으로 구하면 시행하신다는 것입니다. 마가복음 16장 17~18절을 보면 "믿는 자들에게는 이런 표적이 따르리니 곧 저희가 내 이름으로 귀신을 쫓아내며 새 방언을 말하며 뱀을 집으며 무슨 독을 마실지라도 해를 받지 아니하며 병든 사람에게 손을 얹은즉 나으리라 하시더라"

그렇습니다. 예수라는 이름으로는 불가능한 것이 없습니다. 우리가 예수님의 이름을 부르면 귀신이 떠나가는 역사가 일어납니다. 우리가 예수님의 이름을 부르면 병이 씻은 듯이 낫습니다. 또 우리가 예수님의 이름을 부르면 불가능한 것도 가능해지는 것입니다. 이처럼 예수라는 이름에는 그 이름 속에는 능력과 권세가 있기 때문에 "내가 나사렛 예수의 이름으로 명령하노니 귀신아 떠나가라!" 이렇게 담대히 선포할 수 있는 것입니다.

예수님은 어떠한 제한도 두지 않으시고 '무엇이든지'라고 하셨습니다. 무엇이든지 예수님이름으로 구하면 예수님께서 시행해주신다고 해결해 주신다고 하셨습니다. 예수님께서 말씀하신 '무엇이든지' 라는 것을 우리는 마음속 깊숙이 새겨야 합니다. 예수님의 이름의 능력에는 어떠한 조건도 제한도 두어서는 안 됩니다.

지금 저는 성령치유 사역에서 이 예수님의 이름의 권세와 능력을 몸소 체험하고 있습니다. 어디를 갈 때든지 어느 곳에 있든지 속으로나 혹은 입으로 '예수 이름으로 명하노니…!'라고 계속 선포를 합니다. 저는 앞의 말씀처럼 무엇이든지 구하라 하신 예수님의 말씀을 그대로 믿고 작은 것 하나부터 실천했습니다. 내가 믿음으로 선포할 때 예수님이 하신다는 믿음이 중요합니다. 그래서 그냥 지나칠 수 있는 사소한 일이라도 예수님께 구합니다. 믿음가지고 예수님 이름으로 구합니다. 제가 힘이 없을 때 "예수 이름으로 나에게 힘이 생길지어다"를 외치고 제가 우울해질 때 "예수 이름으로 나의 우울함은 떠나갈지어다"를 외치고, 제가 화가 날 때 누군가가 미워질 때 "예수 이름으로 화는 떠나갈지어다"를 외칩니다. 이렇게 '예수 이름으로'를 외치고 나면 정말로 신기하게도 모든 것이 해결이 되고 마음의 평안이 옵니다. 마음에 사랑이 옵니다. 기쁨이 옵니다. 이것이 바로 예수라는 이름의 능력이고 힘인 것입니다.

예수라는 이름에는 이미 그 권세와 능력이 들어있습니다. 그 이름의 능력을 믿고 작은 것부터 예수이름으로 구하여 보십시오. '이런 것쯤이야'라는 나태한 마음을 버리시고 하나하나 작은 것부터 예수이름을 외치십시오. 그런다면 우리도 예수님처럼 귀신을 쫓고 기적을 행하는 진정한 예수님의 제자다운 크리스천이 될 것입니다. 예수님의 권능을 사용할 줄 알아야 진정한 성도가 되는 것입니다.

3. 물질보다 더 뛰어난 능력

예수의 이름에는 은, 금보다 더 뛰어난 능력이 있습니다. 베드로와 요한이 앉은뱅이를 만난 곳은 미문이었습니다. 그 문은 높이가 75피이트에 폭이 60피이트나 되는 거대한 문이었습니다. 사람들은 그 문을 "니카노르 문"(Nicanor Gate)이라고 불렀습니다. 그러나 그 문이 너무나 아름답고 웅장하기 때문에 "아름다운 문"이라고 부르기를 더 좋아했습니다.

그렇게 아름답고 어마어마한 문과는 대조적으로 그 문 앞에 날마다 쭈그리고 앉아 때 묻은 손을 내밀며 구걸하는 불쌍한 사람이 있었습니다. 하나님이 사랑하는 당신이여! 가장 아름다운 공간 안에 가장 초라한 인생이 앉아 있는 모습을 상상해 보시기 바랍니다. 그것은 참으로 아이러니입니다. 사도행전 4장 22절에 "이 표적으로 병 나은 사람은 40여세나 되었더라"고 기록된 것을 보면, 그는 40년간이나 앉은뱅이 인생을 살아 온 것입니다. 어릴 때는 그런대로 부모의 보호를 받으며 자랄 수 있었을 것입니다. 그러나 세월이 지남에 따라 부모도 늙어서 그를 도와 줄 수 없게 되었고, 형제들은 저마다 출가나 분가를 했을지도 모릅니다. 그래서 그는 혼자 남게 되었을 것입니다.

건강하지 못한 이 앉은뱅이는 아무것도 할 수 없었습니다. 그때에 친척과 이웃이 그에게 여러 가지로 권면했을 것입니다. "아무렴 산 사람 입에 거미줄을 쳐서야 되겠느냐?"고 말입니다. 그래서 그는 이웃의 도움을 받으며 미문 앞에서 구걸을 하기 시작했습니다. 살기 위해서 그가 할 수 있는 일은 그것 밖에 없었습니다. 성전 문 앞에는 항상 거지들이 줄지어 있었습니다. 그것은 하나님의 전으로 올라가는 사람들에게 동정이나 자비를 구하는 것이 비교적 쉬웠고 또 자선에도 비교적 관대했었기 때문이었습니다.

그렇게 구걸하며 지내던 어느 날 그는 평소와 같이 때 묻은 손을 내밀며 동정을 구하고 있었는데 그 길을 베드로와 요한이 지나가다가 그를 보게 되었습니다. 가난한 베드로와 요한은 그에게 줄 돈이 없었습니다. 그러나 그냥 지나쳐 갈 수가 없었습니다. 그래서 그에게 우리를 보라고 요청했습니다. 앉은뱅이는 인간적인 기대 이상을 바라지 않았습니다. 내가 무엇을 해야 구원을 받을 수 있느냐고 묻지도 않았습니다.

앉은뱅이가 그들을 바라보자 베드로가 외쳤습니다. "은과 금은 내게 없거니와 내게 있는 것으로 네게 주노니 곧 나사렛 예수 그리스도의 이름으로 걸으라" 베드로는 앉은뱅이가 구하는 돈이 아니라 예수의 이름을 주었습니다. 앉은 뱅이가 일어난 것은 영이 알아듣고 혼에게 명령하니, 혼이 알아듣고 육에게 명령하니 육이 순종하여 앉은뱅이가 뛰어서 걸으며 간증한 것입니다. 우리도 예수 이름의 권능을 전해야 합니다. 희망을 잃은 사람들에게 예수의 이름을 나누어 주는 일은 교회가 할 일입니다. 성도가 할 일입니다. 세상은 은과 금의 이야기로 가득차 있습니다. 돈 이야기를 빼면 할 말이 없는 세상입니다. 그러므로 능력도 상실했습니다.

13세기 로마 법왕이 법왕궁에 쌓인 금을 가리키면서 "은과 금은 없다는 시대는 지나갔다" 고 교만하게 말하자 신학자 토마스 아키나스는 "법왕 폐하 옳은 말씀입니다. 그러므로 나사렛 예수의 이름으로 걸으라고 말할 시대도 지나갔습니다"고 대답했습니다. 참으로 안타까운 현실입니다. 영국교회는 잠자고 있습니다.

지금부터 약 90여 년 전에 영국에서 일어난 일입니다. 한 시골 소년이 런던의 어느 큰 교회를 찾아갔습니다. 소년은 집이 몹시 가난해 더 이상 공부를 할 수 없게 되자 교회의 도서관에서 잔심부름을 하며 그나마 공부도 하고 책도 읽으려고 무작정 올라온 것이었습니다. 소년은 목사가 외출하고 없자 대기실에서 기다렸습니다. 소년의 등 뒤엔 수많은 책들로 가득했습니다. 그것을 바라보는 소년의 눈에는 반짝 빛이 났습니다. 흥분한 소년은 책을 둘러보다가 한쪽 구석에 두껍게 먼지가 쌓인 책 한 권을 발견했습니다.

볼품이 없는 그 책은 아무도 펼쳐보지 않은 듯 했습니다. 소년은 먼지라도 털 생각으로 책을 꺼냈다가 차츰 그 내용에 빨려들게 되었습니다. 그 책은 페브리에의 (동물학)이었습니다. 소년은 서서 그 책을 열심히 읽었습니다.

마침내 마지막 장을 읽었을 때 뒷장에 이런 메모가 기록되어 있었습니다. "이 책을 끝까지 읽어주셔서 고맙습니다. 이제 곧 런던법원으로 가서 1136호의 서류를 가지십시오."어리둥절한 소년은 곧장 법원으로 달려가 서류를 받았습니다.

그런데 놀랍게도 그 서류엔 소년에게 400만 달러의 유산을 상속한다는 내용이 적혀 있었습니다. 소년은 눈을 비비며 다시금 꼼꼼히 서류를 읽어보았습니다. "이것은 나의 유언장입니다. 당신은 나의 저서를 처음으로 읽어주신 분입니다. 나는 평생을 바쳐 동물학을 연구하고 책을 썼지만 아무도 관심을 가져주지 않았습니다. 그래서 한 권의 책만 런던에서 가장 오래된 교회 도서관에 기증하고 나머지 책은 모두 불살랐습니다. 당신이 그 교회의 내 유일한 저서를 읽어주셨으니 내 전 재산을 드리겠습니다."

- F.E. 페브리에 -

그 사건은 영국에서 큰 화제가 되었습니다. 모두들 엄청난 유산에 관심이 쏠렸습니다. 소년은 페브리에의 뜻을 기려 영국 전역에 도서관을 세웠습니다. 그리고 좋은 책을 보급하는데 힘썼으며 가난한 사람들을 도우며 평생을 보냈습니다. 책 한 권이 소년에게 놀라운 행운과 변화를 가져온 것입니다.

사람들은 돈이면 무엇이든 할 수 있다고 생각하지만 우리 인생에서 정말 중요한 것은 결코 돈으로 살 수 없습니다. 오늘날 돈에는 부요하지만 영혼은 가난한 사람이 많습니다. 돈은 많지만 참된 평안을 잃어버리고 불안에 떠는 사람이 많습니다. 오늘날 사람들은 은과 금에 인생의 희망을 겁니다.

하지만 인생의 희망은 오직 예수 그리스도의 이름에 있습니다. 누구든지 예수 그리스도의 이름을 붙들어야 구원을 얻고 영원한 생명을 얻는 것입니다. 저는 모든 성도들이 자신의 운명을 바꾸는 예수 이름의 능력을 소유하기를 소망합니다.

4. 구하는 것을 주시는 능력

예수의 이름에는 우리가 구하는 것을 주시는 능력이 있습니다. 또한 우리의 필요를 채워주시는 능력이 있습니다. 베드로는 앉은뱅이의 오른손을 잡아 일으켰습니다. 이 대목에서 베드로의 위대성을 보게 됩니다. 치료의 확신이 없었다면 손을 잡고 일으킬 수가 없었을 것입니다. 진정한 구제는 행동이 수반되어야 합니다. 사도행전 3장 8절은 이 명령이 환자에게 준 영향에 대하여 설명해 주고 있습니다. 그는 말씀에 복종하여 뛰어 일어나 걸었습니다. 그는 잠을 자고 난 후 몸이 회복된 사람처럼, 자기에게 힘이 있는지 의심하지 않고 걷기 시작했습니다. 그것은 수천수만

개의 은과 금이 주지 못하는 놀라운 기적이었습니다. 존재의 변화입니다. 그리고 그가 고침 받은 자신의 모습을 사람들에게 보여 주며 하나님을 찬미한 것은 간증이었습니다. 하나님의 은총을 경험한 사람은 그들이 경험한 것을 증명해야 합니다.

누가 앉은뱅이였던 사람에게 "벌어먹고 살기도 힘들 텐데 다시 앉은뱅이로 돌아가는 것이 어떻겠느냐"고 묻는 다면 그는 단호히 거절할 것입니다. 일어서 보기 전에는 앉아 있는 것이 그런대로 안전하고 편하다고 생각할지도 모릅니다. 그러나 서는 기쁨, 걷는 기쁨, 달리는 기쁨을 경험한 그는 절대로 앉은뱅이 상태로 돌아가려고 하지 않을 것입니다. 넘어지는 것을 겁내는 어린이는 절대로 서서 걸으려고 하지 않습니다. 신앙생활도 마찬가지입니다. 은혜를 경험하고, 주를 위해 봉사하며 말씀대로 살아 본 사람은 절대로 과거로 돌아가려고 하지 않습니다. 그것이 설사 육신적으로 피곤하고 물질적으로 희생이 되어도 그는 그가 경험한 은혜의 자리에서 앞으로 전진 할 뿐입니다.

어느 날 톨스토이가 산책을 하고 있는데 거지 한 사람이 건너편에서 그를 보고 달려와서 구걸을 했습니다. 그러나 톨스토이는 가진 돈이 없었습니다. 그래서 거지를 끌어 앉으며 "형제여 내가 지금 돈이 없어서 아무것도 줄 수가 없습니다."그의 품에 안겼던 거지의 얼굴에 웃음꽃이 피었습니다. 이 모습을 지켜보고 있던 또 다른 거지가 그에게 물었습니다. '자네는 톨스토이에게 무엇을 얻었기에 그렇게 싱글 벙글하는가' '그가 나보고 형제라고 불렀다네' 꼭 물질이 있어야 이웃을 섬기는 것이 아닙니다. 예수의 이름으로 진실한 사랑을 전할 수 있다면 그것이 또 하나의 섬김이 될 것입니다. 예수 이름은 초자연적인 권능이 있기 때문입니다.

결론적으로 예수님이 주신 값진 것을 바르게 사용할 수 있는 능력이 있어야 합니다. 우리 한국교회의 맹점이 알기는 많이 아는데 사용할 줄을 모르는데 있습니다. 아무리 좋은 것을 주어도 사용할 줄 모르면 무용지물이 되는 것입니다. 그래서 주님은 우리가 군사가 되도록 성령의 인도를 받으며 훈련을 하시는 것입니다. 저는 항상 강조합니다. 성도가 예수를 믿고 교회에 들어와 믿음생활을 바르게 하다가 보면 성령으로 세례를 받습니다. 성령으로 세례를 받음과 동시에 은사도 나타납니다. 자신에게 임한 성령의 역사와 은사가 자신의 전인적인 치유의 역사로 일어납니다. 이때 성령의 불세례를 체험하게 되는 것입니다.

성령이 자신의 육성을 치유할 때 강력하게 역사하므로 자신의 심령에서 뜨거운 역사가 일어나는 것입니다. 자신을 치유하면서 군사가 되는 것입니다. 하나님은 자신에게 부여한 성령의 권능을 가지고 자신을 치유하면서 군사가 되도록 훈련하는 것입니다. 자신을 치유하고 심령을 천국 만든 다음에 가정을 치유하여 천국을 만드는 것입니다.

이렇게 성령의 권능을 가지고 자신과 가정을 치유하면서 하나님의 군사로 거듭나는 것입니다. 하나님의 군사가 된 다음에 세상에 나가 세상을 성령의 역사로 장악하는 것입니다. 그러므로 성도는 예수님이 주신 권능을 사용할 줄 알아야 진정한 군사가 되는 것입니다.

10장 예수 이름의 초자연적인 권세

(요14:12~14)"내가 진실로 진실로 너희에게 이르노니 나를 믿는 자는 나의 하는 일을 저도 할 것이요 또한 이보다 큰 것도 하리니 이는 내가 아버지께로 감이니라. 너희가 내 이름으로 무엇을 구하든지 내가 시행하리니 이는 아버지로 하여금 아들을 인하여 영광을 얻으시게하려 함이라 내 이름으로 무엇이든지 내게 구하면 내가 시행하리라."

본문 말씀이 얼마나 격려가 되고 힘이 되어 지는지 모릅니다. 이 말씀은 약속의 말씀입니다. 예수님이 승천하시기 전에 제자들에게 보혜사 성령이 오셨을 때 나타나게 될 능력에 대해서 말씀하신 것입니다. 그러나 이 말씀은 곧 우리에게 주님이 친히 하신 말씀, 약속입니다. 오늘 이 말씀에 확신을 가지고 이 말씀 가운데 확실히 서는 역사가 나타나기를 주님의 이름으로 축원합니다.

요한복음 14장 1절부터 11절까지는 예수님과 빌립과의 대화입니다. 빌립이 예수님께 "아버지를 보여주십시오"라고 이야기합니다. 그랬더니 예수님이 빌립에게 "네가 나를 보았는데 어찌 아버지를 또 보여달라고 하느냐"라고 대답하십니다."나를 본 자는 이미 아버지를 보았다"라고 말씀하시는 과정 속에서 오늘 본문이 나오는 것입니다. 12절에서"내가 진실로 진실로"라고 강조하고 계십니다. 원어상으로는 "아멘! 아멘!"이라는 말입니다."너희에게 이르노니 나를 믿는 자는 나의 하는 일을 저도 할 것이요"여기서 예수님이 하시는 일들이 무엇입니까? 여기서 죄를 사하는 권세를 이야기하는 것은 아닙니다. 죄를 사하는 권세는 오직 예수님밖에 없기 때문입니다. 그렇다면 예수님께서 오셔서 하신 일이 무엇입니까? 병든자를 고치시고, 귀신을 쫓아내시고, 풍랑을 잠잠케 하셨고, 죽은 자를 살려내셨습니다. 하나님의 아들로서 성령충만한 가운데 나타난 능력과 권능을 의미하는 것입니다.

그러면 예수를 믿는 자는 예수님처럼 그런 능력을 행할 수 있다는 말입니다. 뿐만아니라 "이보다 큰일도 하리니"라고 말씀하십니다. 예수님을 믿는 자는 예수님이 행한 일뿐만 아니라, 그분이 행하지 아니한 일조차도 행할 수 있는 능력이 있다, 라고 오늘 우리에게 친히 말씀하십니다. "이는 내가 아버지께로 감이니라" 아버지께로 가기 때문에 이제 예수님이 미처 행하지 않은 일들을 우리에게 맡기신다는 이야기입니다. 그렇다면 이제 구체적인 일의 실행은 어떻게 할 수 있는지 두 가지가 있는데 먼저 하나는 13절에 나와 있습니다. "너희가 내 이름으로 무엇을 구하든지 내가 시행하리니" 예수의 이름으로 무엇이든지 구하라는 말입니다. 그러면 예수님이 "시행하신다"라고 말씀하시는 것입니다. 이제 우리는 예수님이 행하신 일을 할 수 있다는 확신이 있습니까? 예수님이 행하신 일보다 더 큰일을 행할 수 있다고 믿습니까? 예수의 이름으로 무엇이든지 구하면 예수님이 행하신 것보다 더 큰일도 행할 수 있습니다.

주님이 하신 말씀입니다. 사람이 고안해낸 말씀이 아닙니다. 우리가 가지고 있는 성경에 보면 이 말씀은 전부 빨간색으로 표현되어져 있습니다. 그것은 예수님께서 하신 말씀이기 때문입니다. 예수님이 친히 하신 말씀입니다. 이렇게 말씀하시는 이유는 "이는 아버지로 하여금 아들을 인하여 영광을 얻으시게 하려 함이라"아들로 인해 아버지가 영광을 얻으려고 하신다는 말입니다. 예수의 이름으로 능력이 나타날 때에 아들 때문에 하나님이 영광을 받는다는 말입니다. 그러면 이 말씀을 잘 분석해보면 이런 의미입니다. 우리가 하나님께 영광을 돌리는 방법이 바로 예수의 이름으로 능력을 행할 때입니다. 그것을 통하여 하나님께서 영광 받으십니다. 그렇습니다. 하나님의 영광은 예수님입니다. 우리 하나님 아버지는 예수의 이름으로 말미암아 행해지는 것을 통해서 영광을 받으신다는 말입니다. 그러므로 예수님의 이름으로 행하여지는 모든 것들이 하나님께 영광이 되는 줄로 믿으십시오. 오늘 이 말씀가운데 큰 확신을 가지시기 바랍니다.

그래서 14절에"내 이름으로 무엇이든지 내게 구하면 내가 시행하리라"라고 약속하셨습니다. 이것이 예수를 믿는 사람들에게 주어진 특권입니다. 오늘 우리 마음속에 이 확신이 있어야 합니다."예수님이 행하신 일 나도 행할 수 있고 예수님이 행하신 일보다 더 큰 일도 행할 수 있다"이 말씀은 실제로 초대교회 안에서는 다 이루어졌던 말씀들입니다. 문자 그대로 사도 바울과 여러 사도들이 가는 곳마다 예수의 이름으로 귀신을 쫓아냈고, 예수의 이름으로 병을 고쳤고, 가는 곳마다 예수의 이름으로 말미암아 많은 권능을 행함으로 인해 하나님께 영광을 돌렸습니다. 그리고 예수님이 행하신 일보다 더 큰일도 행했던 것을 우리는 이미 알고 있습니다. 그러므로 이 말씀은 죽은 말씀이 아니요 살아있는 말씀입니다. 오늘 우리에게도 동일한 말씀인 줄을 믿으시기 바랍니다. 우리가 이런 사람들입니다. 얼마나 대단한 사람들입니까? 예수 안에서 내가 대단한 사람이라고 담대하게 말해보십시오. 예수 안에서 대단한 사람입니다. 예수님이 이 땅에 오셔서 행하신 일보다 더 큰 일을 행할 수 있는 대단한 사람입니다. 그런데 예수 믿는 우리가 왜 희망도, 확신도 없이 사는 것입니까? 예수 믿는 우리가 염려하며 근심하며 사는 것은 절대로 우리와 어울리는 삶이 아닙니다. 염려와 근심은 예수 믿는 우리의 몫이 아니요 세상 사람의 몫입니다. 우리가 왜 염려하겠습니까? 예수님보다 더 큰일을 행할 수 있는 우리가 왜 염려하겠습니까? 우리가 믿음이 없고 확신이 없기 때문입니다. 내가 가지고 있는 동전의 뒷면에 예수의 얼굴이 새겨져 있는 것이 아니라 나의 얼굴이 새겨져 있기 때문이라는 말입니다. 예수님의 이름으로 무엇이든지 구하면 다 이루어주시겠다고 주님이 약속하셨습니다.

이 말씀을 붙잡고 이제는 예수님을 괴롭게 하십시오. "주님의 이름으로 무엇이든지 구하면 시행하신다고 약속하셨으니 하나님이 이 간구도 들어주세요"라고 주님께 기도하십시오. 그래서 이제 우리교회는 예수님의 이름으로 무엇이든지 응답되고 성취되어진 그런 간증들로 가득 찰 줄로 믿습니다. 우리의 믿음대로 될 것입니다. 믿는 자들에게는 능치 못함이 없다고 말씀하셨습니다. 복음이 없어도 이 믿음이 있었던 사람들은 예수 안에서 한결같이 성공하고 부흥했습니다. 우리는 분명히 생명을 가지고 있고 복음을 가지고 있습니다. 한국을 나아가서 세계를 깨울 수 있는 복음이 있단 말입니다.

그렇기 때문에 약속의 말씀을 붙잡고 우리의 근심거리를 기도로 바꾸고 그 기도가 응답되어지는 역사로 말미암아서 이 복음을 들고 나가야 될 것입니다. 믿습니까? 보이는 것 때문에 염려하지 마십시오. 보이는 처지 때문에 염려하지 마십시오. 하나님의 능력을 바라보십시오. 하나님의 능력은 홍해를 갈랐습니다. 하나님의 능력은 요단강을 갈라내십니다. 하나님의 능력은 무에서 유를 창조해 내시는 능력입니다. 믿습니까? 근심하지 마십시오. 그것은 그리스도인의 마스크가 아닙니다. 그러므로 우리가 웃지 않을 이유가 없으며 담대함과 확신을 가지지 않을 이유가 없습니다. 그러면 이제 예수이름의 권능에 대해 함께 나누고자 합니다.

"나더러 주여! 주여! 하는 자 마다 천국에 다 들어갈 것이 아니라 다만 하늘에 계신 내 아버지의 뜻대로 행하는 자라야 들어가리라 그 날에 많은 사람이 나더러 이르되 주여! 주여! 우리가 주의 이름으로 선지자노릇하며 주의 이름으로 귀신을 쫓아내며 주의 이름으로 많은 권능을 행치 아니하였나이까 하리니 그때에 내가 저희에게 밝히 말하되 내가 너희를 도무지 알지 못하니 불법을 행하는 자들아 내게서 떠나가라 하리라."(마 7:21~23).

이 말씀은 "주여! 주여!"라고 부른다고 해서 모두가 천국에 갈 수 있는 것은 아니라는 말씀입니다. 그리고 그 뒤에 주의 이름으로 선지자노릇을 하고 귀신을 쫓아내고 권능을 행하여도 예수님이 그들을 향해 불법을 행하는 자들이라 칭하시며 떠나가라고 하십니다. 왜 불법을 행한자들입니까? 예수님의 승인없이 자기들 마음대로 사용했다는 것입니다. 예수님에게 물어보지 않고 자신의 영광을 위해 마음대로 예수이름을 사용했다는 것입니다.

그러면 이들은 예수님이 인정하고 있는 사람들이 아니라는 뜻입니다. 이 사람들은 천국 갈 수 있는 사람들이 아닙니다. 못 가는 사람들입니다. 그런데 천국도 못 가는 사람들이 예수의 이름으로 선지자 노릇을 하고 귀신을 쫓아내고 권능을 행했다는 말입니다. 천국을 못 가도, 예수의 이름을 부르니까 귀신도 쫓아내고 병도 고치고 많은 권능도 행할 수 있는 것은 바로 예수이름의 능력인 것입니다. 예수이름의 능력이 이렇게 대단한 것입니다. 예수 이름의 능력은 지옥 갈 사람이 도용을 해도 능력이 나타나는 것입니다. 예수의 이름은 예수님에 대한 온전한 참 믿음이 없어도 그 이름을 가지고 이런 능력을 행할 수 있는 것입니다. 그러니 예수의 이름이 얼마나 대단한 능력입니까! 오늘 우리는 지옥갈 자들이 아닙니다. 오늘 우리는 복음을 아는 자들입니다. 우리는 생명을 아는 자들입니다. 저들이 예수의 이름으로 그 능력을 행했다면 우리는 그 이상의 능력이 나타날 줄로 믿습니다.

지금까지 우리가 예수의 이름의 능력을 방치해놓았다면 이제 회개합시다. 예수이름의 가치를 알고 그 이름으로 빛을 내는, 능력을 나타내는 저와 여러분이 되시길 주님의 이름으로 축원합니다. 성경 한 구절 더 보겠습니다.

"요한이 예수께 여짜오되 선생님 우리를 따르지 않는 어떤 자가 주의 이름으로 귀신을 내어쫓는 것을 우리가 보고 우리를 따르지 아니함으로 금하였나이다 예수께서 가라사대 금하지 말라 내 이름을 의탁하여 능한 일을 행하고 즉시로 나를 비방할 자가 없느니라 우리를 반대하지 않는 자는 우리를 위하는 자니라"(막9:38~39).

요한이 예수님께 "우리를 따르지 않는 어떤 자"라고 표현합니다. 이는 예수 믿지 않는 어떤 자를 의미합니다. 그가 주의 이름으로, 즉 예수의 이름으로 귀신을 내어쫓았다는 것입니다. 예수님의 제자가 아닌데도 예수님의 이름으로 귀신을 쫓아낸 것입니다. 그런데 이 제자들은 예수님이 변화산에 올라갔을 때 귀신 들린 아이 하나 해결하지 못하고 서기관과 바리새인들과 변론하던 그 제자들입니다. 예수님을 좇으면서 온갖 능력을 체험한자들이 오히려 손가락질을 당하고 변론하고 앉아있던 제자들입니다. 왜 그러냐면 예수님이 말씀 하신대로 믿음이 없었기 때문입니다.

그러나 이 사람은 예수님을 믿지 않지만 예수이름의 능력을 믿는 자입니다. 예수이름으로 귀신을 쫓아냈는데 제자들은 오히려 변론만하고 있었던 모습들이 연상이 됩니다. 이것은 어쩜 우리의 모습일 것입니다. 정작 구원받지도 않고 예수님을 따르지도 않는 자들은 그 이름의 권능을 알아서 귀신을 쫓아내는데 예수님을 하나님의 아들로 믿고 그의 권능을 목격하고 다 체험한 제자들이면서도 귀신 들린 아이 하나 해결 하지 못하고 벌벌 떨고 있는 그 제자들의 모습이 우리의 모습인지도 모른다는 말입니다. 이 말씀을 들으니까 우리가 얼마나 억울한 삶을 살아왔는지 알게 됩니다. 그리고 답답하고 한심합니다. 예수님을 믿지 않고 따르지도 않는 사람도 예수의 이름으로 귀신을 쫓아내는데 예수님을 믿고 있는 우리가 많은 권능을 행하지 아니하고 예수이름의 권능을 알지 못해서 우리가 그 능력을 행하지 못하니 우리가 답답하고 한심한 것입니다. 언제까지 이렇게 살아야 하겠습니까? 이제 우리는 예수 이름의 권능을 찾았습니다.

예수이름의 권능을 믿습니까? 예수이름으로 귀신을 쫓아내십시오. 예수이름으로 저주를 쫓아내십시오. 예수이름으로 모든 병을 몰아내십시오. 예수 이름으로 실패를 몰아내십시오. 예수 이름으로 부정적인 것들을 몰아내십시오. 예수 이름으로 우리를 붙잡고 넘어뜨리는 모든 것을 몰아내십시오. 예수 이름의 권능입니다. 하늘과 땅의 모든 권세를 부여받은 그 이름을 붙잡고 있는 사람이 두려울 것이 무엇이며 못할 것이 무엇입니까? 무엇인가를 못하고 사는 우리가 바보인 것입니다. 예수 이름 가지고도 능력을 행사하지 못하는 우리가 정말 바보인 것입니다.

이 예수 이름 앞에 사탄은 벌벌 떱니다. 우리를 괴롭히는 실체는 사탄입니다. 우리를 억압하고 넘어뜨리는 모든 세력의 실체는 사탄입니다. 그 사탄은 예수의 이름만 들어도 벌벌 떱니다. "나사렛 예수의 이름으로 명하노니 사탄아 물러가라" 가슴속에 응어리지고 답답한 것이 있으면 예수님의 이름으로 물리치십시오. 그동안 우리는 예수의 이름으로 말미암는 해방감을 누리지 못했습니다. 예수 이름의 권능과 능력들을 온전히 신뢰하지 못했습니다. 그러나 이 말씀은 주님이 우리에게 주신 말씀입니다. 주님은 마가복음 16장 15-18절에서 "또 가라사대 너희는 온 천하를 다니며 만민에게 복음을 전파하라 믿고 세례를 받는 사람은 다 구원을 얻을 것이요 믿지 않는 사람은 정죄를 받을 것이라 믿는 자들에게는 이런 표적이 따르리니 곧 저희가 내 이름으로 귀신을 쫓아내며 새 방언을 말하며 뱀을 집으며 무슨 독을 마실찌라도 해를 받지 아니하며 병든 사람에게 손을 얹은즉 나으리라 하시더라"명령하셨습니다. 예수님께서 친히 하신 말씀입니다. 이것은 초대교회에 사도들을 통해 이미 성취되어졌습니다. 사도바울을 뱀이 물었어도 죽지 않았고 오히려 이것이 원인이 되어 원주민들이 믿고 회개하여 복음을 증거하게 되었습니다. 이것이 초대교회를 세우기 위해 필요한 능력이었기 때문에 사도들에게 일차적으로 준 능력이 틀림없습니다. 그럼에도 불구하고 오늘 이 시대도 이런 능력이 필요한 경우가 되어 진다면 이 능력은 나타날 수 있는 것입니다.

그러나 중요한 것은 이런 역사들이 "끝났다 안 끝났다"라는 이야기보다는 예수님께서 믿는 자들에게 나타날 수 있는 현상들이라고 말씀하신 그 자체가 중요하다는 말입니다. 우리 마음에 이 믿음이 먼저 있어야 합니다. 이 시대에 "나타난다 안 나타난다"는 것을 먼저 이야기하면 이 말씀자체에 대한 확신과 사실자체를 받아들이는 일을 소홀히 할 수 있기 때문입니다. 그러니까 이 말씀은 그 말씀자체로 의미가 있습니다.

이런 능력이 우리에게 나타날 수 있음을 믿으시기 바랍니다. 믿으면 나타납니다. 물론 하나님의 뜻 가운데 나타날 것입니다. 언제나 나타난다기 보다는 필요한 경우에 나타날 것입니다. 이러한 것들을 전제하고 이 말씀을 받되 말씀자체의 본질을 희석시키지는 마시기 바랍니다. 이 말씀자체를 온전히 믿으시기 바랍니다. 예수 이름의 권능이 이렇게 큰 것입니다. 오늘 우리 모두가 이 예수이름의 권능을 온전히 믿고 따르는 사람들이 되시기를 주님의 이름으로 축원합니다. 요한계시록15장 4절에"주여! 누가 주의 이름을 두려워하지 아니하며 영화롭게 아니하오리까 오직 주만 거룩하시니이다 주의 거룩하심이 나타났으매 만국이 와서 주께 경배하리라 하더라" 말씀하십니다.

이 세상에서 누가 예수의 이름을 두려워하지 않을 자가 있겠냐는 말입니다. 주의 이름은 모든 자들을 두렵고 떨게 만드는 그 이름인줄을 믿으시기 바랍니다. 예수 이름의 권능은 이렇게 위대한 것입니다. 오늘 그 이름이 우리에게 있음을 감사합니다. 그 이름으로 살 수 있게 된 것을 감사드립니다. 우리는 예수의 이름으로 영광을 얻게 될 것입니다. 우리는 예수의 이름 가운데 권능을 얻게 될 것입니다. 예수의 이름, 그 이름은 우리를 영화롭게 만드는 능력의 이름인 것을 믿으시기 바랍니다. 이제는 이 믿음을 사용하십시오. 아무리 예수 이름에 권세가 있어도 예수를 믿는 사람들이 사용하지 못하면 무용지물입니다. 예수 이름의 권세를 사용하여 이 땅에 하나님의 나라를 만들어 가시기를 바랍니다.

11장 신 통치자가 되시는 예수님

(골2:14-15)"우리를 거스리고 우리를 대적하는 의문에 쓴 증서를 도말하시고 제하여 버리사 십자가에 못 박으시고 통치자와 권세를 벗어버려 밝히 드러내시고 십자가로 승리하셨느니라."

하나님은 우리가 신 통치자와 권세에 대하여 알고 영성을 회복하기를 원하십니다. 한 국가가 이루어지기 위해서는 다스리는 정치 단체인 정부가 있어야만 합니다. 성경에는 이 정부라는 말과 동일한 뜻으로서 통치자라는 말을 사용하고 있습니다. 그리고 권세란 정부를 받들고 있는 권력기관들, 쉽게 예를 들자면 경찰과 군대와 같은 기관들을 말하는 것입니다. 보이는 세계의 나라가 있는 가하면 보이지 않는 영적인 나라가 있습니다. 영적인 생활은 보이지 않는 나라를 알고 대적하여 장악하는 것입니다.

성경은 골로새서 1:13에 "그가 우리를 흑암의 권세에서 건져내사 그의 사랑의 아들의 나라로 옮기셨으니"라고 말하고 있는 것입니다. 이 말에는 우리가 과거에는 마귀의 통치자와 권세에서 마귀의 지배를 받고 살았는데, 예수님의 십자가의 은혜로 하나님께서 우리를 해방시키사, 하나님의 사랑의 아들나라의 통치와 권세 아래로 우리를 옮겨 주셨다고 말씀하신 것입니다. 이 시간에는 이 옛 통치자와 권세와 신 통치자와 권세에 관하여 알아보고자 합니다.

1. 옛 통치자와 권세

옛 통치자와 권세라는 것은 바로 마귀의 통치자와 권세를 말하는 것입니다. 마귀는 원래 하나님의 천사 중에 하나였습니다. 그는 하나님의 거룩하심을 보존하는 루시퍼였습니다. 그런데 그가 자기의 아름다움에 도취되어서 하나님을 몰아내고 하나님의 보좌를 찬탈하고 자기가 하나님과 동등하게 되겠다고 하다가 하나님께 쫓겨났습니다.

마귀는 천사 삼분의 일을 충동해 반역을 일으켜서 그는 하늘에서 쫓겨나서 공중에 권세를 잡은 마귀가 되고 만 것입니다. 그래서 공중에서 사단은 자기의 통치자를 세우고 권세를 세웠습니다. 자기가 임금이 되고 자기의 정부를 세웠습니다. 타락한 천사와 귀신들로 군대와 병사를 삼았습니다. 통치자와 권세를 가지고 하나님을 대적하며 하나님께서 행하시는 모든 일을 막으려고 전력을 기울이고 있는 것입니다.

그러므로 에베소서 6:10-12에 보면 "종말로 너희가 주안에서와 그 힘의 능력으로 강건하여지고 마귀의 궤계를 능히 대적하기 위하여 하나님의 전신갑주를 입으라 우리의 씨름은 혈과 육에 대한 것이 아니요 통치자와 권세와 이 어두움의 세상 주관자들과 하늘에 있는 악의 영들에게 대함이라"고 말하고 있는 것입니다.

그러므로 공중에서 마귀는 완전히 정부를 세우고 타락한 천사와 귀신들과 더불어 군대를 조직해서 그래서, 끊임없이 하나님의 백성들을 괴롭히는 것입니다. 하나님은 당신의 형상과 모양대로 사람을 만들고 사람들에게 이 땅을 주셨으며 천국을 주시기를 원하시는데, 어찌하든지 이 인류들을 하나님께로부터 떠나가게 하고, 하나님을 배반하게 하고, 거역하게 하고, 하나님의 마음에 슬픔과 상처를 갖다 주고, 하나님의 계획을 좌절시키려하는 이 일에 마귀는 전력을 기울이고 있습니다.

아담과 하와가 하나님이 지으신 에덴동산에서 하나님을 경외하고 섬기고 살았으면 좋았겠는데, 이 마귀의 궤계에 빠져서 하나님을 반역했습니다. 그래서 자기와 후손과 이 땅과 그 가운데 있는 모든 영광을 마귀의 통치자와 권세아래 집어넣어서 종이 되고 말은 것입니다. 아담과 하와의 후손으로 태어난 모든 인류는 뱃속에서부터 종으로 잉태되고 태어날 때부터 마귀의 지배 하에서 태어나는 것입니다.

마귀는 모든 인류에게 무거운 짐을 지워줍니다. 마귀의 정부와 마귀의 권세 밑에 사는 사람들은 죄 짐을 벗을 수가 없습니다. 죄는 하나님의 법을 어기는 것입니다. 그러므로 죄란 하나님에 대한 정면 도전입니다. 사람들은 모두 다 죄짐을 짊어지고 죄를 짓고 하나님께 도전하고 하나님의 법을 짓밟고 있습니다. 그래서, 하나님께 심판과 정죄를 받고 영원히 버림받게 하는 것이 마귀의 궤계인 것입니다.

아담과 하와가 마귀에게 속음으로 그 후손 모두가 혈통의 죄를 범했습니다. 모든 사람이 다 죄를 범했습니다. 한 사람도 하나님의 영광에 이르지 못하게 한 것입니다. 그뿐 아니라 사람들의 마음속에 하나님에 대한 불신앙을 가져오고 반역을 가져오고 무신

론을 가져옵니다. 세속으로 채워놓고 이 세상과 세상의 풍속대로 살고 하나님은 생각도 않고 하나님을 그의 생애 속에 완전히 쫓아내 버리고 말도록 만들었습니다. 그리고, 그들 속에 미움으로 꽉 채워놓아서 사람들은 물고 찢고 싸우고 피 흘리는 전쟁으로 인류 역사를 피로 물들여 놓게 만들은 것입니다.

영도 마음도 몸도 여러 가지로 병들어서 고통을 당하도록 만들어 놓았으며 가난과 저주의 쇠사슬로 묶어 놓아서 인도와 같이 거대한 대륙의 그 가난은 슬픔으로 가득합니다. 인도의 군중들의 삶을 바라보면 사는 것이 아니라 생존을 위한 거대한 몸부림이라고 설명 할 수 있습니다. 그들은 매일 매일 몸부림을 칩니다. 그것은 살아있기 위한 것입니다. 이런 것이 하나님의 뜻이 아닙니다. 이 가난과 이 저주, 이것은 마귀가 인류를 도적질하고, 죽이고, 멸망시키는 수단으로 사용하는 것입니다.

그리고 난 다음 사망과 지옥은 인류의 궁극적인 운명이 되고 말았습니다. 육체가 죽고 하나님 모르는 영혼은 지옥으로 떨어져서 영원한 버림을 받게 된 것입니다.

이것이 옛 통치자와 권세 밑에 있던 인류의 모습입니다. 도적질 당하고 죽임을 당하고 멸망을 당한 슬픔가운데 살았으니 인류들은 이와 같은 운명에서 벗어나려고 온갖 몸부림을 쳐오고 있었습니다. 그들은 과학을 발전 시켜보기도 하고, 지식을 발전시키고, 사회 제도를 개혁하고, 국가 제도를 개혁하고, 주의와 주장을 만들고 몸부림쳐 왔습니다. 인류는 그렇게 몸부림쳐 왔지마는 죄의 사슬에서 벗어 날 수도 없고, 삶의 허무와 무의미와 맹랑한 삶에서 벗어날 수도 없었습니다.

죽음과 절대 무에서 해방을 얻지도 못했습니다. 인류는 그러므로 스스로 구원할 수 없다는 사실을 너무나 분명하고 확실하게 알게 된 것입니다. 그래서 모든 사람의 가슴속에 탄식하고 고통을 하고 있었습니다. 우리는 스스로 구원할 수가 없습니다. 하나님의 능력을 날마다 의지하는 모두가 되시기를 축원합니다.

2. 세상에 새로 세워진 통치자와 권세.

이러므로 하나님께서 이러한 인류를 불쌍히 여기사 인류를 구원하기 위해서 이천 년 전에 그 아들 예수님을 세상에 보내신 것입니다. 왜 예수님을 보내셨을까요? 천사를 보낼 수도 있었고 이 세상에 위대한 종교인을 일으켜 세울 수도 있었는데 왜 그 아들 예수를 동정녀 마리아를 통해서 이 땅에 사람으로 보냈을까요?

그것은 우리 인류를 참으로 구원하기 위해서는 마귀의 정부와 마귀의 권세가 점령한 이 땅에 하나님의 나라를 세워서, 하나님의 아들의 정부와 그 권세에 사람들을 건져내기 위한 것입니다. 그러므로 마귀의 나라에서 하나님의 아들 나라로 사람을 옮기기 위해서 하나님의 아들을 보내신 것입니다. 왜냐하면, 하나님의 아들은 하늘나라의 임금이기 때문입니다.

나라가 있으려면 임금이 있어야 됩니다. 요사이는 대통령이 있는 것처럼 임금이 있어야 정부를 세울 수 있고, 성령이 그 권세를 가지고 천사들이 권세가 되어서 하늘나라가 이루어지고, 그래서 마귀 나라를 쳐부수고 하늘나라를 세우셔서 그곳에 하늘나라의 백성들을 모아서 살게 만들어 주시는 것입니다.

이렇기 때문에 하늘의 임금이 와야지 천사가 와서는 소용이 없습니다. 하나님의 나라가 설립되지 않습니다. 세상 어떠한 사람을 세우면 그는 종교가나, 철학가나, 윤리학자나, 도덕가는 될 수 있을지 몰라도 임금은 될 수 없습니다. 하나님 아들 예수님만이 하늘나라의 임금이십니다. 그러므로 세상에 하늘나라를 세우기 위해서 예수님을 보내신 것입니다.

새로 세워진 통치자와 권세는 예수님이 세우신 것입니다. 예수님이 이 땅에 오셔서 먼저 외친 것은 회개하라. 그리고 기독교를 믿으라. 그렇게 말 안했습니다. 회개하라. 율법을 지켜라. 그렇게도 말하지 않았습니다. 회개하라. 종교의식과 형식을 집행하라. 그렇게도 말씀하지 않았습니다.

주님이 외친 것은 회개하라. 천국이 가까이 왔다. 하늘나라를 세우러 내가 왔다. 마귀의 나라 가운데 하나님의 나라를 세우러 왔다. 그리고 난 다음 마귀의 통치자와 권세를 깨뜨리기 시작한 것입니다. 마귀의 통치자, 마귀의 정부를 깨뜨리고 마귀의 권세를 깨뜨립니다. 마귀를 쫓아내고, 귀신을 내몰아쳐 쫓아내고, 병든 자를 고쳐내고, 죽은 자를 살려버리고, 굶주린 자에게 먹이시고, 천국을 전파하니 처처에 마귀의 통치자와 권세가 박살났습니다. 마귀가 쫓겨 나갔습니다.

하늘나라가 사람들의 심령 속에 받아들여지고 하늘나라의 권세가 나타났습니다. 인산인해로 사람들이 예수님 중심으로 모이고 예수님을 하늘나라의 왕으로서 그들이 모시려고 했습니다. 그러니 마귀가 이제 가만히 있겠습니까? 자기나라가 이제 무너지게 되었습니다. 자기의 통치자와 권세가 무너지고, 예수 그리스도의 통치자와 권세가 서게 될 것이기 때문에 그들은 결사적으로 로마사람을 충동하고 유대인들을 충동해서 그래서 예수님께 일전을 선포한 것이 바로 갈보리의 대 전쟁인 것입니다.

갈보리 산의 전쟁은 우주적인 전쟁입니다. 하나님에 대한 마귀의 도전입니다. 하나님이 인류를 구하기 위한 마귀와의 일전입니다. 바로 갈보리 산에서 그리스도와 마귀가 대적한 것입니다. 하늘나라와 지옥의 권세가 대적한 것입니다. 그곳에서 하늘의 통치자와 권세와 마귀의 통치자와 권세가 부딪친 것입니다.

눈에는 안보이지만 그곳에 하늘나라의 천사가 동원되었습니다. 마귀의 모든 귀신과 타락한 천사들이 동원되었습니다. 예수님은 마귀의 손에 잡혀서 로마의 법에 의해서 사형선고를 받고 유대인들의 모든 충동 속에서 십자가에서 몸이 찢기고 피를 흘리셨습니다.

십자가 전쟁에서 마귀가 외면적으로 볼 때, 이긴 것 같았습니다. 그러나 우주의 주제가는 하나님입니다. 절대 주권자는 하나님인 것입니다. 그런데 마귀가 불의하게 자기에게 속하지 않은 그리스도를 자기가 심판해서 십자가에 못 박았습니다. 불의한 자가 의인을 십자가에 못박은 것은 우주에 있을 수가 없는 것입니다. 마귀가 하나님의 아들을 잡아서 십자가에 못박은 것을 하나님은 그대로 둘 수가 없었습니다. 왜냐하면 이것은 우주의 정의의 법을 어기는 것입니다. 어떻게 죄가 의를 심판합니까? 어떻게 마귀가 하나님의 아들을 심판합니까? 자기나라에 속하지 않은 사람을 자기나라 법으로써 어떻게 벌합니까? 하나님께서 십자가상에서 마귀를 심판 하셨습니다. 그래서 마귀는 예수님을 십자가에 죽였고, 그 죽임을 통해서 하나님의 심판을 받아 자기의 통치자와 권세가 다 깨어져 버리고 말은 것입니다.

그러므로 십자가 전쟁의 계산속을 들여다보면 마귀는 예수님을 십자가에 못 박고 삼일동안에 그들이 기뻐하고 즐거워하고 뛰었습니다. 이제 하나님의 아들을 죽였으므로 하늘나라는 이 땅에 서지 못한다. 하늘나라의 임금이 죽었으므로 하늘나라 정부도 사라지고 권세도 사라지므로 마귀가 온 천하를 다스릴 수 있다고 그들은 공중에서 권세 잡은 마귀와 그 정부와 그 군대들이 모여 박수를 치고 기뻐하고 즐거워하고 환호를 외쳤을 것입니다.

마귀는 삼일동안에 온 천하를 석권하고 잡았다고 생각했는데 그 삼일동안에 예수 그리스도는 그 고통을 통해서 아담과 하와가 하나님 앞에 빚진 죄악을 다 하나님 앞에 청산하고, 사망의 세력을 다 멸하고, 3일 만에 하나님의 능력과 권세로 부활하심으로 말미암아, 예수 그리스도는 그 흘린 피 값으로, 죄 없이 흘린 피 값으로 아담과 하와 이후 모든 인류의 죄를 다 청산하심으로 십자가에서 율법을 철폐해 버리고 말은 것입니다.

율법이라는 것은 사람의 죄를 잡아 죽이는 것이 율법입니다. 그러므로 너는 살인했다. 너는 간음했다. 너는 도적질했다. 너는 네 이웃을 거짓 증거했다. 너는 이웃을 탐했다. 너는 하나님을 믿지 않고 있다. 너는 우상에 절했다. 하나님의 이름을 망령되이 불렀다. 너는 안식일을 지키지 않았다. 모든 죄를 잡아 죽이는 것이 율법입니다.

그러므로 마귀는 이 율법을 가지고서 모든 사람을 죄로 꽁꽁 묶어서 하나님을 대적하게 하고 하나님께로부터 멀리 멀리 떠나게 만드는 것입니다. 그런데 예수님은 우리의 일생의 죄를 다 청산해 버렸기 때문에 율법이 이제는 폐지되고 말은 것입니다. 십자가에서 주님께서는 우리를 거역하고 우리를 대적하는 의문에 쓴 정서를 다 도말 하시고 제하여 버렸습니다. 법을 제하여 버렸습니다.

우리가 빚을 지고 있을 때는 빚 문서를 가지고 와서 자꾸 우리에게 강조하지마는 빚을 다 갚아버린 다음에는 빚 문서가 소용이 없습니다. 그것은 아무런 힘이 없습니다. 빚졌을 때 빚 문서가 소용이 있지 빚을 갚아버리고 난 다음에는 빚 문서는 찢어버려야 되는 것입니다. 우리가 죄악의 빚을 졌을 때 하나님의 법으로써 우리를 심판하고 마귀가 우리를 굉장하게 고통당하도록 몰아 부치는 것입니다. 예수께서 우리의 일생의 죄를 다 청산해 버린 다음에는 죄를 정죄하는 율법은 철폐되어 버리고 마는 것입니다. 그러므로 오늘날 우리가 율법을 지키므로 구원받는 것이 아니라 이제는 오직 믿음으로 은혜로 구원을 받게 되는 것입니다.

죄를 지었음에도 불구하고, 못났음에도 불구하고, 버림을 당해야 마땅함에도 불구하고, 죄지은 그대로 빈 손든 그대로 예수를 믿기만 하면 남녀노유, 빈부귀천 할 것 없이 다 구원을 받게 되는 것입니다. 그러므로 마귀는 여기에서 자기의 무기인 율법을 잃어버리고 말은 것입니다.

율법은 십자가에서 폐지되어 버리고 말은 것입니다. 부활하심으로 예수 그리스도는 마귀의 통치자를 해제해 버리고 무장을 해제해 버렸습니다. 마귀는 십자가에서 정부가 무너지고 그리고, 그 무장이 해제되었음에도 불구하고, 불신자들의 사이에 충동해서 불법적인 게릴라 운동을 하고 있는 것입니다. 그런데 예수님은 십자가를 통해서 당당하게 하나님의 아들 나라를 이 땅에 세우고 있는 것입니다.

이러므로 이제는 예수 그리스도의 나라가 이 땅에 임하게 된 것입니다. 십자가를 통하여 그리스도는 왕으로서 부활하셨고, 그리고 성령이 임하셔서 권세가 나타나고 천사들이 와서 우리를 옹위하게 된 것입니다. 이렇기 때문에 예수 그리스도의 나라는 임금님이 예수이고, 권세는 성령과 천사들인 것입니다. 이래서 하나님의 나라가 오늘날 우리 가운데 임하게 되는 것입니다.

우리가 예수 그리스도를 구주로 모시면 예수 그리스도는 우리 속에 하늘나라의 정부로써 들어오시고, 그 다음 하늘나라의 권세인 성령이 임하시고, 그 다음 하늘나라의 권세인 천사들이 우리를 둘러 진 치게 되는 것입니다.

이러므로 지금 우리 눈에 안보이지만 우리가 모인 이 자리가 바로 하늘나라인 것입니다. 예수님이 임금으로 계시고 성령이 권세로 임하시고 천사들이 군대로써 우리를 둘러 진 치고 있는 것입니다. 한 사람 한 사람의 가슴속에 예수를 구주로 모실 때, 마음속에 임금님이 오시고 성령의 권세가 임하고 천사들이 보호함으로 말미암아 한 사람 한 사람이 하늘나라가 되는 것입니다. 이러므로 하늘나라가 여기 있다. 저기 있다고도 못하리니 천국은 너희 안에 있느니라고 말씀하고 있는 것입니다.

이러므로 우리는 연약하지 않습니다. 하나님의 아들이 나타나신바 되었으니 마귀의 일을 멸하려 하심이라 말하신 것입니다. 우리는 하늘나라가 우리 속에 와 있습니다. 우리가 하늘나라 안에 들어와 있는 것입니다. 이것은 종교가 아닙니다. 철학이 아닙니다. 나라와 나라의 전쟁이 십자가에서 일어나서 갈보리 산에서 예수 나라가 마귀의 나라를 정복하고 파괴하고 무장 해제해 버리신 것입니다. 이젠 예수 그리스도의 이름과 그 말씀의 권세와 성령의 권세와 천사의 능력을 의지해서 우리는 가는 곳마다 마귀의 나라를 파괴하고 마귀의 일을 멸하고 하늘나라를 전파하고 하늘나라를 나타내고 하늘나라 속에 들어서 살도록 만드는 것입니다.

그렇기 때문에 성경은 말씀하기를 하나님께서 우리를 흑암의 권세에서 건져내사 그 사랑의 아들나라로 옮기셨노라고 말씀하고 있는 것입니다. 우리는 하나님의 사랑의 아들나라에 들어온 것입니다. 이것은 종교가 아닙니다. 이것은 나라가 바뀌어진 것입니다. 국적이 새로워진 것입니다. 우리는 하늘나라가 우리 속에 와 있고 우리가 하늘나라 안에 들어와 있는 하늘나라 속에서 삽니다.

그러므로 우리는 이제 하늘나라 법칙을 통해서 삽니다. 예수님의 통치를 받으며 성령님의 권세와 천사들의 능력을 의지해서 살아가기 때문에 우리는 당당하게 마귀의 모든 일을 멸하고 살아야 될 것입니다. 성령의 권능으로 마귀 권세를 부수고 날마다 승리하시기를 축원합니다.

3. 예수 안에서 이 땅에 하나님 나라가 이루어진다.

그러면 주님께서는 하나님의 나라는 어떠한 일이 일어나겠다고 선포하셨습니까? 누가복음 4:18-19에 보면 예수께서 나사렛 회당에 오셔서 당신이 세운 나라 가운데 어떤 일이 일어날 것을 말했습니다. 주의 성령이 내게 임하셨으니 이는 가난한 자에게 복음을 전하게 하시려고 내게 기름을 부으시고 나를 보내사 포로된 자에게 자유를 눈먼 자에게 다시 보게 함을 전파하여 눌린 자를 자유케 하고 주의 은혜의 해를 전파하게 하려 하심이라고, 말씀하십니다.

이와 같이 주님께서 지상에 가져온 나라 속에는 이와 같은 자유와 해방과 치료의 역사와 운동이 일어날 것을 말씀하는 것입니다. 그래서 하늘나라의 영역을 자꾸 넓혀가다가 주님 강림하시는 그 날에 주님께서 하늘나라에 다 데리고 올라가시는 것입니다. 이러므로 이 땅에 지금 하늘나라가 임하여서 역사하고 있는 것입니다. 그러면 그 하늘나라의 역사를 우리가 알고 우리 스스로가 그것을 체험하고 그것으로 무장해서 가는 곳마다 마귀의 통치자와 권세를 깨뜨리고 하늘나라의 통치자와 권세를 세워야 되는 것입니다.

하늘나라는 가난한 자에게 영육간의 복음적 좋은 소식이 전해지는 것입니다. 하나님을 버리고 떠난 인간들은 마음에 의도 평강도 희락도 소망도 없었는데 예수를 믿고 하늘나라가 임하자, 그 마음속에 의와 평강과 희락과 영광이 가득하고 믿음, 소망, 사랑이 들어와서 영적인 가난에서 해방됩니다. 영적인 기쁨과 삶의 평안과 의미가 충만하게 됩니다. 그뿐 아니라 가난한 생활에서 해결되는 것입니다. 주님께서 우리에게 가난을 제하시고, 저주를 제거해 버리십니다.

그리고, 하늘나라에서 주님이 예비한 축복 속에 들어와서 살게 하는 것입니다. 아브라함의 축복, 젖과 꿀이 흐르는 가나안 땅을 주님께서 우리에게 주시는 것입니다. 이것은 가난한 자에게 복된 소식을 증거 하는 것이 하늘나라의 역사인 것입니다.

가난과 저주는 하늘나라에는 없습니다. 그것은 마귀와 아담이 만들어 놓은 것이지 하나님이 만든 것은 아닙니다. 또, 포로된 자에게는 자유를 주겠다고 말씀했는데 이 하늘나라의 역사는 자유의 역사인 것입니다.

죄와 마귀의 포로가 된 사람을 따라서 가고, 거짓말을 믿고 따라가고, 더러운 가운데서 마귀가 득실거리는 삶을 살던 인생들에게 하늘나라가 임하여서 저들을 불의에서 의롭게 씻어주시고, 거짓을 제하고, 참 그리스도의 진리를 따라 살게 하고, 그리고, 더러움을 제하여 버리며 득실거리는 마귀와 귀신들을 내 쫓아버리고 거룩하게 성령으로 충만하게 살도록 만들어 주시는 것입니다. 그렇기 때문에 죄와 마귀의 포로에서 해방시키는 것이 하늘나라의 역사인 것입니다.

그리스도를 모시고 하늘나라가 들어오면 알코올 중독자가 고침을 받고, 마약 중독에서 해방을 얻고, 음란하고 방탕한 생활에서 새롭게 되고, 사람이 의와 거룩함과 진리를 따라 살게 변화되는 이유가 그것인 것입니다. 하늘나라는 이와 같은 권세가 그 속에 나타나는 것입니다.

그리고 하늘나라에 들어온 우리들은 하늘나라의 역사로써 눈먼 자가 다시 보게 됩니다. 아담과 하와가 에덴동산에서 지음 받을 때는 영안을 가지고 성부, 성자, 성신 삼위일체인 하나님을 바라보고 하늘나라를 바라보고 동행했습니다마는 그들이 하나님을 반역하고 죄를 짓자 영적으로 죽어버리매 영안을 잃어버렸습니다.

하나님을 바라보지도 못하고 하나님을 알지 못함으로 사람들은 완전히 눈에 보이는 육신의 정욕, 안목의 정욕, 세상자랑만 취하고 육신으로서 부귀, 영화, 공명만 취하여 살다가 죽어버리고 버림받고 마는 것입니다. 오늘날 세상 사람들을 보십시오. 왜 세상 사람이 하나님을 완전히 그들 생애 속에서 쫓아내 버렸습니까?

왜냐하면 하나님을 모르니까, 모르는 하나님을 어떻게 믿습니까? 안 보이는 하나님을 어떻게 믿습니까? 그러므로 그들 생애 속에 하나님을 보는 눈이 없기 때문에 완전히 하나님 없는 물질 중심으로 탐욕 중심으로만 살고 있습니다.

그러나 하늘나라에 들어오면 주의 능력으로 눈이 다시 뜨여지기 시작합니다. 영안이 열려서 하나님을 알게 되는 것입니다. 하나님 아들 예수님을 구주로 깨닫게 되고 성령님의 능력을 깨닫게 됩니다.

힘으로도 되지 아니하고, 능으로도 되지 아니하고, 하나님의 성령으로 되는 것입니다. 이와 같은 성령의 능력이 임하시고, 그리고, 하나님 나라가 임하시는 것입니다. 이와 같이 영적인 눈이 열려지면, 하늘나라를 밝히 깨달아 알 수 있게 되는 것입니다. 물론, 하늘나라에 들어가면 육신의 눈도 밝아지지요. 하늘나라에 들어오면 영안이 밝아져서 영원히 살 수 있도록 천국을 바라보게 만들어 주시는 것입니다.

그리고 하늘나라에는 눌린 자가 자유를 얻습니다. 사도행전 10:38에 보면 하나님이 나사렛 예수에게 성령과 능력을 기름 붓듯 하셨으매 저가 두루 다시시며 선한 일을 행하시고 마귀에게 눌린 모든 자를 고치셨다고 말한 것입니다. 마귀가 눌러서 병이 됩니다. 돌멩이 밑에 눌린 풀은 노랗게 떠갑니다.

돌멩이를 옮겨 버리면 파랗게 살아납니다. 사람들의 심장이 마귀에게 눌리고, 위장이 눌리고, 폐가 눌리고, 몸이 눌리면 심장병, 폐병, 신경통, 온갖 병이 생깁니다.

그러나, 예수 그리스도 나라에 들어오면 하나님의 성령의 능력과 권세로 귀신이 쫓겨나가고 눌린 자가 자유케 되고 하나님의 은혜를 받아서 다 건강하게 되어 버리고 마는 것입니다. 그러므로 하늘나라에는 치료가 동반합니다. 치료가 없는 하늘나라는 하늘나라가 아닌 것입니다.

마지막으로, 주의 은혜의 해가 전파되는 것이 하늘나라인 것입니다. 주의 은혜란 무엇입니까? 은혜란 선물로 받아서 사는 것을 말하는 것입니다. 내가 일하고 수고하고 행위로써 구원받는 것이 아니라, 예수 그리스도께서 십자가에서 날 대신하여 죄를 다 갚아 주셨기 때문에 이제는 선한 행위가 없어도 오직 믿음으로 말미암아 값없이 주님의 신세를 지고 구원을 받는 은혜의 해를 전파하겠다고 말씀한 것입니다.

　이렇기 때문에 오늘날에 와서는 모든 사람들이 열심히 하는 행위가 아니라, 오직 믿음으로 예수를 믿기만 하면 죄 사함을 받고 구원을 얻는 은혜의 해를 우리가 얻게 된 것입니다. 이것이 바로 오늘날 예수 그리스도의 나라 예수 그리스도의 통치자와 권세 속에 들어올 때, 우리 가운데 일어나는 역사인 것입니다. 하늘나라는 말에 있지 아니하고 능력에 있는 것입니다. 하늘나라에 들어오면 가난한 자에게 복된 소식이 전파되고 포로된 자는 자유를 얻고 눌린 자도 해방되고 못 보는 자는 보게 되고 은혜의 해를 얻어 꽃이 피어나는 것입니다.

　진실로 영혼이 잘 됨같이 범사에 잘되며 강건하고 생명을 얻되 넘치게 얻는 것입니다. 이러므로 이것은 종교가 아니요. 철학이 아니요. 형식과 의식이 아닙니다. 우리는 마귀의 통치자와 권세에서 벗어나서 그리스도의 나라 그 통치자와 권세 속에 들어와서, 그리스도의 다스림을 받고, 성령과 말씀과 천사들의 보호를 받으면서 살게 되는 것입니다. 예수님의 권세로 모든 질병과 환란과 고통을 청산하시어 참 평안을 누리시기를 축원합니다.

현재의 세상에는 두 통치자와 권세가 있습니다. 그 첫째는 이미 무너진 통치자와 해제된 무장집단인 마귀의 정부와 권세인 것입니다. 이것들은 아직도 불신앙의 사람들 속에서 게릴라전을 계속하고 있습니다.

둘째가 하나님의 사랑의 아들의 나라인 것입니다. 이 나라의 임금님은 예수님이시고 이 나라의 권세는 말씀과 성령과 천사들인 것입니다. 이 나라는 우리 안에 있고 우리는 이 나라 안에 있습니다. 그 때문에 우리 한 사람 한 사람이 바로 하늘나라입니다. 성령의 능력으로 이 땅에 하늘나라를 이루시기를 축원합니다.

이 땅에 하늘나라를 이루려면 예수 이름의 권능을 사용해야 합니다. 세상의 모든 불합리한 것들을 향해 예수 이름으로 명령하십시오. 내가 예수 이름으로 명하노니 흑암은 물러갈지어다. 가난은 물러갈지어다. 질병은 물러갈지어다. 내가 예수 이름으로 명하노니 흑암은 광명으로 바뀔지어다. 우리 가정에 아브라함의 축복이 임할지어다. 영육이 강건한 축복이 임할지어다.

예수님이 주신 권세를 사용하여 자신과 가정을 천국 만드시기를 바랍니다. 기독교는 살아있는 생명의 종교입니다. 이론으로 천국이 되는 것이 아닙니다. 권능을 사용하여 체험함으로 이루어지는 것입니다. 담대하게 주님이 주신 권능을 사용하여 자신과 가정과 교회와 사업장을 하늘나라 만드시기를 바랍니다.

12장 죄인을 구원하시는 예수님

(요 4:4-10)"사마리아를 통과하여야 하겠는지라 사마리아에 있는 수가라 하는 동네에 이르시니 야곱이 그 아들 요셉에게 준 땅이 가깝고 거기 또 야곱의 우물이 있더라. 예수께서 길 가시다가 피곤하여 우물곁에 그대로 앉으시니 때가 여섯 시쯤 되었더라. 사마리아 여자 한 사람이 물을 길으러 왔으매 예수께서 물을 좀 달라 하시니 이는 제자들이 먹을 것을 사러 그 동네에 들어갔음이러라. 사마리아 여자가 이르되 당신은 유대인으로서 어찌하여 사마리아 여자인 나에게 물을 달라 하나이까 하니 이는 유대인이 사마리아인과 상종하지 아니함 이러라. 예수께서 대답하여 이르시되 네가 만일 하나님의 선물과 또 네게 물 좀 달라 하는 이가 누구인 줄 알았더라면 네가 그에게 구하였을 것이요, 그가 생수를 네게 주었으리라"

예수님을 만나면 죄인이 구원을 받습니다. 예수님을 만나 구원받는 사람들이 많아지기를 소원합니다. 어떤 사람이 자기 친구에게 "이 사람아, 우리 오늘 목욕하러 가자" 그런데 그 친구가 하는 말이 "아냐 나는 몸에 때가 너무 많아서 부끄러워 갈 수가 없어. 때를 좀 씻고 깨끗하게 하고 난 다음에 목욕 가겠다."그러면 뭐라고 그 친구가 대답하겠습니까? "야~ 이 사람아, 때가 있기 때문에 목욕탕에 가는 것이지 때가 없으면 목욕탕에 갈 필요가 없지 않느냐?"그렇게 말할 것입니다. 이것은 비유로 한 말인데"이 사람아 교회 같이 나가자!" "나는 죄가 많아서 교회 나갈 수가 없어." "죄가 있기 때문에 교회 나가는 거야. 죄가 없으면 교회 나갈 필요 없지 않느냐?" 그렇게 말할 수 있는 것입니다. 주님께서 이 세상에 오신 것은 죄인을 불러 구원하러 오신 것입니다.

우리 몸에 때가 있으니까 목욕탕에 가는 것 같이, 우리가 죄인이기 때문에 예수님 앞에 나아와 용서함을 받고 하나님의 자녀가 되는 것입니다. 그러므로 예수님께서는 "나는 의인을 부르러 구원하러 온 것이 아니라 죄인을 불러 구원하러 왔다"고 말씀하신 것을 기억해야 될 것입니다.

1. 의원은 병든 사람에게 필요함

예수님께서 한번은 세관을 지나가는데 세리 마태가 앉아 있는 것을 보시고 세리에게 "나를 따르라!"고 부르셨습니다. 그래서 이 세리 마태가 기뻐서 뛰어나와 예수님을 자기 집에 모시고 식사를 대접하는데 세상이 다 아는 건달들, 죄인들이 함께 모여서 고함을 치고 박수를 치고 웃고 하면서 식사에 참여했습니다. 그러자 예수님을 항상 비난하고 공격하던 바리새교인, 사두개교인, 교법사들이 예수님 제자들을 보고 "쯧쯧쯧. 네 선생 꼬라지 좋다. 세상에 세리 마태하고 저 죄인들, 건달들하고 모여 가지고서 함께 웃고 농담하고 잡담하고 밥 먹고 이것이 네 선생이냐?" 그렇게 말했습니다. 그때 왜 세리를 미워했느냐. 로마가 유대를 다스리기 때문에 세금을 갈취해 갔습니다.

이러므로 로마의 앞잡이가 되어서 유대인 동포들의 삶을 괴롭게 했습니다. 세금을 갈취할 뿐 아니라 자기들 몫도 빼앗아가기 때문에 민족적 원수요, 유대인의 원수였었습니다. 세리를 보면 유대민족은 머리를 흔들었습니다. 그런 세리, 백주 대낮에 마태의 집에 예수님이 가서 건달들하고 같이 식사를 하니까 그렇게 말할 수밖에 없습니다. 마태복음 9장 9절에 "예수께서 그 곳을 떠나 지나가시다가 마태라 하는 사람이 세관에 앉아 있는 것을 보시고 이르시되 나를 따르라 하시니 일어나 따르니라"

"예수께서 마태의 집에서 앉아 음식을 잡수실 때에 많은 세리와 죄인들이 와서 예수와 그의 제자들과 함께 앉았더니 바리새인들이 보고 그의 제자들에게 이르되 어찌하여 너희 선생은 세리와 죄인들과 함께 잡수시느냐"(마 9:10-11)

예수님이 그 말씀을 들으시고 "건강한 자에게는 의사가 소용없고 병든 자에게야 소용이 있다. 내가 세상에 온 것은 의인을 부르러 온 것이 아니라 이와 같은 죄인을 부르러 왔다."성경에 "너희는 가서 내가 긍휼을 원하고 제사를 원하지 아니하노라 하신 뜻이 무엇인지 배우라 나는 의인을 부르러 온 것이 아니요 죄인을 부르러 왔노라 하시니라"(마 9:13) 그렇게 말했습니다. 이것은 호세아서에 있는 말씀인데 하나님은 긍휼을 원하고 율법적인 제사를 원치 않는다는 것입니다.

우리 성경에 보면 한 부자가 두 아들이 있었는데 그 둘째가 아버지 재산을 상속 받아서 집을 떠나 멀리 가서 창기와 탕진해 버리고 만 것입니다. 흉년이 드니까 먹을 것이 없어 거지가 되었습니다. 완전히 남루한 옷을 입고 거지가 되어 올데갈데없으니까 빈손들고 아버지께로 와서 "아버지, 이제 아들이라 일컬음을 받지 못하니 날품팔이로 사용하여 주십시오."그때 아버지가 반기며 그 아들을 끌어 안고 제일 좋은 옷을 갖다 입히고 신발을 신기고 아들 손에 가락지를 끼우고 송아지를 잡아서 이웃 사람을 청해서 잔치를 베풀었습니다. 밤늦게 밭에서 돌아온 형이 그 잔치한 이야기를 듣고 그 사연을 알고 난 다음에 화가 나서 집에 안 들어옵니다.

그래서 아버지가 가서 "얘~ 집에 들어오너라!" "아버지, 아버지의 아들이 아버지의 재산을 가지고 창기와 다 낭비하고 난 다음 저렇게 거지가 되어 돌아왔는데 그를 환영합니까? 나는 지금까지 아버지한테 충성하고 아버지 집을 떠난 적이 없는데 염소 새끼 한 마리라도 주어서 친구와 함께 먹게 안했잖아요." 그러니까 아버지가 "얘, 너는 항상 나와 함께 있으므로 내 것이 다 네 것이다. 저 아이는 죽었다가 살아났으며 잃었다가 얻었으니 우리가 기뻐하고 즐거워하는 것이 마땅하다." 이게 아버지의 마음과 형제의 마음이 다른 것입니다.

아버지의 마음은 탕자가 되어서 탕진가산하고 빈손 들고 오더라도 건강한 몸으로 온 것을 기뻐해서 용서하고 긍휼을 베풉니다만 형제만 되어도 율법을 요구합니다. "마땅히 죄를 받아야지. 마땅히 고통을 당해야지. 왜 고통 없이 받아들이냐?" 그렇게 하는 것입니다. 그런데 우리 하나님께서는 여기 예수님을 통해서 말씀하시기를 "내가 원하는 것은 긍휼을 원하고 제사를 원치 않는다." 는 것입니다. 하나님께서는 우리가 회개하고 돌아와서 용서받고 하나님의 사랑받기를 원하시지 율법으로 치리하시기를 원치 아니한다는 것입니다. 주님은 의인을 부르러 온 것이 아니요 죄인을 부르러 왔다고 말씀하신 것을 우리가 알아야 되는 것입니다. 주님께서 마태와 같은 흉악한 유대인의 원수요 죄인도 구원해서 제자로 삼았었습니다.

2. 사마리아 여인과 예수님의 대화

또한 우리 예수님의 생애를 보면 어느 곳에 가든지 세상이 다 아는 죄인을 찾아가서 복음을 전했습니다. 오늘 읽은 성경에 보면 예수님이 사마리아로 지나가야만 했다고 했습니다. 그냥 지나가는 것이 아니라 사마리아로 지나가야만 했습니다. 강제로 안가면 안 된다는 마음을 가지고 사마리아로 지나가다가 낮 12시에 해가 쨍쨍 비취고 땀이 나고 더운 때 우물가에 앉아서 누구를 기다리십니다. 제자들은 다 밥 사먹으러 시내에 들어갔는데 예수님은 누구를 기다리십니다.

그런데 한 여인이 물동이를 이고 그 물가에 나옵니다. 그 여인은 아침에 물 길러 나오지 않고 저녁에 물 길러 나오지 않습니다. 왜냐하면 사마리아가 다 아는 추한 여자입니다. 여러번 시집을 가고 여러번 남편을 바꾸고 음란하고 방탕한 여자로서 소문났기 때문에 사람들과 같이 교제를 하지 않습니다. 사람과 사귀기를 원치 않기 때문에 그녀는 대낮에 아무도 우물가에 오지 않을 때 물 길러 나오는 것입니다. 바로 예수님이 그 사마리아에서 악명 높은 여자를 기다리고 있는 것입니다. 참으로 우리 하나님의 마음을 이해할 수 없다고 생각하지 않습니까? 그런데 그 여자가 우물물에 와서 물을 기르면서 예수님을 본체만체 합니다. 그 당시에는 유대인들은 사마리아 사람을 이방인으로 취급하고 개 취급을 해서 상대를 안 합니다.

그런데 더구나 여자 죄인에게 예수님께서 "여자여, 나에게 물을 좀 주시오!" 말을 붙이는 것입니다. 그러니까 깜짝 놀라서 "당신은 유대인으로서 어찌 사마리아 여자에게 물을 좀 달라고 합니까?" 예수님께서 "네가 하나님의 선물이 무엇이며 물 좀 달라하는 분이 누군 줄 알았더라면 네가 구하였을 것이요, 내가 생수를 네가 주었으리라" "하하하" 웃으면서 여자가 "이 우물이 얼마나 깊은지 압니까? 우리 조상 야곱이 준 우물로써 그 자녀들이 여기서 다 물을 마셨는데 당신은 물을 풀 두레박도 없고 그릇도 없으면서 무슨 생수를 내게 준다는 말입니까?" 그랬더니 예수께서 말씀하기를 "이 물을 마시면 또 목말라서 또 물 기르러 오지! 그러나 내가 주는 물을 마시면 영원히 솟아나는 생수가 되어서 목마르지 아니하다." 하니까 이 여자의 눈이 둥그레 지면서 "그래요? 그러면 그 물 나도 좀 주시옵소서. 다시 물 길러 오지 않게 하여 주십시오." 주님께서 말을 붙인 것입니다.

주님께서 "그러면 남편을 데리고 함께 오너라!" 그러니까 여자가 고개를 설레설레 흔들면서 "나는 남편이 없어요." "맞았어. 당신은 남편 5명이 있었어. 5번 이혼을 했지. 6번째는 오다가다 우연히 만난 남자하고 살고 있어."여자가 화들짝 놀랐습니다. "아~ 이제 보니까 선지자이시군요? 나의 생애를 환히 들여다보는 선지자시군요?" 그리고 난 다음에는 곧장 종교 예배 처소 논쟁으로 이끌어 갔습니다. 여자가 가로되 "우리 조상들은 이 사마리아산에서 예배를 드릴 때가 있다고 하는데 당신 유대인들은 예루살렘에 가서 예배를 드려야 한다고 하니 어떻게 되는 것입니까?"

"예수께서 이르시되 여자여 내 말을 믿으라 이 산에서도 말고 예루살렘에서도 말고 너희가 아버지께 예배할 때가 이르리라 너희는 알지 못하는 것을 예배하고 우리는 아는 것을 예배하노니 이는 구원이 유대인에게서 남이라 아버지께 참되게 예배하는 자들은 영과 진리로 예배할 때가 오나니 곧 이 때라 아버지께서는 자기에게 이렇게 예배하는 자들을 찾으시느니라 하나님은 영이시니 예배하는 자가 영과 진리로 예배할지니라"(요 4:21-24).

그 말을 들으니까 상당히 어렵단 말입니다. 하나님께 예배하는 것은 의식과 형식이 아니라, 영과 진리로 예배를 드리는 자를 찾는다고 하니까 그 여자가 "아휴 너무 어렵습니다. 우리는 메시아가 온다고 듣고 있는데 그 메시아가 오면 그 그리스도가 우리에게 이 모든 것을 알려 줄 것입니다." 예수님이 그 여자 눈을 똑바로 쳐다보았습니다. "내가 바로 그 그리스도다!" 그러자 성령이 역사해서 이 여자의 눈이 확 열렸습니다. 예수님이 메시아요, 그리스도인 것을 알게 되었습니다. 물동이를 던져 놓고 시내로 뛰어 들어가서 온 동네방네 고함을 쳤습니다.

"나의 생애를 손바닥 들여다보듯이 다 보고 말하는 사람이 와 있는데 이 분이 메시아가 아니냐?" 사마리아 동리 사람들이 떼를 지어 와서 예수님을 만나고 예수님을 붙잡아 며칠 거하시게 하고 예수님 말씀을 듣고 온 사마리아 사람들이 예수님을 믿고 신앙을 가지는 귀한 역사가 일어나게 된 것입니다. 주님께서는 사마리아 에서 제일 손꼽는 죄인을 건져 내어서 그에게 참된 행복을 주신 것입니다. 참된 행복이라는 것은 남편을 바꾼다고 오는 것도 아 니고 집을 바꾼다고 오는 것도 아니고, 물질을 많이 가진다고 오 는 것도 아닌 것입니다. 마음속에 생수를 가져야 되는 것입니다. 이 생수는 예수님 이외에는 줄 수가 없습니다. 예수만이 길이요, 진리요, 생명이기 때문인 것입니다.

빌리 그래함 목사가 그 자서전에 카리비안 섬에 있을 때의 일 화를 기록하고 있습니다. 하루는 그 섬에서 가장 부자인 사람이 빌리 그래함 부부를 점심에 초대했는데 그분은 75세가 되는 노인 이었습니다. 식사 시간에 무엇을 말할 듯 말할 듯 하면서 말을 안 해요. 그러다 식사를 다 마치고 편안히 안락의자에 앉아 가지고 서 그 하는 말이 "빌리 그래함 목사님, 나는 75세요. 카리비안에 서 제일 큰 부자입니다. 멋진 요트가 있어서 어디를 가든지 그 요 트를 타고서 바다 위를 달릴 수가 있으며 자가용 비행기가 있어서 어디든지 날아 갈 수 있고, 자가용 헬리콥터가 있어서 어디든지 갈 수 있지만 나는 도무지 행복하지 않습니다. 마음이 늘 비참합니다. 마음에 고통이 꽉 들어차 있습니다. 이 세상에 물질이 행복을 줄줄 알고 평생 물질 모으려고 애를 썼는데 이렇게 돈이 행복을 주지 못할 줄을 나는 이제야 알았습니다." 그 다음날 오후에 그 지역을 방문하는데 75세 먹은 목사님을 만났습니다.

그 목사님이 빌리 그래함 목사님을 보고 말하기를 "목사님, 저는 제 앞에 단돈 2만원도 없습니다. 그래도 나는 제일 행복한 사람입니다. 예수님이 내 마음에 계시고 내가 예수님을 사람들에게 전도하고 있으니 그 행복과 기쁨은 말로 다 할 수 없습니다." 이렇게 사람은 영의 만족을 누려야 합니다. 그 두 사람 노인이 다 같이 75세였는데 한 사람은 돈은 많이 가지고 자가용 비행기, 헬리콥터에 요트까지 가지고 있으면서도 극히 불행했으나 한 사람은 단돈 2만원도 없으면서도 그 마음속에 기쁨과 행복이 넘친 것은 행복이란 마음(영)에서 넘쳐 나오는 것이지 환경에서 다가오는 것은 아닙니다. 사람을 행복하게 만들기 위해서 아름다운 환경을 꾸며 주는 것은 좋습니다. 환경이 편안하고 안락하고 아름다우면 좋지요.

그러나 그것이 영구적인 행복을 갖다 주지는 못합니다. 영구적인 행복은 마음속에 예수님이 들어와야 되는 것입니다. 왜냐하면 사람은 하나님의 형상과 모양대로 지음을 받았기 때문에 하나님 없이는 도저히 마음아 안정될 수가 없습니다. 사람의 육은 껍데기인데 알맹이인 하나님이 들어오셔야 완전하게 되지 않습니까? 그러므로 알맹이이신 하나님이신 예수님이 우리 마음속에 들어와 계셔야 비로소 마음에 평안과 안정이 있어 밥을 먹고 일을 하고 사업을 해도 기쁘고 즐겁고 가치가 있어지는 것입니다. 예수 없는 삶은 사는 것 같으나 헛사는 것입니다.

이 세상에 많은 사람들은 자신의 환경과 조건에서 삶의 의미와 행복을 구합니다만 참된 행복은 물질이나 돈과 같은 외적인 환경에 있지 않습니다. 예수님은 누가복음 12장 15절에서"삼가 모든 탐심을 물리치라 사람의 생명이 그 소유의 넉넉한 데 있지 아니하니라"말씀하셨습니다. 이 세상에 가지고 있는 소유물이라는 것은 언제고 떠나가는 것입니다. 지나가요. 어제 제가 집에서 나와 우리 교회에 집회를 인도하러 올 때와 돌아갈 때 비가 오고 바람이 불고 싸늘했습니다.

그런데 오늘은 비도 안 오고 바람도 안 불고 춥지도 않습니다. 춥고 바람 불고 비오는 것이 지나갔습니다. 또 다른 날씨가 왔습니다. 인생도 한가지인 것입니다. 인생생활에 춥고 바람 불고 고통스러운 때가 항상 계속 하느냐면 그것은 잠시 있다가 지나가고 또 평안하고 행복하고 좋을 때도 다가오는 것입니다. 그러나 이 세상일은 항상 변화무쌍한 것입니다. 영원한 것은 없습니다.

영원한 것은 오직 하나님의 아들 예수님밖에 없습니다. 예수님의 십자가 구원을 마음속에 받아들이는 사람은 어떠한 형편에 있는지 마음속에 영원히 목마르지 않는 생수의 강이 넘쳐나게 되는 것입니다.

3. 죄인에 대한 주님의 사랑

죄인에 대한 주님의 사랑이란 참 끝이 없습니다. 주님은 누가복음 15장 4절로 7절에 이런 이야기를 하셨습니다. "너희 중에 어떤 사람이 양 백 마리가 있는데 그 중의 하나를 잃으면 아흔아홉 마리를 들에 두고 그 잃은 것을 찾아내기까지 찾아다니지 아니하겠느냐 또 찾아낸즉 즐거워 어깨에 메고 집에 와서 그 벗과 이웃을 불러 모으고 말하되 나와 함께 즐기자 나의 잃은 양을 찾아내었노라 하리라 내가 너희에게 이르노니 이와 같이 죄인 한 사람이 회개하면 하늘에서는 회개할 것 없는 의인 아흔아홉으로 말미암아 기뻐하는 것보다 더하리라"

하나님이 우리에게 이렇게 관심을 가질 수가 있습니까? 이 광막한 우주에 오직 오아시스는 지구밖에 없습니다. 물이 있고 공기가 있고 산천초목이 있고 사람이 사는 지구밖에 오아시스가 없습니다. 여기에 하나님은 사람을 심어 놓고 천국 백성을 기르는 것입니다. 그런데 이 천국 백성이 한 사람이라도 수가 많아지면 하나님은 너무나 기뻐하는 것입니다. 우리 사람은 원래 하나님의 형상과 모양대로 지음받아 타락했기 때문에 하나님을 알지 못하고 죽으면 그 영혼은 사라지지 않습니다. 그 속사람은 지옥으로 떨어집니다. 세상에서도 하나님이 없었는데 저 세상에서도 영원히 하나님이 없는 어둡고 캄캄한 지옥으로 떨어져 가는 것입니다.

그러나 예수 그리스도를 믿고 하나님을 섬기면 이 땅에서도 마음에 빛과 평안을 가질 뿐 아니라 육신을 벗어버릴 때 빛과 평안한 하늘나라로 들어가는 것입니다. 하나님은 더 많은 자손들이 빛과 평안을 얻어서 천국에 들어오기를 원하십니다. 그래서 이 비유를 말씀한 것입니다. 양 100마리를 돌보는 사람이 99마리가 평안하게 우리에 있는데 1마리를 잃었습니다. 아 어지간한 것 같으면 "99마리가 있으니 1마리쯤은 잃어버려도 상관없다. 잊어버리자!" 그렇게 할 것 아닙니까? 혹시 1마리 찾으러 갔다가 99마리를 우리에서 도둑놈이 와서 훔쳐 가면 어떻게 합니까?

그럼에도 불구하고 99마리로써 만족을 할 수가 없다는 것입니다. 99마리가 우리에 있으니 그대로 두고 1마리를 찾아 산과 들로 헤매다가 찾으면 그를 목에 걸치고 기뻐 돌아와서 친구들을 불러 모아 잔치를 베풀고 잃었던 양을 찾았다고 즐거워한다는 것입니다. 바로 우리 한 사람이 회개하고 돌아오면 하나님이 그렇게 기뻐하신다는 것입니다. 하나님이 뭘 가지고 기뻐하시겠습니까? 회개하고 주님께 두손 들고 돌아오는 사람을 기뻐하시는 것입니다. 내가 잘났다. 내 힘으로 살 수 있다. 내 힘으로 할 수 있다고 자랑하는 사람 하나님이 좋아하십니까? 아닙니다. 깨어지고 회개하고 천부여 의지 없어서 손들고 옵니다. 주님께 의지하고 나오는 사람을 하나님은 기뻐하시고 즐거워하시고 그 죄를 용서하시고 구원하여 주시는 것입니다. 누가복음 19장 10절에 "인자가 온 것은 잃어버린 자를 찾아 구원하려 함이니라"왔다고 말한 것입니다.

예수님이 온 것은 잃어버린 자를 구원하러 오셨습니다. 잘 믿고 하나님 잘 섬기는 사람을 찾으러 오지 않았습니다. 잃어버린 자, 하나님도 모르고 천국도 모르고 버림받은 자, 잃어버린 자 이런 사람을 예수님은 찾으러 오셨다고 한 것입니다. 예수님께서 십자가에 못 박히신 것 보십시오. 어지간하면 십자가에서 주님이 내려오셨을 것입니다. 얼마나 고통스럽습니까? 이 세상의 사람을 죽이는데 가장 흉악한 형틀이 십자가인 것입니다. 양손과 양발에 대못을 박고 높이 공중에 매달아 놓는데 얼마나 고통스럽습니까? 빈혈이 되고, 탈수가 되고, 몸의 고통과 괴로움은 극에 달하는 것입니다. 주님께서 내려올 수 있었습니다. 그런 유혹을 또 했습니다. 밑에 있는 사람들이 "네가 하나님의 아들이거든 십자가에서 내려오라. 그러면 우리가 믿겠노라." 옆에 있는 강도도 "네가 하나님의 아들이냐? 그러면 우리를 십자가에서 내려오게 하라!"

그러나 예수님은 끝까지 그 말에 귀를 기울이지 않으셨습니다. 잃어버린 우리의 양무리를 구원하기 위해서 그 죄를 대신 갚아야 되기 때문에 우리에 대한 사랑이 자기 고통보다 너무나 컸기 때문에 그 억센 고통을 몸부림 치고 참으시면서 그는 십자가에서 내려오지 않으셨습니다. 예수님의 고통이 극에 달하셨을 때 주님께서는 "하나님이여! 하나님이여! 어찌하여 나를 버리셨나이까?" 바로 하나님의 품안에 있는 예수님인데도 불구하고 너무나 고통스럽고 괴로우시니까 "아! 하나님이 날 버리셨다. 이제 나는 나조차 하나님께 버림받았다." 그러한 고통을 당하면서도 그는 십자가에서 내려오시기를 거부했습니다. 그 결과로 오늘 우리가 죄 사함을 받고 구원을 받게 된 것입니다.

우리는 그 은혜를 인하여 믿음으로 말미암아 구원을 얻었나니 이것이 우리에게서 난 것이 아니요 하나님의 선물입니다. 행위에서 난 것이 아니니 아무도 자랑할 것이 없습니다. "아, 내가 좋은 일을 많이 해서 선하고 착한 일을 많이 해서 정의로워서 구원 받았다."웃기는 소리하지 마십시오. 우리의 죄가 얼마나 큰데 그것으로 갚을 수가 있습니까? 죄의 빚에 비교하면 아무것도 아니지요. 예수님이 생명을 바쳐야 우리 죄의 빚을 갚을 정도로 우리 죄가 심각한데 예수님이 생명을 바쳐서 그 피로써 우리 죄를 청산한 그 이외에는 우리의 죄를 청산할 수가 없고 하나님은 이 예수 보혈로 우리에게 구원을 선물로 주시고 오직 우리는 믿음으로 받아들이기만 하면 되는 것입니다.

마태복음 18장 14절에 "이와 같이 이 작은 자 중의 하나라도 잃는 것은 하늘에 계신 너희 아버지의 뜻이 아니니라"작은 자 어린 아이라도 잃어버리는 것은 하나님의 뜻이 아닙니다. 모든 사람이 다 예수를 믿고 구원에 이르기를 하나님이 원하시는 것입니다. 목자는 양을 찾아 기쁨이 넘치는 것처럼 하나님은 하늘나라에서 예수를 믿고 구원받아 나오는 사람을 인해서 기뻐하시고 즐거워하시는 것입니다.

누가복음 15장 7절에 "내가 너희에게 이르노니 이와 같이 죄인한 사람이 회개하면 하늘에서는 회개할 것 없는 의인 아흔아홉으로 말미암아 기뻐하는 것보다 더하리라" 하나님이 기뻐하신다니 이 얼마나 즐거운 일인 것입니까? 그러면 당신이 하나님을 기쁘시게 하려면 나가서 전도하는 것입니다. 전도하므로 하나님이 얼마나 기뻐하시겠습니까? 한 사람의 마음속에 진실로 그리스도가 들어와서 구원을 베풀면 그 구원은 누룩과 같이 퍼져 나가는 것입니다. 전파되어 나가는 것입니다. 그러므로 한 사람이 더 구원을 받고 한 사람이 더 예수를 믿게 되면 하나님이 얼마나 기뻐하시고 박수를 치고 너털웃음을 웃으시고 즐거워하시는 것입니다. 그러므로 "나만 구원 받았으면 되었지 뭐 다른 사람에게 구태여 전도하려고 애쓸 필요가 있느냐?" 그렇게 하면 안 되는 것입니다.

누가복음 15장 10절에 "내가 너희에게 이르노니 이와 같이 죄인 한 사람이 회개하면 하나님의 사자들 앞에 기쁨이 되느니라"고 말했었습니다. 몇 년 전에 고고학계를 흥분시키며 세계가 떠들썩했던 사건이 있었습니다. 이집트의 한 무덤에서 원형이 거의 훼손되지 않은 미라 한 구가 나왔는데 그 미라는 3천 년된 미라입니다. 바짝 마른 미라인데 3천 년이 되었는데 그 손에 씨앗이 잡혀 있습니다. 그 씨앗이 3천 년 동안 미라의 손에서 바짝 말랐습니다. 그래서 학자들이 "이 씨앗이 과연 살아 있느냐? 없느냐?" 여러 가지 토론을 했습니다. 그러니까 외국의 농부 한 사람이 "그것 토론할 필요 어디 있느냐? 심어보면 알지 않느냐? 심어서 물주고 햇빛 비춰 보면 알지 않느냐?" 그래서 그것을 심어서 물을 주고 햇빛을 비춰니까 3천년 동안 미라의 손에 말라있던 그 씨가 70%가 다 싹이 나서 돋아났어요. 물을 주지 않고 햇빛을 비취지 않으니까 말라빠져 있었지 물을 주고 햇빛을 주니까 생명이 있었습니다.

우리 인생들도 그리스도가 햇빛처럼 비추고 성령의 생명력이 오지 아니하면 말라서 죽어 있더라도 예수 그리스도가 빛을 비취고 성령의 생수가 들어오면 다 살아 일어나게 되는 것입니다. 3천 년 동안 죽은 미라의 손에 있었던 씨앗에서 생명의 싹이 나올 수 있다면 하나님 아버지께서 우리 한 사람 한 사람이 예수를 믿고 마음에 빛을 받아들이고 성령의 생수를 받아서 살아 일어난 것을 보고 얼마나 기뻐하고 즐거워하지 않겠습니까?

과거, 중국에 전도를 많이 하는'송전도'라는 사람이 있었습니다. 그 사람의 이름이 송전도가 아니라 하도 예수 믿고 천당 가라고 외치기 때문에 사람들이 그 사람 이름을'송전도'라고 불렀습니다. 그런데 그가 딸 둘, 아들 하나를 낳고 젊은 나이에 세상을 떴습니다. 사람들이 다 애도했습니다. 안타까워했습니다. 그런데 하나님이 얼마나 기뻐하시는지 보십시오. 하나님이 아버지도 없는 고아가 된 자녀들을 축복해서 그 큰 딸인 송경령은 중국의 국부라고 부르는 손문 선생의 부인이 되었습니다.

그리고 작은딸 송미령은 장개석 총통의 부인이 되었습니다. 그리고 그의 아들인 송자문은 재정장관이 되어 한 때 송전도의 자녀 3남매가 중국 전역을 통치했다고 합니다. 하나님이 얼마나 기뻐하셔서 그 자녀들에게 복을 주셨습니까? 당신이 이웃을 전도하여 구원하면 하나님이 기뻐하신 것만큼 자녀들에게 축복으로 돌려주시는 것입니다.

그러므로 우리의 수고는 절대로 헛되지 않습니다. 사람이 무엇으로 심든지 그대로 거두게 되는 것입니다. 하나님의 기쁨을 위해서 심으면 하나님이 축복으로 거두시고 하나님의 진노를 심으면 나중에 형벌로 거두게 되는 것입니다. 전도하는 것이 하나님이 얼마나 기뻐하는 것인지 모릅니다. 전도를 많이 해서 영혼 구원에 힘쓴 사람은 천국의 상급이 클 뿐 아니라 이 땅에 사는 동안에도 하나님의 은혜가 넘쳐나는 것입니다.

13장 말씀으로 치유하시는 예수님

(마 8:10-13)"예수께서 들으시고 놀랍게 여겨 따르는 자들에게 이르시되 내가 진실로 너희에게 이르노니 이스라엘 중 아무에게서도 이만한 믿음을 보지 못하였노라. 또 너희에게 이르노니 동서로부터 많은 사람이 이르러 아브라함과 이삭과 야곱과 함께 천국에 앉으려니와 그 나라의 본 자손들은 바깥 어두운 데 쫓겨나 거기서 울며 이를 갈게 되리라. 예수께서 백부장에게 이르시되 가라 네 믿은 대로 될지어다 하시니 그 즉시 하인이 나으니라"

예수님은 말씀으로 치유하시는 분입니다. 본문에 보면 유대 땅에서 예수님의 사역을 감시하고 있던 로마 백부장의 이야기가 있습니다. 로마의 군인들은 끊임없이 유대 땅을 감시하고 있었으며, 그 가운데 더구나 예수님이 나타나셔서 대 군중을 이끌고 다니시며, 혹시 반역을 일으키지 않을까 싶어서 조금도 눈을 떼지 않고 예수님 감시를 게을리 하지 않았습니다. 그런데 백부장이 가만히 예수님을 끊임없이 감시를 하고 보니깐 이 예수님은 민족주의자도 아니요, 반역자도 아니며, 그는 하나님의 아들인 것을 느끼게 되었습니다.

가는 곳마다 죄인의 죄를 용서하시고, 병든 자를 고치시고, 귀신을 좇아내시고, 하나님의 기사와 이적을 내는 것을 보게 될 때, 비록 이방인인 로마의 백부장이라도 마음에 깊은 감동을 느겼습니다. "이 분은 보통 사람이 아니다. 이분은 하나님의 아들이시다." 그런데 자기 집 하인이 심히 병들었습니다. 중풍이 걸려서 쓰러졌는데 백방으로 약을 쓰고 노력을 해도 낫지를 않습니다. 그래서 예수님이 자기의 지역에 온다는 말을 듣고 그는 곧장 나가서 예수님께 간청을 했습니다. "주여 내 하인이 병들어 죽게 되었으니 와서 고쳐 주옵소서" 또 많은 유대인 장로들이 이 백부장을 도와주는 것이 좋습니다.

이 백부장은 우리 민족을 사랑하고 우리를 위해서 성전도 지은 사람입니다. 그러니깐 예수님이 가서 고쳐 주셔야 합니다, 하니깐 백부장이 하는 말이 나는 주님을 감히 모실 자격이 없고 주님이 우리 집에 들어오실 수도 없습니다. 말씀만 하시옵소서, 그러면 내 종이 낫겠사옵나이다. 저도 남의 수하에 있고 내 밑에도 군사가 있으니 내가 가라면 가고 오라면 오고 내 종들은 하라고 하면 하나이다. 예수님이 이 말을 듣고 놀랐습니다. 어떻게 감히 이방 군인인 로마의 백부장이 이처럼 예수 그리스도를 하나님의 아들로서 절대 주권과 권세를 가진 것을 인정 하는가… 이스라엘 백성 중에도 이만한 믿음을 발견할 수 없다. 그렇게 하시고 네 믿은대로 될지어다. 하니 즉시로 하인이 나았습니다.

여기에 로마 백부장이 예수님이 하나님 아들 되는 절대 주권과 권세를 알고 그를 인정했다는 것이 놀랍지만은 또 예수님께서 말씀만 하옵소서. 그러면 내 종이 낫겠나이다. 한 그 말의 깊은 의미가 있습니다. 말씀만 하옵소서. 왜냐하면 하나님께서 바로 말씀이시기 때문인 것입니다. 말씀만 하시면 모든 것이 이루어지기 때문인 것입니다.

1. 하나님은 말씀으로 천지와 만물을 지으셨다.

오늘날 사람들은 하나님이 눈에도 안 보이니 어디에 계시나? 옛날에 소련의 처음 인공위성을 타고 간 가가린이란 사람이 말하기를 인공위성을 타고 공중에 올라가 보니깐 하나님도 없고 천사도 없더라고 말했습니다. 인간의 육신의 눈으로 볼 수 있는 하나님이 아니시고 육신의 손으로 만질 수 있는 그런 유한된 하나님이 아니신 것입니다. 하나님은 영이시라 예배하는 자가 영과 진리로 예배할지라, 했는데 영이신 하나님을 인간의 육체의 눈으로 볼 수 없는 것입니다.

그러나 하나님이 계신 증거는 이 우주에 꽉 들어차 있습니다. 모래사장에 사람의 발자취가 나 있습니다. 그러면 우리가 그 모래사장에 가서 사람의 발자취를 보고 여기에 사람이 있었구나, 그렇게 말합니다. 어떻게 사람이 있었던 것을 아느냐, 그것은 사람의 발자취가 모래사장에 나와 있기 때문에 사람을 못 보아도 사람이 있었던 것을 알 수 있는 것입니다.

우리는 공룡을 본 적이 없습니다. 그림이나 그려진 것을 보았지, 공룡은 이 지상에서 멸종된 동물이기 때문에 본적이 없습니다. 그러나 공룡이 없다고 하는 사람은 없습니다. 왜? 공룡의 발자취가 있기 때문인 것입니다. 한반도의 공룡 화석도 보면 전국에 60여 곳이 있습니다.

경남, 경북, 서해안 일대에는 더구나 고성에는 공룡의 발자취가 7천 개나 있습니다. 그러면 공룡은 지상에서 사라지고 우리가 볼 수 없지만은 공룡의 발자취가 뚜렷이 눈앞에 있는 것을 보게 될 때에 공룡은 있었다는 것을 증명할 수 있는 것입니다. 하물며 우주에 발자취가 얼마나 충만합니까?

우리가 소속하여 있는 이 태양계는 은하 성좌에 속하는데 이 은하 성좌에만 하더라도 별이 2억 개나 있습니다. 2억 개나 가지고 있는 이 우리 태양계가 소속하는 은하 성좌와 같은 이러한 은하계가 우주에 또다시 2억 개 이상 있다고 말합니다. 이 모든 것이 하나님의 솜씨요, 발자취인 것입니다. 하나님은 눈으로 보지 못했지만 하나님이 이 무수한 발자취를 보고도 우리가 하나님이 계시지 않다고 말하면 이 사람은 어리석기 짝이 없는 사람인 것입니다. 하나님께서는 말씀만으로 천지를 창조하셨습니다.

히브리서 11장 3절에"믿음으로 모든 세계가 하나님의 말씀으로 지어진 줄을 우리가 아나니 보이는 것은 나타난 것으로 말미암아 된 것이 아니니라"우리 보이는 것이 물질적으로 이루어지는데 물질로 된 것이 아니라 눈에 안 보이는 하나님의 말씀으로 되었다고 말씀하셨습니다.

성경에 보면 하나님이 첫째 날에 말씀하셨어요. 빛이 있으라, 하시니 빛이 생겨났습니다. 둘째 날에 궁창이 생겨나서 하늘 위의 물과 하늘 아래의 물로 나뉘어져라. 그대로 되었습니다. 셋째 날에 뭍과 풀과 씨 맺는 채소 가진 열매 맺은 과목이 생겨나라고 하니깐 뭍이 드러나고 그대로 되었습니다. 넷째 날에 해와 달과 별들이 생겨나라고 말씀하시자 주의 말씀대로 나타났습니다. 다섯째 날에 물고기와 물에 사는 생물과 공중에 새들이 나타나라고 하니깐 그대로 되었습니다. 여섯째 날에 육축과 기는 것과 땅의 짐승이 생겨나라고 할 때 그대로 다 이루어진 것입니다. 하나님이 사람을 지으셨을 때는 친히 손으로 당신의 형상과 모양대로 사람을 만들고 생기를 불어넣으니 사람이 되었다고 말한 것입니다.

베드로후서 3장 7절에 "이제 하늘과 땅은 그 동일한 말씀으로 불사르기 위하여 간수하신바 되어 경건치 아니한 사람들의 심판과 멸망의 날까지 보존하여 두신 것이니라"고 말씀하셨으니 우주를 창조할 때도 말씀으로 창조하셨는데 심판하실 때도 말씀 한마디로 불로써 멸하겠다고 말씀하신 것입니다. 우리가 구약성경에 보면 하나님께서 하나님의 종 모세를 통해서 대언의 말씀으로 모든 기사와 이적을 행하신 것입니다.

출애굽기 4장 15절에 "너는 그에게 말하고 그 입에 말을 주라 내가 네 입과 그의 입에 함께 있어서 너의 행할 일을 가르치리라" 사람의 입술에 말씀을 주셔서 사람이 하나님을 대신해서 말씀할 때에 그 말씀이 기적을 행하시도록 하셨습니다. 모세를 통하여 애굽에 내려가서 지팡이로 하수를 치라 그러면 피가 되리라고 말씀하셨습니다. 그 말씀대로 모세가 지팡이로 하수를 치니깐 하수가 피가 되었습니다.

또한 말씀으로 온 애굽 천지에 개구리가 가득하게 하라고 하니 모세가 말하매 온 애굽 천지에 개구리가 가득하였습니다. 또 지팡이로 땅 티끌을 치라고 해서 치니깐 온 티끌이 다 이가 되었습니다. 이런 기적이 생겼습니다. 또 파리 떼가 온 애굽에 가득하라고 할 때에 온 애굽 천지에 파리 떼가 가득하게 생겼습니다. 또 생축이 악질에 걸려 죽으라고 할 때 온 애굽의 짐승들에게 악질이 생겨서 죽었습니다.

또 사람과 짐승에 독종이 생겨나라고 할 때 그 말대로 모든 사람에게 독종이 생겨나서 피가 나고 고통을 당하고 죽고 했습니다. 우박이 쏟아지라고 할 때에 하늘에 벽력이 치고 비가 쏟아지고 우박이 내리고 불이 내렸습니다. 메뚜기가 생겨나라고 할 때 메뚜기가 애굽에 내려서 있는 것을 다 먹어 버렸습니다. 하늘을 향해 손을 들어 흑암이 임하게 하니깐 애굽 온 천지에 사흘동안 흑암이 들어차서 해가 뜨지 않았습니다.

그리고 난 다음에는 유월절 기적을 일으켰습니다. 어린양의 피를 문설주에 바른 것은 그 집에 장자가 죽지 않고 피를 바르지 않은 애굽 사람의 집에는 짐승과 사람의 장자가 다 죽을 것이라고 했는데 그대로 되었습니다. 천지와 만물을 창조하신 하나님은 처음엔 직접 말씀하셨으나 그 외에는 하나님의 종 모세를 통하여 또 왕이나 선지자나 제사장을 통해서 대언으로 말씀하셨습니다. 그 말씀할 때에 하나님의 놀라운 기사와 이적이 나타난 것입니다. 그러므로 말씀의 위력이 얼마나 큰지 우리가 알아야 합니다.

신명기 4장 34절에서 36절에 "어떤 신이 와서 시험과 이적과 기사와 전쟁과 강한 손과 편 팔과 크게 두려운 일로 한 민족을 다른 민족에게서 인도하여 낸 일이 있느냐 이는 다 너희 하나님 여호와께서 애굽에서 너희를 위하여 너희의 목전에서 행하신 일이라 이것을 네게 나타내심은 여호와는 하나님이시요 그 외에는 다른 신이 없음을 네게 알게 하려 하심이니라 여호와께서 너를 교훈 하시려고 하늘에서부터 그 음성을 너로 듣게 하시며 땅에서 는 그 큰 불을 네게 보이시고 너로 불 가운데서 나오는 그 말씀을 듣게 하셨느니라" 이처럼 하나님은 친히 말씀하시든지 대언의 말씀을 주셔서 말씀하시든지 말씀을 통하여 놀라운 기사와 이적을 행하신 것입니다.

2.하나님의 말씀만을 의지한 예수님

예수님이 2천 년 전에 오셨을 때도 예수님의 사역은 전혀 말씀에 의해서 하셨지 다른 어떠한 수단과 방법으로 하시지 않았습니다. 성경은 바로 예수 그리스도가 하나님의 말씀이라고 하셨습니다. 히브리서 1장 1절에서 2절에 "옛적에 선지자들로 여러 부분과 여러 모양으로 우리 조상들에게 말씀하신 하나님이 이 모든 날 마지막에 아들로 우리에게 말씀하셨으니 이 아들을 만유의 후사(後嗣)로 세우시고 또 저로 말미암아 모든 세계를 지으셨느니라" 그 하나님께서는 여러 부분과 여러 모양으로 왕과 제사장과 선지자를 통해서 말씀하신 하나님은 이 마지막 때는 예수님 아들을 보내서 예수님을 통해서 말씀하셨습니다. 예수님은 바로 그 자신이 하나님의 말씀이십니다.

요한복음 1장 1절에서 3절에 "태초에 말씀이 계시니라 이 말씀이 하나님과 함께 계셨으니 이 말씀은 곧 하나님이시니라. 그가 태초에 하나님과 함께 계셨고 만물이 그로 말미암아 지은바 되었으니 지은 것이 하나도 그가 없이는 된 것이 없느니라" 예수님, 하나님의 말씀을 통해서 하나님께서는 만물을 지으셨습니다. 하나님은 예수님을 통해서 옛날에도 말씀하시고 지금도 말씀하시지요. 요한복음 1장 14절에 "말씀이 육신이 되어 우리 가운데 거하시매 우리가 그 영광을 보니 아버지의 독생자의 영광이요 은혜와 진리가 충만하더라" 예수님은 바로 하나님이시요. 말씀이 육신이 되신 것입니다.

그러므로 예수님은 그 말씀을 통해서 모든 사역을 한 것입니다. 예수님이 말씀하시매 물이 변하여 포도주가 되었습니다. 물이 예수님께서 말씀하시매 포도주로 변해서 잔치 집에 위기를 면하게 하셨습니다. 예수님이 말씀하시매 병이 낫고 귀신이 쫓겨 나갔습니다. 중풍 병자가 짐을 헐고 침상에 매달린 채 내려오매 예수님이 말씀하셨습니다. 소자여 안심하라 네가 죄사함을 받았느니라. 그 다음 네 침상을 들고 집으로 돌아가라 하니깐 그대로 되었습니다. 말씀대로 된 것입니다.

마태복음 8장 16절에"저물매 사람들이 귀신 들린 자를 많이 데리고 예수께 오거늘 예수께서 말씀으로 귀신들을 쫓아내시고 병든 자를 다 고치시니"라고 말씀하셨습니다.

누가복음 4장 36절에"다 놀라 서로 말하여 가로되 이 어떠한 말씀인가 권세와 능력으로 더러운 귀신을 명하매 나가는도다 하더라"권세와 능력의 말씀이십니다. 예수님께서 풍랑이 이는 바다의 배에서 주무시다가 제자들이 깨우매 즉시로 바람과 파도를 꾸짖었으시니 거대한 파도와 바람이 예수님의 말씀 한마디로 잠잠했습니다. 수많은 군중들에게 주님은 보리떡 다섯 개와 물고기 두 마리를 말씀으로 축사하시고 떼어 주시니깐 남자만 오천 명 부녀자 기만 명이 먹고도 열두 바구니가 남았습니다. 회당장의 딸이 죽었을 때 주님께서 다가옵니다. 가라 일어나라 하니 죽은 딸이 일어났습니다.

나인 성 과부의 아들이 죽어서 상여를 메고 가면서 엄마나 비통하게 울고 가니깐 주님께서 그 상여를 중지시키고 관 뚜껑을 열라, 그리고 죽은 시체를 보고 청년아 일어나라 청년이 일어나고 말았습니다. 장례식이 기쁨의 행렬이 되었습니다. 나사로가 죽은지 나흘이 되어 썩어 냄새가 나는 데도 불구하고 예수님이 무덤 문을 옮겨 놓고 나사로야 나오라고 했습니다. 죽은 나사로가 온 몸을 수의로 동인 채 나왔습니다. 말씀의 위대한 능력으로 예수님께서는 사역하셨습니다.

그래서 이 백부장이 그리스도의 위대한 역사를 보고서 예수님이 우리 집에 직접 오실 이유가 없다. 예수님은 하늘과 땅을 지으신 하나님이요, 하나님의 아들이신데 그 권세와 위엄이 온 우주에 가득하니 내 밑에 있는 군사보고 가라면 가고 오라면 오지 내가 끌고 다닐 필요 없잖아요, 종들 보고 이것을 하라고 하면 하는 것처럼, 모든 만물이 예수님의 종이니 예수님께서 말씀만

하면 됐지 오실 필요가 없다고 이 백부장은 이 예수님의 권세와 말씀을 인정했습니다. 권세는 말씀으로써 역사하는 것입니다.

3. 예수님 말씀만 하시옵소서.

우리들도 이 백부장과 같이 주님께 나왔을 때 해야 될 일이 무엇입니까? 주님 찾아와 주시옵소서. 주님 나타나시옵소서. 주님 보여 주시옵소서. 그렇게 해야 되겠습니까? 아닙니다. 이 백부장처럼, 주님은 하늘과 땅과 세계와 그 가운데 모든 것을 지으시고 다스리시는 절대 주권자요, 주권자는 말씀 한마디로만 이루어짐으로 주여, 말씀하여 주시옵소서. 우리가 주님께 부탁을 해야 할 것입니다. 오늘날 우리들은 감각을 통하여 하나님 아버지와 예수님을 체험할 수는 없지만은 하나님의 말씀인 성경을 가지고 있습니다.

이 성경은 일반적인 말씀인 것입니다. 이 성경은 차별 없이 이 세상에 사는 모든 사람에게 주어진 책입니다. 성경을 통하여 우리는 하나님에 대한 지식도 알고 하나님이 일반 인생에 대한 뜻도 깨달을 수가 있는 것입니다.

요한복음 5장 39절에 "너희가 성경에서 영생을 얻는 줄 생각하고 성경을 상고(詳考)하거니와 이 성경이 곧 내게 대하여 증거하는 것이로다"라고 말씀했고, 디모데후서 3장 15절에 "또 네가 어려서부터 성경을 알았나니 성경은 능히 너로 하여금 그리스도 예수 안에 있는 믿음으로 말미암아 구원에 이르는 지혜가 있게 하느니라"말했습니다. 그러므로 성경은 온 천하 만민에게 공평하게 주어주신 하나님의 말씀으로 이 성경을 통하여 하나님에 대한 것을 알고 하나님의 뜻을 알고 구원에 대한 지식을 알 수 있는 것입니다.

그러나 우리에게 가져오는 기적, 우리의 삶 속에 기적을 체험하는 것은 개인적인 말씀을 받아야 하는 것입니다. 일반적인 말씀은 지식을 얻을 수 있고 뜻을 알 수 있지만은 내 생애 속에 하나님의 역사가 다가오는 것은 백부장처럼 주여 말씀을 주시옵소서. 말씀으로만 하시옵소서. 내게 말씀하시면 역사하겠나이다. 그러므로 일반적인 말씀과 내게 주어진 특별한 개인적인 말씀하고 차별이 있습니다. 내가 성경을 다 안다고 해서 하나님의 기적이 일어나는 것은 아닙니다. 성경을 다 알고 하나님에 대한 신학적인 지식을 다 알고, 뜻을 다 안다고 하더라도 내게 기적이 일어나지는 않습니다. 나는 하나님이 내게 하나님의 뜻을 쫓아 특별히 말씀해 주기를 간구해서 하나님의 말씀을 받아야 하는 것입니다.

베드로가 깊은 곳에 가서 그물을 던져 고기를 잡았습니다. 베드로가 깊은 곳에 가서 그물을 던져 고기 많이 잡는 것을 보니 우리 다 깊은 곳으로 들어가자. 깊은 곳에 들어가서 그물을 던져 다 잡자. 던져도 아무것도 안 잡힙니다. 베드로가 깊은 곳에 가서 그물을 던진 이유는 주님이 말씀하셨기 때문인 것입니다. "깊은 곳에 가서 그물을 던져 고기를 잡으라." 이것은 일반적인 말씀이 아니라 베드로에게 특별히 주신 말씀인 것입니다. 베드로와 제자들이 풍랑 있는 바다를 괴롭게 배를 저어 가다가 밤 사경에 물 위로 걸어오는 것을 보고 "주시면 나를 물 위로 걸어오게 하소서." 주님이 오라고 했습니다.

베드로가 배에서 내려 물 위로 걸어갔습니다. 왜냐 주님이 베드로에게 말씀하셨습니다. 예수님이 물 위로 걸어오라고 하셨습니다. 그러나 베드로처럼 다른 사람들이 물 위로 걸어오면 다 빠져 죽어요. 왜? 베드로는 주님의 개인적인 말씀을 받았기 때문인 것입니다. "믿음은 들음에서 나며 들음은 그리스도의 말씀으로 말미암느니라" 그리스도가 직접 말씀하시는 말씀을 들어야 믿음이 생겨나는 것입니다.

성경은 일반적인 모든 사람에게 주신 책으로써 하나님의 대한 지식을 알고 하나님에 대한 뜻을 아는 책이지만 오늘날도 우리가 직접적인 믿음의 역사를 가지려면 성경을 통해서 성령이 우리에게 직접 말씀을 해야 하는 것입니다.

성경 사도행전을 보면 제사장 스게와의 일곱 아들이 귀신들린 자를 갖다 놓고 난 다음에 말했습니다. 바울이 전하는 예수 그리스도의 이름에 의지해서 네게 명하노니 귀신아 나와라. 귀신이 하는 말이 "예수도 내가 알고 바울도 내가 아는데 너는 누구냐?" 그냥 덮치매 일곱 아들이 다 혼비백산하고 옷이 다 찢겨서 발가벗고 도망을 쳤습니다. 왜? 바울은 주님의 직접적인 명령을 듣고 주님의 권세를 받아 개인적인 권세를 받아서 귀신을 쫓아냈지만 스게와의 제사장은 바울이 말한 것 그냥 인용해서 했지, 예수를 주인으로 영접하지 않고, 성령으로 레마를 받지 못하기 때문에 귀신이 순종할리가 없는 것입니다.

그러면 어떻게 하면 개인적인 말씀을 받을 수가 있을까요? 이것은 굉장히 중요합니다. 우리가 개인적인 주의 말씀을 받으면 오늘날도 주께서 놀라운 역사를 베푸시는데 어떻게 개인적인 말씀을 받을까요? 먼저 성경을 통하여 일반적인 하나님의 뜻을 알아야 합니다. 하나님의 뜻은 하나님이 누구신지를 말씀을 통해서 알아야 되고, 말씀을 삶에 적용하므로 살아계신 하나님을 체험해야 합니다. 하나님은 살아 역사하시기 때문입니다. 일반적으로 창세기부터 계시록까지 말씀을 읽고, 설교를 들어서 하나님의 뜻을 알고, 우리가 하나님의 뜻대로 구해야 하나님이 응답을 해주시지, 하나님의 뜻에 어긋난 곳에 말씀을 주옵소서. 레마의 말씀을 주옵소서 해봤자 소용이 없습니다.

우리가 성경을 읽고서 병 고치는 것이 하나님의 뜻인 줄 알기 때문에 "아버지여! 내게 치료의 말씀을 주옵소서. 병 고치는 것이 아버지의 뜻이오니 내게 치료의 말씀을 주옵소서." 주님께 부르짖어 기도하면 어느 날 말씀 속에 "네 병이 나았느니라.'" 치료의 말씀을 주십니다.

뜻을 알고 기도해야 말씀을 받을 수 있지 뜻을 모르고 기도해서야 말씀을 받을 수 있나요? 주 예수를 믿으라. 그리하면 너와 네 집이 구원을 얻으리라고 하므로 우리 남편을 구원하여 주시옵소서. 구원받는 것이 뜻이라고 하니깐… 간절히 부르짖어 기도할 때 어느 날 하나님께서 이제 안심하라 내 남편이 구원 받았느니라. 그러면 말씀을 받았습니다. 그 때로부터 남편이 변화 받기 시작한 것입니다.

그러므로 우리가 성경 말씀을 통해서 먼저 하나님의 뜻을 알아야 우리에게 개인적으로 주는 말씀을 구할 수가 있는 것입니다. 그리고 난 다음에는 하나님의 뜻이 개인적으로 임하시기까지 간구하며 기다려야 되는 것입니다. 하나님의 말씀을 알고 하나님의 뜻을 알았는데 내게도 하나님의 말씀을 주시기 위해서는 내가 구해야지요. 구하라 주실 것이요, 찾으라 찾을 것이요, 문을 두드리라 그러면 열릴 것이라고 하셨으므로 주님께 나와서 구해야 합니다. 우리가 무시로 하는 개인기도, 새벽기도, 혹은 철야기도, 금식 기도하면서 주여, 말씀을 주옵소서. 이 백부장처럼 주여 말씀하여 주옵소서. 내가 구원받는 것이 하나님의 뜻이니 구원의 말씀을 주옵소서. 주여 치료받는 것이 하나님의 뜻이니 치료의 말씀을 내게 주옵소서. 주님이시여 복을 받는 것이 하나님의 뜻이니 축복의 말씀을 주옵소서. 말씀을 기다리며 간구해야만 되는 것입니다. 기다리며 간구하지 않는 사람에게 주님이 주시지 않습니다.

그리고는 성령님의 감동을 구해야 합니다. 오늘날 아버지 하나님과 예수님은 성령님의 감동을 통해서 우리에게 말씀하시는 것이기 때문에 우리가 성령 충만하고 성령님을 인정하고 환영하고 모셔 드리고 의지하며 보혜사 성령이여 아버지 하나님과 우리 주 예수 그리스도의 뜻을 쫓아 내게 말씀하여 주시옵소서. 우리가 성령은 우리에게 종종 꿈을 통해서 개인적으로 말씀할 때가 많이 있습니다. 야곱이 단풍나무 신풍나무 가죽을 얼룩덜룩하게 벗겨서 짐승들 앞에 놓고 새끼를 가질 때 얼룩 덜룩이를 갖게 한 것도 야곱은 꿈을 꾸었습니다. 꿈을 꾸어서 개인적으로 말씀해 주신 것입니다. 그리고 요셉도 하나님의 꿈을 통해서 요셉에게 말씀하여 주셨습니다.

오늘날도 성령께서 우리에게 확실하게 꿈을 통하여 마음속에 레마, 즉 개인적인 말씀을 주실 때가 있습니다. 또 환상을 통해서 성령께서 우리에게 말씀하실 때가 있는 것입니다. 바울은 드로와에서 기도할 때 환상이 나타나서 마게도냐인이 여기에 와서 우리를 도우라. 하나님의 말씀이 환상을 통해서 바울에게 임했습니다. 베드로는 피장 시몬의 집에서 점심때에 옥상에 올라가서 기도할 때 하늘에서 보자기가 내려오면서 짐승들을 보내면서 잡아먹으라고, 그리고 그 짐승들이 이방인을 상징하는 것입니다.

고넬료 가정에서 온 병사들이 와서 문을 두드리고 베드로를 찾을 때에 성령께서 두려워말고 따라가라고 하셨습니다. 환상을 통해서 말씀하신 것입니다. 오늘날도 전처럼 우리에게 환상을 통해서 말씀하는 경우가 드물지만, 그러나 요사이도 하나님은 환상을 통해서 우리에게 말씀하실 때가 있습니다. 가장 주로 많은 말씀을 하시는 것은 마음에 고요한 음성을 통해서 말씀하여 주시는 것입니다. 기도를 하고 있는데 마음에 뜨거워지면서 마음에 말씀이 임하시는 것입니다. 저는 기도할 때 마음에 하나님의 지식과 총명이 마음에 머무심을 종종 체험합니다. 간절히 기도하는데 마음이 뜨거워지면서 마음속에 내가 생각지도 않은 하나님의 말씀이 마음속에 임하는 것입니다.

엘리야가 호렙산 바위 굴속에 들어가서 기도할 때에 큰 바람이 지나가도 하나님이 안 계시고, 큰 지진이 일어나는데도 하나님이 계시지 않고, 불이 지나가는데도 하나님이 계시지 않는데, 그 다음에는 세미한 음성이 와서 엘리야야 네가 여기서 무엇을 하느냐, 하나님의 음성이 들려왔습니다. 이처럼 세미한 음성으로 하나님이 말씀하실 때가 있습니다.

그리고 특별히 교회에 와서 설교 들을 때에 하나님의 말씀이 내 마음속에 와 닿습니다. 저것은 내게 하는 말씀이다. 엠마오로 가던 제자가 예수 그리스도께서 말씀하실 때에 그대로 마음이 뜨거워졌다고 말했습니다. 우리에게 말씀하시고 우리에게 성경을 풀어 주실 때 우리 속에서 마음이 뜨겁지 아니하냐고 말했습니다. 주일날 교회에 와서 말씀을 들을 때에 마음이 뜨거워지면 하나님이 자신에게 말씀하시는 것입니다. 그냥 한 쪽 귀로 듣고 한 쪽 귀로 흘려보낸 것은 그것은 아니지요. 내 마음에 기쁜 감동과 함께 뜨거워지면 그 설교를 통해서 하나님이 내게 말씀해 주시는 것입니다. 또한 예언의 말씀을 통해서 우리에게 말씀합니다. 종종 예언이 나오잖아요. 예언을 통해서 하나님이 우리에게 직접 말씀합니다.

예레미야 23장 29절에 "나 여호와가 말하노라 내 말이 불같지 아니하냐 반석을 쳐서 부스러뜨리는 방망이 같지 아니하냐" 예언의 말씀이 내게 해당된 것처럼 마음이 불같고 바위를 깨뜨리는 반석 위를 깨뜨리는 이 방망이 같이 충격을 가지고 다가오는 것입니다.

그 다음에 가장 일반적으로 하나님의 말씀이 많은 것은 믿음의 확신을 통해서 나타나는 것입니다. 마음에 늘 의심이 꽉 들어차고 흔들흔들 했는데 기도하고 난 다음에 하나님의 말씀이 확신으로 내 마음속에 임하는 것입니다. 조금도 두려워하지 않고 큰 평안과 믿음이 내 영혼을 부여 잡을 때에 하나님의 말씀이 임하신 것입니다. 그러므로 말씀이 임하시면 기적이 임하시게 되는 것입니다.

누가복음 1장 37절에 "대저 하나님의 모든 말씀은 능치 못하심이 없느니라" 그래서 우리가 죄에서 놓여남 받기 위해서 기도할 때에 하나님이 놓여남을 받았느니라는 말씀이오면 어떠한 죄에서도 놓여남 받습니다. 세상에 술 취함과 방탕함과 도박과 악한 습관에 묶여서 고생한 사람도 거기에 놓여남 받기 위해서 기도할 때에 하나님이 말씀(레마)을 주시면 순식간에 놓여남을 받습니다. 성령이 감동하는 말씀(레마)를 듣고 행할 때 질병에서도 치료받고 가난에서도 레마의 말씀을 받고 행하면 자유를 얻게 되고 마음의 평안과 확신도 말씀을 받고 행하면 평안과 확신이 임하게 되는 것입니다.

히브리서 4장 12절에 "하나님의 말씀은 살았고 운동력이 있어 좌우에 날선 어떤 검보다도 예리하여 혼과 영과 및 관절과 골수를 찔러 쪼개기까지 하며 또 마음의 생각과 뜻을 감찰하나니"라고 말씀하셨습니다. 그러므로 우리는 기록된 말씀의 토대위에 성령이 살아있는 현재 내 마음속에 들리는 말씀으로 해 주시기를 기대해야 되는 것입니다. 기록된 로고스가 아니라 내 귀에 들려오는 '레마'를 받아야 하는 것입니다.

레마를 듣고 그대로 말하고 행동할 때 역사가 일어나는 것입니다. 구약의 기적과 예수님과 제자들이 행한 응답과 기적은 모두 다 하나님의 살아 계시고 직접 주신 말씀을 믿고 행할 때 이루어진 것입니다. 기록된 책을 보고 한 것이 아니라, 하나님의 살아 계시고 항상 있는 말씀을 주심으로 임한 말씀(레마)을 예수 이름으로 선포할 때 역사하는 것입니다

지금 우리는 기록된 말씀인 성경을 가지고 있습니다. 그러나 오늘날도 말씀을 간구하는 자에게는 성령께서 성경의 말씀을 살아있는 말씀으로 우리 개인의 심령에 말씀을 해 주시는 것입니다. 기록된 옛날의 말씀이 아니라, 성령께서 이 말씀을 가지고 현재 살아 있는 말씀으로 우리 영혼 속에 말씀을 주시는 것입니다. 오직 기록된 말씀이 살아 있는 말씀으로 성령께서 우리 개인에게 직접 주신 말씀을 예수 이름으로 선포할 때에 오늘날에도 위대한 기적과 응답을 체험하게 되는 것입니다.

이러므로 우리는 하나님의 말씀을 통해서 우리에게 찾아오시고 말씀 가운데서 우리에게 나타나시는 말씀을 간구해서 백부장처럼 말씀을 주옵소서. 말씀으로만 하옵소서. 간구할 때에 오늘날도 주님께서는 우리에게 여러 부분과 여러 모양으로 말씀을 주시고 이 말씀을 예수 이름으로 선포할 때 자유와 해방과 승리와 영광을 체험할 수가 있는 것입니다.

14장 말의 권세로 치유하시는 예수님

(마 8:5-10)"예수께서 가버나움에 들어가시니 한 백부장이 나아와 간구하여 이르되 주여 내 하인이 중풍병으로 집에 누워 몹시 괴로워하나이다. 이르시되 내가 가서 고쳐 주리라. 백부장이 대답하여 이르되 주여 내 집에 들어오심을 나는 감당하지 못하겠사오니 다만 말씀으로만 하옵소서 그러면 내 하인이 낫겠사옵나이다. 나도 남의 수하에 있는 사람이요 내 아래에도 군사가 있으니 이더러 가라 하면 가고 저더러 오라 하면 오고 내 종더러 이것을 하라 하면 하나이다. 예수께서 들으시고 놀랍게 여겨 따르는 자들에게 이르시되 내가 진실로 너희에게 이르노니 이스라엘 중 아무에게서도 이만한 믿음을 보지 못하였노라"

권세 있는 사람과 힘이 센 사람은 다릅니다. 권세는 지위에 따라 오는 것이고 힘은 체력을 통해 오는 것입니다. 간단한 예를 들어본다면 교통순경은 육체적으로는 연약해서 힘이 없지만 정부가 주는 교통순경이 갖는 권세가 있습니다. 그러나 큰 덤프트럭은 힘은 굉장히 세지만 아주 체력이 약한 교통순경이 호루라기를 불어 손가락으로 가리키면 정지해야 합니다. 이는 힘은 권세에 복종해야 한다는 것을 잘 보여주는 예입니다. 권세와 힘은 똑같은 능력이지만 권세는 힘을 다스리는 것입니다. 오늘 읽은 성경 말씀에서 이에 대한 놀라운 이야기가 있습니다. 예수님께서 한 동네에 계신데 이탈리아의 백부장, 요즘으로 말하면 대위정도 되는 사람이 주님께 나와 무릎을 꿇고 엎드려 구했습니다. "내 종이 중풍으로 심히 앓고 고생하오니 와서 도와주소서" 예수님께서 "내가 가서 도와주리라"

그러자 백부장은 "아닙니다. 주께서 우리 지붕 밑에 오시는 것도 우리는 감당할 수 없습니다. 주님께서 말씀 한 마디만 하옵소서. 그러면 내 하인이 낫겠나이다. 나도 로마 시저 황제의 권세 아래 있는 사람이요 그 권세에 의지하여 나도 권세가 있으므로 내 밑의 병졸에게 이리로 가라하면 가고 오라 하면 오며 이것을 하라하면 하나이다." 이 말을 듣고 예수님께서 감탄하셨습니다. "이 어찌된 일인가 이 이방인처럼 권세에 대한 이해를 갖고 믿음을 가진 자가 있겠는가" 그리고 그 자리에서 그 하인을 고쳐주셨습니다.

예수님은 여기에서 인간의 믿음이란 것은 그 배후에 권세가 있어야 활용될 수 있다는 것을 보여주셨습니다. 권세에 대해 잘 이해하지 못하면 믿음의 역사는 일어날 수 없습니다. 이 백부장은 예수님이 바로 하나님이시오, 하나님의 아들이시므로 우주를 다스리고 변화시키시는 절대 권세가 있으므로 그 권세자의 말씀 한마디면 모든 것이 다 이루어진다는 것을 알고 있었습니다. 그러므로 이 시간에 우리 성도들이 권세를 잘 이해하면 위대한 신앙생활의 길을 걸어갈 수 있습니다. 권능있는 성도로서 하나님의 군사가 될 수가 있습니다. 성도는 하나님의 마음에 합하여 하나님에게 귀하게 쓰임을 받아야 합니다.

1. 권세란 무엇인가.

권세의 근원은 우주의 절대 주권자이신 하나님께로부터 출발하는 것입니다. 하나님께서는 말씀 한마디로 천지와 만물을 지으셨고 지금도 그 하나님의 손위에 온 세계와 만유가 존재하는 것입니다. 과거, 현재, 미래도 하나님의 권세 밖에서는 움직여질 수 없습니다. 그러므로 절대적으로 모든 권세는 하나님께로부터 출발하는 것입니다. 물론 하나님의 권세에 도전한 원수 마귀가 있습니다. 마귀는 하나님과 동등 되려고 하다가 쫓겨나 루시퍼를 따르는 사자들과 함께 마귀와 귀신들이 되었습니다. 하나님의 형상과 모양대로 지음 받은 아담과 하와도 하나님과 동등 되고자 하는 마귀의 꾐을 받아 하나님을 반역했다가 하나님께로부터 쫓겨나서 타락한 그 후손이 오늘날도 하나님의 권세를 인정하지 않고 하나님의 권세에서 벗어나 인본주의, 인간중심으로 살려고 하는 것입니다.

그들은 마귀도 사람도 하나님의 권세에서 벗어났다고 생각하지만 실상은 그렇지 않습니다. 하나님은 일정기간동안 그들 마음대로 자행자족 하도록 허락해 놓으셨을 뿐입니다. 그러나 그 기한이 차면 하나님께서 일어나셔서 그 권세로 처참하게 심판하실 것입니다. 마귀와 그 사자는 영원히 불과 유황으로 타는 못에 던져질 것이요, 그를 따르는 사람들도 모두 버림받아 불과 유황으로 타는 못에 심판을 받아 영원히 버림받게 될 것입니다. 우리가 보는 이 세상의 권세라는 것은 하나님께 출처가 있는 것입니다.

로마서 13장 1절로 2절에"각 사람은 위에 있는 권세들에게 복종하라 권세는 하나님으로부터 나지 않음이 없나니 모든 권세는 다 하나님께서 정하신 바라. 그러므로 권세를 거스르는 자는 하나님의 명을 거스름이니 거스르는 자들은 심판을 자취하리라"고 하셨습니다.

하나님께서는 이 세상의 권세는 올바르든 그르든 간에 하나님의 허락 없이는 존재할 수 없다는 사실을 보여주고 있습니다. 그러므로 우리 예수님을 믿는 사람들이 하나님을 의지할 때 마음의 평안을 얻을 수 있습니다. 이는 우리를 위하는 권세뿐 아니라, 우리를 도적질하고 죽이고 멸망시키려는 악한 권세라도 하나님의 허락 없이는 조금도 움직일 수 없다는 것을 알기 때문입니다. 우리가 하나님을 의지하면 악의 권세가 우리를 멸할 수 없다는 것을 잘 알기 때문입니다.

다니엘서 4장 17절에"이는 순찰자들의 명령대로요 거룩한 자들의 말대로이니 지극히 높으신 이가 사람의 나라를 다스리시며 자기의 뜻대로 그것을 누구에게든지 주시며 또 지극히 천한 자를 그 위에 세우시는 줄을 사람들이 알게 하려 함이라 하였느니라"고 하셨습니다.

하나님께서는 인간 나라는 궁극적으로 하나님께서 다스리신다는 것을 보여주셨습니다. 역사의 알파요 오메가요 처음과 나중이요, 시작과 끝이신 하나님의 손에 있는 것이요. 이 세상 모든 권세와 권세의 보좌는 하나님께서 주장하셔서 하나님께서 한 사람을 권세의 자리에 앉게도 하시고 폐하시기도 하십니다. 또 지극히 천한 자를 일으켜 권세 있는 자리에 앉게도 하시는 것은 하나님께서 친히 역사 하시는 일이라는 것을 성경은 분명히 보여주고 있습니다. 그렇기 때문에 우리가 권세라고 말하는 것의 모든 근원은 하나님인 것입니다. 선한 권세도 악한 권세도 하나님께로부터 말미암는 것입니다.

2. 우리 크리스천의 권세는 무엇일까.

예수를 믿는 사람들은 어떤 권세를 가지고 있을까요? 요한복음 1장 12절에 보면 "영접하는 자 곧 그 이름을 믿는 자들에게는 하나님의 자녀가 되는 권세를 주셨으니"라고 기록되어 있습니다. 우리는 그러므로 예수님을 믿자마자 권세 있는 자들인 것입니다. 저의 집안에 태어난 사람은 저의 집안에 있는 모든 것을 누릴 수 있는 권한이 있습니다. 저의 자녀들이 우리 집에서 제가 다스리는 모든 것을 누릴 수 있는 권세를 가지고 있습니다.

우리가 예수를 구주로 믿고 하나님의 자녀로 태어나면 하나님께서 주신 그 은총의 세계 속에서 하나님께서 예비하신 모든 축복을 누릴 수 있는 권세를 갖게 되는 것입니다. 우리는 하나님의 품안에서 태어났고 하나님께서 예비하신 것을 누릴 수 있는 권세와 특권을 가지고 태어났다는 것을 알아야 합니다. 그리고 우리는 권세 있는 위치를 가지고 태어났습니다.

에베소서 2장 4절로 6절에 "긍휼이 풍성하신 하나님이 우리를 사랑하신 그 큰 사랑을 인하여 허물로 죽은 우리를 그리스도와 함께 살리셨고 (너희는 은혜로 구원을 받은 것이라) 또 함께 일으키사 그리스도 예수 안에서 함께 하늘에 앉히시니"고 하셨습니다. 그러므로 우리는 지금 충만한 교회에 예배드리러 와서 앉아있지만, 예수 그리스도 안에서 볼 때 우리는 이미 하늘로 승천해서 하나님의 보좌 우편에 앉아있는 것입니다.

하나님의 집에 그 보좌 우편에 예수님과 함께 앉아있는 자리에 있으니 우리의 지위가 얼마나 높은지를 알아야 합니다. 우리의 지위는 마귀의 그것보다 높으며 모든 천군과 천사보다 높습니다. 우리는 하나님의 친자녀로서 하나님의 생명이요. 성품이신 영생을 우리 속에 모시고 있고, 하나님의 신이신 성령을 우리 속에 모시고 있어서, 하나님을 향해 아바 아버지라고 부를 수 있다는 사실을 알아야 합니다.

우리 크리스천들은 권세 있는 하나님의 자녀로 태어났고 권세 있는 자리에 앉아있습니다. 그러나 이 권세는 하나님께서 우리에게 관리하라는 차원에서 주신 것입니다. 이 권세는 우리 속에서 자생적으로 나온 권세가 아니라, 관리자의 신분인 우리에게 하나님께서 맡기신 권세인 것입니다. 그래서 우리는 백부장의 고백을 귀를 기울여 잘 들어봐야 합니다. 그는 "저는 권세가 있습니다. 그러나 내가 남의 수하에 있어 로마 시저황제의 권세에 복종하고 있기 때문에 나도 그 권세를 이어받아 그 권세를 활용할 수 있어서 내 밑에 있는 병졸보고 가라하면 가고 오라하면 옵니다."하고 말했습니다.

우리의 권세라는 것은 하나님의 권세 하에 있는 권세입니다. 우리의 권세는 자생적으로 생겨서 우리 맘대로 쓸 수 있는 권세가 아닙니다. 내가 절대 주권자이신 우리 하나님께 마음을 다하고 뜻을 다하고 정성, 목숨을 다하여 절대 순종하고 의지하고 믿고 나갈 때 하나님께서 우리에게 맡기신 권세를 사용할 수 있는 것입니다.

그러므로 하나님의 뜻을 반역하고 자행자적 하면서 하나님께서 주신 권세를 사용하려고 해봤자 이 사람은 권세를 사용할 수 없습니다. 성경 사도행전에서 볼 수 있듯이 스케바의 대제사장의 아들들이 귀신을 쫓아낸다고 사도 바울이 증거하는 대로"나사렛 예수의 이름으로 명하노니 귀신아 나가라"하고 외쳤습니다. 그 사람 속에 있던 귀신이 외쳐 말하기를"예수도 내가 알고 바울도 내가 알지만 도대체 너는 누구냐"하고는 덤벼들어서 그들의 옷을 찢고 할켜 상처를 입히니 그들이 혼비백산하여 벌거벗고 도망쳤습니다.

예수님께서는 절대주권자의 권세를 가지고 계시며 바울은 예수 그리스도의 권세에 순복하고 있기 때문에 예수님의 대행자, 관리자로서 권세를 가지고 있었고 마귀도 그것을 인정했습니다. 그러나 하나님도, 예수도 구주로 믿지 않은 스케바의 대제사장의 아들들은 권세 있는 체 행동했지만 마귀에게 인정받지 못했습니다.

그러므로 우리가 하나님께 받은 그 권세를 능력 있게 사용하기 위해서는 우리의 죄를 고백하고 우리의 불순종을 모두 자백한 후 영과 마음과 몸을 다해 주님 발 앞에 엎드려 주님 중심으로 살고 순종하며 살아야 합니다.

그리고 나서 우리는 하나님의 뜻을 집행하는 권세를 사용할 수 있습니다. 이 성경 창세기부터 요한계시록까지 하나님께서 우리에게 알려주신 그 뜻을 집행하게 될 때 우리는 하나님께서 주신 권세를 당당히 사용할 수 있는 것입니다. 그러면 권세를 어떻게 사용할까요? 권세는 위엄 있게 명하고 실천하는 것입니다.

예수님께서 권세를 사용하신 모습을 보십시오. 갈릴리 바다에 파도가 일어서 배가 물속으로 완전히 침몰될 위기에 있었을 때 제자들이 깨우니 예수님께서 일어나셨습니다. 예수님께서는 그 바람과 파도를 보고 권세 있게 말씀하셨습니다. "바람아 잠잠하라, 파도야 잠잠하라" 그 권세 있는 말에 바람과 파도가 잠잠해졌습니다. 그 명령을 보십시오. 얼마나 위대합니까?

나사로가 죽은 지 나흘이 되어 썩은 냄새가 났습니다. 마리아와 마르다가 무덤의 문을 옮겨놓자 예수님은 그 썩은 냄새가 나는 무덤 앞에서 권세 있는 명령을 하셨습니다. "나사로야 나오라" 그러자 죽은 지 나흘이 지난 나사로가 온 몸에 수의를 감은 채 걸어서 나왔습니다. 권세와 능력을 가지고 신앙생활을 한다는 것은 우리가 어떤 사건에 처했을 때 예수님의 이름으로 권세 있게 명령을 하여 사용 한다는 것입니다. 우리는 오랫동안 권세에 대한 것을 이해하지 못하고 있었기 때문에 항상 간구하고 빌고 우는 신앙밖에는 발전시키지 못했습니다.

어떠한 일에도 늘 울고 빌었습니다. 권세 있는 사람은 그렇게 빌고 울지 않습니다. 권세 있는 사람은 자신의 위치와 권세를 안후에는 가슴을 펴고 당당하게 권세 있는 명령을 하는 것입니다.

그러므로 우리가 예수님 안에서 권세 있는 신앙생활을 하려고 할 때는 원수 마귀를 향해서 당당히 "나사렛 예수 그리스도의 이름으로 명하노니 이 사람에게서 나가라"고 명할 수 있어야 할 것입니다. 우리가 우리의 병을 향해서도 "내가 네게 명하노니 예수이름으로 이 몸에서 떠나가라"고 권세 있게 명령할 수 있어야 합니다. 하나님께서 우리에게 주신 이 권세를 우리는 사용해야 합니다. 이 권세를 사용하는 사람은 자기 생활 가운데 영혼이 잘 됨같이 범사에 잘되며 강건하고 생명을 얻되 넘치게 얻는 승리와 풍요와 부요의 삶을 가져올 수 있는 것입니다.

오늘날 너무 많은 신자들이 권세를 상실하고 자신이 권세를 가지고 있는 것조차 알지 못하여 하나님께서 자신에게 주신 것조차 찾아 누리지 못하는 비극적인 상황 속에 살고 있습니다. 저는 오늘 이렇게 말합니다. 우리에게 위대한 권세가 주어져 있다는 사실을 알게 되시기를 주님의 이름으로 축원 드립니다.

3. 크리스천이 행사할 수 있는 권세의 한계

크리스천이 행사할 수 있는 권세의 한계를 우리는 알아야겠습니다. 우리는 하나님과 같은 절대 주권을 행사할 수는 없습니다. 하나님의 권세 앞에 순복해서 하나님께서 우리에게 제한해 주신 그 범위 안에서 우리의 권세를 사용 할 수 있는 것입니다. 하나님 안에서 권세를 사용할 수가 있다는 것입니다. 그러면 하나님께서는 우리에게 어떤 권세를 사용할 수 있게 해주셨을까요? 하나님은 예수 그리스도를 보내주셔서 우리를 대신하여 십자가에서 몸 찢고 피 흘려 죽으심으로 값을 주고 우리를 모든 절망에서 구출해주셨습니다. 그래서 예수 그리스도의 피 값을 주고 우리를 사주신 그 내에서 우리는 권세를 활용할 수 있습니다. 우리가 백화점에 가서 물건을 골랐을 때 부모님이 그 물건 값을 지불해 주시면 우리는 권세 있고 당당하게 그 물건을 가지고 갑니다.

이와 같이 하나님께서 예수 그리스도를 통해 대속해 주신 그 한도 내에서 우리는 단단한 권세를 사용할 줄 알아야 합니다. 그러면 어떤 것을 주님께서는 주셨을까요? 먼저 주님은 죄를 다스리는 권세를 우리에게 주셨습니다.

성경 창세기 4장 7절에 "네가 선을 행하면 어찌 낯을 들지 못하겠느냐 선을 행하지 아니하면 죄가 문에 엎드려 있느니라 죄가 너를 원하나 너는 죄를 다스릴지니라"고 기록되어 있습니다. 오늘날 사람들은 죄가 너무 강해서 저는 도저히 어찌할 수가 없다고 말합니다. 그러나 하나님께서는 가인에게 말씀하시기를 "죄가 네 문 앞에 엎드리고 죄가 너를 사로잡으려고 간절히 소원할 것이나 너는 죄를 다스릴지니라"고 하셨습니다.

우리에게는 원래부터 죄를 다스리고 살 수 있는 권세가 주어졌습니다. 여기에 플러스하여 예수님은 십자가에서 우리의 과거, 현재, 미래의 죄과를 다 도말 하셨을 뿐 아니라 죄의 권세를 당신의 몸으로 격파하셨습니다.

그러므로 우리는 예수님을 믿는 자녀들로서 죄를 다스릴 권세를 가지고 있음을 알아야 합니다. 다스리는 자가 다스림을 받는 사람 앞에서 "제발 명령 좀 들어줘요, 빕니다"라고 한다면 그는 권세자가 아니라 거지입니다. 우리가 권세자이면 강하고 담대하게 죄가 우리를 유혹할 때 나사렛 예수의 이름으로 명하노니 이 탐욕의 죄야 물러가라, 음란의 죄야 내게서 떠나가라, 방종의 죄야 내게서 물러가라 하고 우리가 다스려야 합니다. 오늘날 신자들이 죄를 다스리지 못하고 죄 앞에서 벌벌 떨고만 있어서는 결코 안 될 것입니다.

그리고 우리는 귀신을 쫓아 낼 수 있는 권세를 가지고 있습니다. 누가복음 10장 17절로 19절에 보면 "칠십 인이 기뻐하며 돌아와 이르되 주여 주의 이름이면 귀신들도 우리에게 항복하더이다. 예수께서 이르시되 사탄이 하늘로부터 번개 같이 떨어지는 것을 내가 보았노라. 내가 너희에게 뱀과 전갈을 밟으며 원수의 모든 능력을 제어할 권능을 주었으니 너희를 해칠 자가 결코 없으리라"고 하셨습니다. 여기에서 원수 마귀는 능력과 힘을 가지고 있습니다. 그러나 우리는 권세를 가지고 있습니다. 마귀는 막강한 타락한 천사의 힘을 가지고 있기 때문에 힘으론 대적하여 이길 수 없습니다.

그러나 우리는 권세를 가지고 있기 때문에 마귀에게 '나가주세요' 하고 사정하지 말고 "나사렛 예수 이름으로 명하노니 너희 원수 귀신아 묶음을 받아라, 떠나가라"하고 단호히 권세 있게 명령하는 우리가 되시기를 주님의 이름으로 소원합니다.

어느 집사님이 신앙 생활하다가 열이 나고 다리가 아파서 병원에 가서 진단을 받으니 골수암이라고 했습니다. 그는 골수암에 걸렸다는 말을 듣고 너무나 충격을 받았습니다. 그러나 하나님 암에 걸려서 감사합니다. 하나님 내가 신앙생활을 열심히 하지 않아서 암에 걸렸으니 감사합니다. 그래서 회개하게 해주시니 감사합니다. 암에 걸렸다고 원망하지 않고 오히려 회개할 기회를 주신 하나님께 눈물로 그는 감사를 드렸었습니다.

그런 다음 항암 치료를 받고 기도하면서 한쪽 다리를 잘랐습니다. 그래도 그는 말했습니다. "그래도 한다리만 잘랐으니 하나님 감사합니다. 두 다리 다 잘랐으면 어떻게 하겠습니까? 한 다리는 잘랐으나 크러치(crutch - 목발)를 짚고라도 다른 한 다리로 걸을 수 있으니 감사합니다."그 다음 엑스레이를 찍으니 암이 폐로 전이되어 의사가 고개를 흔들며 손댈 수 없으니 가라고 했습니다. 목발을 짚고 집에 왔습니다. 그는 하나님께 기도했습니다."하나님 골수암만 걸린 것이 아니라 폐암까지 걸렸으니 감사합니다." 몸이 너무 아파 누워있는데 자꾸 감사를 드리니까 하나님 성령께서 말씀을 하십니다."이 사람아 병의 70% 이상이 귀신이 가져왔으니 이제부터 내 이름으로 귀신에게 명령하여 질병 귀신을 몰아내라! 너는 왕 같은 제사장이다. 예수 이름으로 귀신을 물리쳐라!"그렇게 말씀하시거든요. 마음에 믿음의 확신이 왔습니다. 그래서 그는 일어나서 "나사렛 예수 이름으로 명하노니 암귀신아 물러가라! 물러가라! 물러가라! 물러가라! 땀을 흘리고 계속해서 고함쳤습니다. 그러자 온 전신이 사시나무 떨 듯이 떨리더니 폐에서 뭔가 공기처럼 확확 튀어 나왔습니다." "아 암귀신이 떠나갔구나."

그리고 일어나 앉으니 몸이 날아갈 듯이 상쾌하고 기분이 좋았습니다. 병원에 다시 가서 CT촬영을 하니 의사들이 깜짝 놀랐습니다. 골수암도 폐암도 온데간데없이 사라지고 깨끗하게 나아 버리고 말은 것입니다. 하나님이 우리를 만들 때 왕 같은 제사장으로 만들었어요. 마귀를 다스리고 마귀가 가져온 것을 다스릴 수 있는 왕으로 만든 것입니다. 귀신을 제어할 권세를 주셨습니다. 이 사람은 불치의 병에 걸렸을지라도 원망 불평하지 않고 믿음을 가지고 감사하고 있으니 하나님이 권세를 깨닫게 해주신 것입니다. "야 이 사람아! 왕이니 너에게 온 이 귀신을 쫓아내라!"그는 말씀대로 믿고 하나님이 주신 권세를 활용하여 암 귀신을 쫓아내고 건강을 얻을 수가 있게 된 것입니다. 그리스도인은 이와 같은 권세가 모두에게 있습니다. 권세를 사용하여 원수 귀신을 몰아내는 모두가 되시기를 바랍니다.

우리는 또 병을 고치는 권세를 가지고 있습니다. 예수님께서 우리의 병을 다 청산해 버리셨기 때문입니다. 저가 우리 연약한 것을 친히 담당하시고 병을 짊어지고 가셨기 때문에 우리는 이제 병을 보고 무릎을 꿇어 쩔쩔 맬 필요가 없습니다. 권세와 위엄을 가지고 '예수께서 채찍에 맞으심으로 이미 나음을 입었다, 이미 십자가에서 해결되어 버렸다. 나사렛 예수의 이름으로 명하노니 너희 병은 내 몸에서 묶음을 놓아라. 사람의 몸에서 떠나가라'하고 권세 있게 명령할 수 있는 것입니다.

또 나아가서 우리는 저주를 물리치는 권세가 있습니다. 예수님께서 가시관을 쓰셔서 아담과 하와가 초래한 가시와 엉겅퀴를 피를 흘려 청산하셨습니다. 예수님께서 십자가를 짊어지심으로 말미암아 율법의 모든 저주로부터 우리의 대가를 지불하고 속량해 버리셨습니다. 이제 우리는 이제 값으로 산바 되었으며, 저주의 세계에서 살 것이 아니라, 주님께서 예비하신 젖과 꿀이 흐르는 가나안에서 살 수 있게 된 것입니다.

이것을 안 이상 저주가 우리에게 폭풍우처럼 밀려올 때 숙명적으로 그것을 받아들여 그것에 복종하여 벌벌 떨지 말아야 합니다. 반대로 저주를 향해 정면으로 나가서"나사렛 예수이름으로 명하노니 너희 저주는 묶음을 받으라. 우리 가족, 사업체에서 묶음을 받으라. 너희 모든 저주는 이 시간에 모두 물러가고 떠나갈지어다" 하고 단호히 저주를 물리치는 권세를 활용할 줄 알아야 할 것입니다.

우리는 또 천국에 들어갈 수 있는 권세가 있습니다. 예수께서 십자가에서 우리의 죄악을 속량해 버리셨기 때문에 우리는 이제 사망이 와도 겁나지 않습니다. 바울 선생은 "사망아 너의 속이는 것이 어디 있느냐 사망아 너를 이기는 것이 어디 있느냐 올 테면 와 보라"라고 말했습니다. 바울 선생은 권세 있게 사망에 대처했습니다.

우리는 이제 죽음이 겁나지 않습니다. 죽음이 다가와 우리의 육신의 장막 집을 헐어버린다고 할지라도 우리는 권세 있게 죽음을 향하여 "내가 나간다. 길을 비켜라. 하나님의 아들이 나간다. 사망아, 음부야, 무덤아 길을 비켜라"하며 큰소리치며 눈을 감고 천국으로 갈 수 있는 것입니다. 이러므로 죽음이 다가올 때 죽음 앞에서 벌벌 기고 두려워하지 말고 한 번은 죽음을 맞이할 터인즉 가슴을 펴고 죽음을 향해 '올 테면 와 보라 길을 비켜라 나는 천국으로 간다'고 외치는 권세 있는 우리들이 되어야겠습니다.

또 나아가서 성경에 있는 그 많은 하나님의 약속의 말씀들은 우리를 위해서 주님께서 주신 것입니다. 그러므로 하나님의 말씀을 자세히 살펴보고 말씀을 듣고 연구하고 공부해서 나를 위해서 어떤 말씀이 기록되어 있는지를 알아야 합니다. 성경은 약 7천여 가지의 하나님의 약속의 말씀을 주고 있는데 이는 다 하나님께서 그리스도 예수로 말미암아 피 흘려 값 주고 사신 약속이기 때문에 우리가 권세를 활용할 수 있는 범위를 보여주는 것입니다. 약속의 말씀을 내가 확실히 알았으면 말씀에 서서 우리는 권세 있게 믿어야 합니다. 우리가 어떠한 사람이며 우리의 위치가 어떠한가 라는 당당한 권세를 알지 못하면 우리의 믿음도 역사하지 않습니다.

백부장이 예수 그리스도의 권세를 인정하고 믿었기 때문에 주님은 감탄하셨습니다. 믿음은 권세를 통해 역사 하는 것입니다. 그러면 우리는 어떠한 태도를 가지고 이 세상을 살까요? 그리스도 안의 권세는 하나님의 권세에 순종하는 삶을 살 때 하나님께서 한정지어주신 범위에서 그 권세를 사용할 수 있습니다. 우리가 하나님께 불순종하고 반역하고 하나님을 떠나면 우리는 권세를 사용할 수 없습니다.

또 진실로 순종하고 믿는 삶을 살지 아니하고 차지도 덥지도 아니하다면 우리는 우리의 권세를 충분히 활용할 수 없는 것입니다. 그러나 우리가 마음을 다하고 뜻을 다하고 정성, 목숨을 다하여 주님을 전적으로 믿고 그 중심으로 살고 주님과 함께 서면 그러면 예수께서 피 값을 주고 사신 것과 성경에 있는 모든 것을 우리는 강하고 담대하게 사용할 수 있는 권세를 누릴 수 있는 것입니다.

우리가 우리의 권세를 알고 활용하게 될 때 이로써 영혼이 잘되게 됩니다. 저주를 제해 버리고 범사가 잘되게 됩니다. 마귀의 권세, 질병을 묶어 쫓아버리고 강건함을 얻을 수 있습니다. 우리의 일어서고 앉는 곳마다 생명을 얻되 넘치게 얻을 수 있고 우리가 가는 곳마다 권세를 사용하여 온 세상이 하나님의 빛과 영광과 생명으로 충만하게 되도록 할 수 있는 것입니다. 저는 이렇게 말하고 싶습니다. 오늘 이 시간부터 예수 안에서 우리는 권세 있는 자들이니 권세 있는 신앙생활, 권세 있는 기도, 권세 있는 말을 사용하며 삶을 살게 되시기를 바랍니다.

15장 가난을 청산하게 하시는 예수님

(고후 8:9)"우리 주 예수 그리스도의 은혜를 너희가 알거니
와 부요하신 이로서 너희를 위하여 가난하게 되심은 그의 가난
함으로 말미암아 너희를 부요하게 하려 하심이라"

하나님의 뜻은 예수를 믿는 모든 성도가 아브라함의 복을 받는
것입니다. 그런데 교회는 언제부터인가 물질적인 부를 죄악시하
는 풍조가 생겼습니다. 이유는 좋은 신자가 되기 위해서는 빈곤
해야 한다는 것입니다. 이것은 참으로 그릇된 생각입니다. 일부
목회자들이 성도가 물질적으로 부해지면 예배와 기도를 등한히
할 수 있다는 것입니다. 이렇게 사고를 하면서도 복음전도를 효
과적이고 광범위하게 하기 위해서 물질이 필요하여 교인들에게
끊임없이 많은 헌금을 하라고 강요하는 것입니다. 헌금은 하라고
하면서 물질축복을 기복신앙으로 몰아붙입니다. 과연 물질이 죄
악입니까? 과연 빈곤이 찬양받을 만한 미덕이 됩니까? 우리 성도
들은 물질과 신앙생활과의 관계를 어떻게 정리해야 될까요?

저는 담대하게 말할 수 있습니다. 예수를 믿는 성도는 가난한
것이 하나님의 뜻이 아니라는 것입니다. 모두 아브라함의 복을
받는 것이 하나님의 뜻입니다. 우리가 예수 이름으로 이 땅에 하
나님의 나라를 만들어야 하기 때문에 성도 한 사람 한 사람이 모
두 아브라함의 복을 받는 것이 하나님의 뜻이라는 것입니다.

1. 물질을 누가 만들었을까?

물질이 과연 죄악시된다면 그 물질은 악마가 지은 것입니까? 하나님께서 지으신 것입니까? 악마가 지은 것이 좋은 것을 지을 수 없고 좋으신 하나님이 악한 것을 지을 수 없는 것을 우리는 알고 있습니다. 창세기 1장 1절에 보면 "태초에 하나님이 천지를 창조하시니라"고 말씀하셨고 그 다음 땅이 공허하며 흑암이 깊음 위에 있을 때 주의 신이 수면에 운행하시자마자 하나님이 빛을 지으시고 하나님이 궁창을 지으시고, 하나님께서 물속에 육지가 나고, 모든 열매 맺는 나무들이 나게 하시고, 하나님께서 해와 달과 별들을 지어 궁창을 비취게 하시고, 공중의 새와 물속에 있는 고기를 지으시고, 땅위에 기는 짐승과 곤충을 지으시고, 마지막에 하나님의 형상과 모양을 좇아 사람을 짓되 남녀를 지었다고 성경은 말씀하고 있는 것입니다.

그러므로 이 세상에 존재하는 만물 중에 하나님께서 짓지 아니하신 것은 전혀 없습니다. 천지만물은 하나도 남김없이 모두 다 우리 하나님이 지으신바 되었으므로 하나님이 지으신 물질이 죄악이 될 수 없습니다. 더구나 동방에 에덴동산을 지으시고 먹기에도 좋고 보기에도 좋은 나무가 나게 하시고 상함도 해함도 없고 부요와 풍부가 있게 하셨습니다. 그곳을 에덴 낙원으로 부르시고 아담과 하와가 거할 집으로 삼아 주셨습니다. 그리고 성경에 보면 에덴에서 발원한 강이 있는데 그 강중의 한 강은 비손 강인데 금이 있는 하윌라 온 땅을 두르고 거기에는 베델리엄과 호마노도 있는데 금과 은과 보석과 진귀한 돌들도 주님께서 모두 다 만들어 놓은 것입니다.

그 뿐만 아니라, 하나님께서 아담과 하와를 부르셔서 그에게 축복을 해 줄 때 우리가 생각하는 것처럼 빈곤하고 헐벗고 굶주리고, 그리고 말라서 죽으라고 말씀하지 않으시고 창세기 1장 28절로 29에 보면 "하나님이 그들에게 복을 주시며 그들에게 이르시되 생육하고 번성하며 땅에 충만 하라, 땅을 정복하라, 바다의 고기와 공중의 새와 땅에 움직이는 모든 생물을 다스리라 하시니라. 하나님이 가라사대 내가 온 지면의 씨 맺는 모든 채소와 씨가 진 열매 맺는 모든 나무를 너희에게 주노니 너희 식물이 되리라" 이렇게 말씀하심으로 주께서 생육하고 번성하고 땅에 충만하고 땅을 정복하고 다스리는 왕으로 만들어 주신 것입니다.

이러므로 하나님께서 인간에 대한 근본적인 뜻은 선이요, 악에 있지 아니하고 의요, 불의에 있지 아니하고 창성이요, 패망에 있지 아니하고 부요요, 빈곤에 있지 않았다는 것을 우리는 너무나 잘 알 수 있습니다. 그러면 성도들 가운데 지금 우리가 보는 이 죄와 질병, 빈곤과 저주, 절망과 죽음은 왜 왔습니까? 그렇게 물을 수 있을 것입니다. 그것은 하나님께서 그렇게 하신 것이 아니라, 하나님이 지으신 아담이 하나님의 말씀을 의심하여 반역하고 범죄하고 마귀와 손을 잡음으로 말미암아 심판을 받아서 오늘날의 비극을 자초한 것입니다.

성경에는 인간의 빈곤과 곤고한 생활의 유일한 이유가 타락이라는 것을 뼈저리게 분명하게 보여주고 있는 것입니다.

창세기 3장 17절로 19절에 보면 "아담에게 이르시되 네가 네 아내의 말을 듣고 내가 너더러 먹지 말라 한 나무 실과를 먹었은 즉 땅은 너를 인하여 저주를 받아 너는 종신토록 수고하여야 그 소산물을 먹으리라 땅이 네게 가시와 엉겅퀴를 낼 것이라 너의 먹을 것은 밭의 채소인즉 네가 얼굴에 땀이 흘러야 식물을 먹고 필경은 흙으로 돌아가리니 그 속에서 네가 취함을 얻었으리라 너는 흙이니 흙으로 돌아갈 것이라 하시니라" 여기에서 인간으로서 가장 슬프고 비극적인 사건이 생기게 된 것입니다.

이것은 아담이 하나님을 반역하고 죄를 지음으로 말미암아 에덴에서 쫓겨나서 땅이 저주를 받아 가시와 엉겅퀴를 내게 되었고 질병과 죽음이 그로 말미암아 연유하게 된 것입니다. 이러므로 우리가 하나님께 나아올 때 하나님은 축복의 근원이 되시지만 하나님을 반역하고 죄악으로 말미암아 거역한 그것이 오늘 이 세상에 횡행하는 죄와 불의, 추악과 저주, 절망과 죽음, 빈곤과 슬픔의 원인이 되었다는 것을 알아야 될 것입니다. 이제 하나님께서 이와 같은 버림받은 자식들을 모두 다 불러서 예수 그리스도로 말미암아 죄 사함을 주시고 구원을 주시는 이 마당에야 빈곤과 굶주림이 정상적인 신자의 모습이라 생각할 수 없습니다.

2. 구약의 하나님은 어떻게 하셨나?

하나님께서 구약에서 하나님을 믿고 순종한 백성들을 하나님께서 어떻게 처리하셨는지 이것을 보면 우리가 분명히 알 수 있습니다. 구약 시대에 하나님께 가장 사랑을 받고 하나님께서 그를 통해서 위대한 섭리를 이루신 분이 아브라함입니다. 아브라함은 나이 75세에 영광의 하나님이 나타나셔서 그를 불러내실 때 상상할 수 없을만한 위대한 축복의 언약을 주셨습니다. 하나님께서는 저주의 언약을 주셔서 부르신 것이 아니라 축복의 언약을 주셔서 부르신 것입니다.

창세기 12장 1절로 3절을 보면"여호와께서 아브람에게 이르시되 너는 너의 고향 친척 아버지의 집을 떠나 내가 네게 지시할 땅으로 가라. 내가 너로 큰 민족을 이루고 네게 복을 주어 네 이름을 창대케 하리니 너는 복의 근원이 될지라. 너를 축복하는 자에게는 내가 복을 내리고 너를 저주하는 자에게는 내가 저주하리니 땅의 모든 족속이 너를 인하여 복을 얻을 것이니라 하신지라"하나님께서 아브람을 불러내실 때 그에게 인간으로 형언할 수 없을만한 위대한 축복의 언약을 주셨습니다.

"너를 축복하는 자에게는 내가 축복하고 너를 저주하는 자에게는 내가 저주하겠다. 땅의 온 족속이 너를 인하여 복을 얻을 것이라"그래서 아브라함이 하나님의 약속을 따라 나왔고 그가 나중에 애굽에서 가나안으로 다시 올라올 때 성경은 말하기를"아브람에게 육축과 은금이 풍부하였더라."고 말한 것입니다. 오늘날 사람들은 말하기를 잘 먹고, 잘 입고, 잘 살고, 그리고 풍부한 생활을 하는 사람은 세속적인 생활이요, 그것은 하나님을 잘 믿는 생활이 아니라고 말하는 사람이 있는데 그렇다면 아브라함은 믿음의 조상이요, 하나님의 친구라고 말하고, 그렇게 하나님 사랑을 받고 잘 믿는 사람이었는데, 성경은 말하기를 아브라함에게 육축과 은금이 풍부하였더라고 말한 것입니다. 성경은 말하기를"아브라함과 같은 믿음을 가진 사람은 아브라함과 함께 복을 받느니라"고 말한 것입니다.

아브라함이 부름을 받을 때 축복을 받고 나온 것처럼 우리도 죄악의 세상에서 하나님의 부르심을 받아 예수께로 나아올 때 주님은 우리에게 축복을 해 주시는 것입니다. 하나님은 복의 근원이시요 축복을 주시는 분이신 것입니다.

하나님께서 아브라함의 아들이삭에게 어떻게 하셨는가. 살펴봅시다. 창세기 24장 36절에 보면 "나의 주인의 부인 사라가 노년에 나의 주인에게 아들을 낳으매 주인이 그 모든 소유를 그 아들에게 주었나이다" 이삭은 태어날 때부터 거부가 되어서 태어났습니다. 아버지의 상속을 다 받았으므로 주체할 수 없는 재산을 얻었지만, 창세기 26장 12절로 14절에 보면 "이삭이 그 땅에서 농사하여 그 해에 백배나 얻었고 여호와께서 복을 주시므로 그 사람이 창대하고 왕성하여 마침내 거부가 되어 양과 소가 떼를 이루고 노복이 심히 많으므로 블레셋 사람이 그를 시기하여" 이것 보십시오. 하나님께서 택하신 이삭은 빈곤하고 헐벗고 굶주려서 좋은 신자가 되었다고 말하지 아니하고 성경에 사람이 말로써 사용할 수 있는 최대의 축복의 말이 "창대하고 왕성하여 마침내 거부가 되었다"고 성경은 기록하고 있는 것입니다.

야곱을 보십시오. 야곱은 꾀가 많고 사기성이 있었지만 그가 20년 동안 외삼촌 집에서 머슴살이 하다가 돌아올 때 그는 창세기 32장 10절에 이렇게 기도했습니다. "나는 주께서 주의 종에게 베푸신 모든 은총과 모든 진리를 조금이라도 감당할 수 없사오나 내가 내 지팡이만 가지고 이 요단을 건넜더니 지금은 두 떼나 이루었나이다" 20년 전 지팡이만 짚고서 혈연단신으로 형을 피해서 외삼촌 집으로 피했던 소년이 이젠 잔뼈가 굵어 장년이 되어서 요단을 건너 올 때 한 떼 두 떼 바다의 모래 같은 짐승들을 거느리고 거부가 되어서 돌아오게 된 것입니다. 성경에 보면 하나님께서 하나님의 칭호를 일러서 말씀하시기를 아브라함의 하나님, 이삭의 하나님, 야곱의 하나님이라고 말씀한 것입니다.

그렇다면 아브라함의 하나님은 부르시고 훈련하여 거부를 만드는 하나님이요. 이삭의 하나님은 순종한 사람에게 부귀를 주시는 하나님이요. 야곱의 하나님도 모난 것을 다듬어서 부귀를 주는 하나님이신 것입니다. 성경에는 아브라함의 하나님, 이삭의 하나님, 야곱의 하나님은 죽은 자의 하나님이 아니요, 산 자의 하나님이라고 말씀하신 것입니다.

바로 우리의 하나님이신 것입니다. 아브라함과 이삭과 야곱의 하나님은 변역치 아니하시는 하나님이요 사람을 외모로 취하지 아니하신다고 말씀하셨습니다. 이러므로 이 하나님께서 예수를 믿어 이 하나님을 의지하고 나오는 사람에게 헐벗고 굶주리고 빈곤해야 좋은 신자가 되며 너희가 부를 죄악시하라 이렇게 하겠습니까? 말도 안 되는 소리인 것입니다. 이스라엘 백성이 430년 동안 애굽에서 종살이하고 나올 때 하나님께서 그냥 나오라고 하셨습니까. 젖과 꿀이 흐르는 땅으로 가자. 젖과 꿀이 흐르는 땅으로 가자. 말만 들어도 배가 부를 것 같습니다. 젖이 흐르고 꿀이 흐르는 말만 들어도 마음이 흐뭇하고 마음이 긍정적이고 적극적이고 창조적이 되지 아니할 수 없습니다.

사막에 바람 불고, 곡식은 안 되고, 물은 마르고, 사람마다 말라죽는 가나안으로 가자. 그렇게 했더라면 따라서 나올 사람 한 사람도 없을 것입니다. 하나님께서 이스라엘 백성을 애굽에서 불러 낼 때는 젖과 꿀이 흐르는 땅으로 이끌어 내셨습니다. 우리가 애굽과 같은 죄악의 세상에서 예수를 믿고 나올 때 주님께서 젖과 꿀이 흐르는 땅으로 이끌어 내 주시는 것입니다. 이스라엘은 육의 선민이요, 우리는 영의 선민입니다. 이스라엘은 짐승의 피로써 언약을 맺은 사람이요, 우리는 하나님의 아들 예수 그리스도의 그 흘리신 생명의 피로 언약을 맺은 것이기 때문에 이스라엘보다 우리가 훨씬 더 중요한 것입니다.

그러므로 이스라엘을 젖과 꿀이 흐르는 곳으로 인도하신 하나님께서 우리에게 그보다 못하게 해 주실 줄 압니까? 하나님께서 이스라엘이 가나안으로 들어왔을 때 주님께서 두 가지 언약을 주셨습니다. 축복과 저주의 언약을 주셨는데 믿고 순종하면 축복의 언약이 되고, 불신앙과 불순종할 때는 저주의 언약이 이루어지도록 하셨습니다. 신명기 28장 1절로 6절에 보면 "네가 내 하나님 여호와의 말씀을 삼가 듣고 내가 오늘날 네게 명하는 그 모든 명령을 지켜 행하면 내 하나님 여호와께서 너를 세계 모든 민족 위에 뛰어나게 하실 것이라. 네가 네 하나님 여호와의 말씀을 순종하면 이 모든 복이 네게 임하며 네게 미치리니 성읍에서도 복을 받고 들에서도 복을 받을 것이며, 네 몸의 소생과 네 토지의 소산과 네 짐승의 새끼와 우양의 새끼가 복을 받을 것이며, 네 광주리와 떡 반죽 그릇이 복을 받을 것이며, 네가 들어와도 복을 받고 나가도 복을 받을 것이니라"고 말씀하신 것입니다. 순종과 믿음은 하나님께서 반드시 이와 같은 하나님의 위대한 축복의 창고에서 기르실 것을 약속하신 것입니다.

그러나 불순종과 불신앙으로써 반역할 때는 신명기 28장 15절로 19절에 저주의 언약이 있습니다. "네가 만일 네 하나님 여호와의 말씀을 순종하지 아니하며 내가 오늘날 네게 명하는 그 모든 명령과 규례를 지켜 행하지 아니하면 이 모든 저주가 네게 임하고 네게 미칠 것이니 네가 성읍에서도 저주를 받으며 들에서도 저주를 받을 것이요. 또 네 광주리와 떡 반죽 그릇이 저주를 받을 것이요. 네 몸의 소생과 네 토지의 소산과 네 우양의 새끼가 저주를 받을 것이며 네가 들어와도 저주를 받고 나가도 저주를 받으리라" 그래서 이스라엘 백성이 하나님께 순종하고 믿을 때 창대하게 축복을 받았습니다만 이스라엘 백성이 하나님을 반역하고 거역했을 때는 아담과 하와가 하나님을 반역하고 거역하고 저주를 받았던 것처럼 저주를 받은 것입니다.

이러므로 오늘날 하나님께서는 우리 앞에 축복과 저주를 함께 두고 계십니다. 주의 택하심을 받고 부르심을 입은 사람들이 믿음과 순종으로 나갈 때는 축복을 우리가 받게 되어 있는 것입니다. 그리고 하나님께서는 축복이 반드시 죄라고 말씀하시지 않습니다. 빈곤은 축복이 아닙니다. 사람들이 헐벗고 굶주려서 인간의 존엄성조차 상실하고 남에게 늘 얻어먹겠다고 손을 내미는 사람이 어떻게 축복 받았다고 말할 수 있겠습니까? 성경에는"주는 자가 받는 자보다 복이 있다"고 말하고 있는 것입니다. 그러므로 우리 구약의 아브라함의 하나님, 이삭의 하나님, 야곱의 하나님은 축복의 하나님이요, 그리고 하나님께서는 사람들에게 풍성하게 주시는 하나님이라는 것을 보여주고 있는 것입니다.

3. 예수 믿으면 모두 큰 부자가 될 수 있느냐?

그러면 예수 믿으면 모두 큰 부자가 될 수 있느냐? 이런 질문을 할 것입니다. 물론 백만장자가 되는 것은 하나님의 특별하신 뜻이 있어야 되는 것입니다만 누구든지 구주를 믿고 죄악의 애굽에서 나온 사람은 하나님이 젖과 꿀이 흐르는 땅으로 인도하시기 때문에 주님께서 한 사람도 빈곤해지기를 원하지 않으십니다. 성경에는 부족함이 없는 삶을 살도록 주님께서 약속하신 것입니다. 시편 23편 1절에 보면"여호와는 나의 목자시니 내게 부족함이 없다"고 했는데 예수께서 친히 말씀하시기를 "나는 선한 목자라 선한 목자는 양을 위하여 목숨을 버린다"고 했습니다.

그러므로 성도들은 주님을 선한 목자로 모시고 있는 이상 생활속에 부족함이 없는 삶을 살기를 원하시고 계신 것입니다. 늘 부족해서 절절매는 생활 이런 생활은 정상적인 예수 믿는 생활이 아닌 것입니다.

또 나아가서 예수님께서는 우리가 마태복음 6장 11절처럼"일용할 양식을 구하라"고 하셨습니다. "오늘날 우리에게 일용할 양식을 주옵시고" 일용할 양식이란 매일매일 하루 세끼 먹어야 합니다. 먹고살기 위해서는 옷이 있어야 되고 신발이 있어야 되고 숙식할 집이 있어야 되고, 그리고 우리 일을 움직여 나가야할 자본이 있어야 되고, 이 모두가 일용할 양식입니다. 하나님께서 우리에게 굶주리지 않는 삶, 일용할 양식을 매일 공급받는 삶을 살기 원하십니다. 예수님이 이것만은 우리의 권리이기 때문에 주기도문에서 당당히 하나님께 구하라고 말씀하고 있는 것입니다. 또 하나님은 필요한 것은 채워 주시겠다고 하셨습니다.

빌립보서 4장 19절에 "나의 하나님이 그리스도 예수 안에서 그 영광 가운데 더 풍성한 대로 너희 모든 쓸 것을 채우시리라"고 말씀하시는 것입니다. 거기에만 머무르지 않고 하나님께서는 넉넉한 삶을 얻기를 원하신다고 하셨습니다.

고린도후서 9장 8절로 10절에 "하나님이 능히 모든 은혜를 너희에게 넘치게 하시나니 이는 너희로 모든 일에 항상 모든 것이 넉넉하여 모든 착한 일을 넘치게 하게 하려 하심이라" 넉넉해야 남에게 나누어주는 착한 일을 할 수 있습니다. 주님은 우리에게 착한 일을 하라고 말씀하셨습니다. 아무 것도 없는데 무엇을 나누어줍니까? 나도 먹을 것, 입을 것이 없는데 누구에게 먹을 것, 입을 것을 제공해 줄 수 있어요? 성경에는 "심는 것을 주가 풍성하게 하시고 너희 의의 열매를 더하게 하시리니 항상 모든 것이 넉넉하여 모든 착한 일을 넘치게 하게 하려 하심이라"고 성경은 말씀하고 있는 것입니다.

그렇기 때문에 크리스천은 모두 거부가 된다는 약속은 없습니다. 그러나 누구를 불구하고 부족함이 없는 삶, 일용할 양식을 얻는 삶, 필요함이 채워지는 삶, 넉넉한 삶을 얻어서 사는 것이 하나님의 뜻입니다. 하나님은 남에게 꾸어 줄지라도 꾸지 않는 삶을 살아가기를 원하십니다.

그래서 믿는 자들이 주변 사람들에게 축복기도를 해주고 믿음을 주고, 소망을 주고 사랑을 주고 물질까지라도 나누어 줄 수 있는 그런 삶을 살아가기를 하나님은 원하시고 계신 것입니다. 이것을 우리가 반드시 알아야 됩니다. 빈곤해야 좋은 신자가 된다, 물질은 죄악이다, 이것은 하나님이 준 생각이 아닙니다. 이것은 마귀 도적이 준 생각인 것입니다. 성경에 보면 "도적은 도적질하고 죽이고 멸망시키는 것뿐이요. 내가 온 것은 양으로 생명을 얻되 더 풍성히 얻게 하려 왔다"고 말씀하신 것입니다.

우리가 생각 하나 잘못 먹으면 하나님이 축복을 해 주실 수 없으십니다. 하나님께서는 우리에게 온갖 구하는 것이나 생각하는 것에 능히 넘치게 하신다고 했는데 우리 생각이 빈곤해야 잘 믿는 것이다, 물질은 죄악이다. 이와 같은 부정적인 마음이 들어와 있으면 그만 물질에 대해서는 죄책감을 느끼고 빈곤에 대해서는 찬미의 생각을 가지고 있으면 하나님께서 아무리 축복을 해 주시려고 해도 벌써 그 생각이 잘못되어 있기 때문에 축복하실 수가 없으십니다. 나는 성경 전체를 보아도 어느 성경에서 빈곤은 미덕이며 물질은 죄악이라는 것은 찾아볼 수 없습니다. 우리 하나님께서 빈곤하게 만들어 놓고 기뻐하시고 물질을 다 빼앗아 버리시고 난 다음에 즐거워하신다는 것을 성경에서 찾아볼 수 없습니다.

그러면 그런 생각이 어디에서 나왔을까요? 빈곤이 미덕이며 잘 믿으려면 빈곤해야 되고 물질은 죄악이란 이런 생각은 어디서 왔을까요? 성경은 그렇게 가르치고 있지 않습니다. 하나님도 그렇게 말씀하고 있지 않습니다. 그렇다면 마귀가 우리로 하여금 착한 일을 넘치게 할 수 없게 하기 위해서 잘못된 생각을 우리 마음속에 집어넣은 것입니다. 오늘날 얼마나 착한 일을 넘치게 할 것이 필요합니까?

예수 믿는 사람들이 교회를 부흥 시켜야 되고, 더 많은 성경을 찍어야 하고, 더 많은 영적인 서적을 출간해야 되고, 더 많은 전도를 해야 되고, 더 많은 라디오와 TV를 통하여 기독교를 방영해야 되고, 더 많은 선교사를 보내야 되고, 주님 오실 때까지 천하 만국에 복음을 전하기 위해서 얼마나 많은 물질적인 자원이 필요합니까? 이러한 일을 하지 못하게 하기 위해서 마귀가 와서"빈곤은 미덕이다, 빈곤해야 잘 믿는다, 물질은 죄악이다"그렇게 해서 성도들에게서 물질을 빼앗아 버림으로 말미암아 하나님의 교회 사업이 전진하지 못하게 하는 것은 하나님의 성령의 일이 아니라 이것은 사탄의 일인 것입니다. 마귀의 일인 것입니다.

4. 신앙과 행실이 성실한 사람은 복을 받을 수 있다.

착실한 신앙생활을 하는 사람은 빈곤을 탈출할 수 있게 되는 것입니다. 착실히 예수 믿는 생활을 하면서 빈곤해 질 수 없습니다. 왜냐하면 독일의 유명한 경제윤리학자요, 독일 부흥의 아버지라고 말하는 아르 리스트는 말하기를 "정신적인 자원 없이는 물질의 부흥은 없다"고 말했습니다. 예수를 믿고 그 마음에 영적인 정신적인 자원을 얻는 사람은 물질적인 부요가 안 따라올 수 없습니다. 막스 웨버 같은 유명한 경제학자도 구라파나 미국의 물질적인 부흥은 기독교 정신에서 왔다고 말했습니다. 영국의 감리교 운동을 일으킨 요한 웨슬레는 자기의 요한 웨슬레 운동에 참여해서 예수를 믿고 구원을 받은 사람 중에 점점 부자가 많이 되어가고 있기 때문에 걱정을 했다고 합니다. 너무 돈을 많이 벌어 부자가 됨으로 말미암아 신앙을 잃어버릴까 싶어서 걱정하는 것을 그 수기에 기록했었습니다. 왜냐하면 부를 가져오는 내적 자원이 예수를 믿음으로 생기는 것입니다.

예수 믿음으로 말미암아 정직하고 성실하고 근면하게 일하며 절약하고 저축하게 되는 것입니다. 옛날에 술 먹고 음란하고 방탕하고 도박하고 세속적으로 살고 게으르게 살던 것 다 청산하고, 주님 안에서 근면하고 성실하고 부지런하고 절약하고 저축하는 그런 사람이 잘 사는 것입니다. 저는 15년 동안 목회 하면서 예수를 믿고 이렇게 근검절약하면서 성실하게 인생을 살면서 빈곤해지는 사람을 본 적이 없습니다. 이러므로 예수를 믿으면 부에 이르는 내적인 심령의 자원을 가지고 있기 때문에 그 사람은 잘 살게 됩니다.

그뿐 아니라 예수님은 십자가를 통하여 우리의 환경을 속량해 주셨습니다. 사람들은 이렇게 말합니다. "예수님께서 공중에 나는 새도 들어갈 집이 있고 여우도 들어갈 굴이 있는데 인자는 머리 둘 곳이 없다고 해서 굉장히 빈곤하게 살았는데 예수 믿는 우리도 예수님을 본받아야 된다"고 말하는데 이것은 예수님의 마음을 진실하게 이해하지 못하고 하는 말입니다.

성경 고린도후서 8장 9절에"우리 주 예수 그리스도의 은혜를 너희가 알거니와 부요하신 자로서 너희를 위하여 빈곤하게 되심은 그의 빈곤함을 인하여 너희로 부요케 하려 하심이니라"고 말씀하고 있는 것입니다. 예수께서 그렇게 적빈하고 뼈에 사무치도록 빈곤하게 산 것은 예수님 자신을 위해서 그런 것이 아니라, 우리의 빈곤, 우리의 그 적빈한 빈곤을 청산해 버리기 위해서 주께서 그렇게 하신 것입니다.

이러므로 오늘 예수님이 빈곤했으니 우리도 빈곤하자는 것은 예수님의 고생을 무로 돌리고 예수님의 대속의 은총을 파괴하는 역사인 것입니다. 예수님이 우리를 위해서 빈곤해졌으므로 우리는 예수 그리스도를 의지하고 축복을 받아서 그리스도의 이름을 온 세계에 나타내도록 물질을 사용하는 사람이 되어야 예수께 영광을 돌리게 되는 것입니다.

그뿐 아니라 갈라디아서 3장 13절에서 14절 말씀을 보십시오. 저주가 어디에 있습니까? "그리스도께서 우리를 위하여 저주를 받은바 되사 율법의 저주에서 우리를 속량하셨으니 기록된바 나무에 달린 자마다 저주 아래 있는 자라 하였음이라 이는 그리스도 예수 안에서 아브라함의 복이 이방인에게 미치게 하고"라고 말씀하셨습니다.

예수 같이 하나님의 복 받은 아들이 저주를 받아 십자가에 못 박힌 것은 당신 자기의 저주가 아닙니다. 신명기 28장의 저주 보셨지요. 들어가도 나가도 저주받아 개인이 실패하고 가정이 실패하고 사업이 실패하고 생활에 실패하는 저주, 이 저주는 예수께서 저주를 받은 분이 아님에도 불구하고 우리를 대신해서 저주를 받아 율법의 저주에서 속량하셨습니다. 값 주고 사버렸습니다.

그래서 아브라함의 복이 우리에게 임하게 했는데 아브라함의 복은 무엇입니까? 우양과 은금이 풍부하다고 말한 것입니다. 이렇기 때문에 오늘날 우리가 예수 그리스도를 믿고 나오면 영원히 구원받아 죄사함을 받고 천국 가는 것은 말할 필요 없거니와 현실적인 삶 속에서 빈곤과 저주가 속량되고 청산되어 버렸다는 것을 알게 되시기를 바랍니다.

마음의 생각을 바꾸십시오. 너무나 많은 사람들이 오랜 세월 동안 예수 믿으면 빈곤해진다, 빈곤해야 좋은 신자가 된다, 물질은 죄악시하라, 물질은 던져버려라, 그러나 물질은 자체가 나쁘지 않습니다. 물질은 사용하는 사람이 나쁘면 그 물질이 나쁘게 사용되고 물질을 사용하는 사람이 좋은 사람이면 물질이 좋게 사용되는 것입니다. 우리 하나님께서는 예수 그리스도를 통하여 분명하게 빈곤과 저주를 그 몸에 걸머지고 속량했기 때문에 예수를 믿고 사랑하는 사람이면 예수를 위해서라도 몸에서 빈곤과 저주를 벗어버려야 합니다. 누가 무슨 소리를 해도 저 하늘이 무너지고 이 땅이 꺼져도 하나님 말씀은 절대적으로 일점일획도 변함이 없습니다.

우리는 예수를 잘 믿고 착실한 신앙생활을 하면 빈곤해질 권리가 없고 저주 아래서 실패할 권리가 없습니다. 성도들은 의무적으로라도 빈곤을 벗어나고 저주를 벗어나서 모든 일에 항상 모든 것이 넉넉하여 모든 착한 일을 넘치게 해야 할 책임이 있는 것입니다. 또 나아가서 착실한 신앙생활은 빈곤을 퇴치할 수밖에 없는 십일조의 언약이 있기 때문인 것입니다.

말라기 3장 10절로 12절에 "만군의 여호와가 이르노라 너희의 온전한 십일조를 창고에 들여 나의 집에 양식이 있게 하고 그것으로 나를 시험하여 내가 하늘 문을 열고 너희에게 복을 쌓을 것이 없도록 붓지 아니하나 보라 만군의 여호와가 이르노라 내가 너희를 위하여 황충을 금하여 너희 토지소산을 멸하지 않게 하며 너희 밭에 포도나무의 과실로 기한 전에 떨어지지 않게 하리니 너희 땅이 아름다워지므로 열방이 너희를 복되다 하리라 만군의 여호와의 말이니라" 성경에는 하나님을 시험치 말라 하였습니다. 여기에 하나님께서 당신 자신을 내어놓고 말씀하시기를 "나를 시험하라 십일조와 헌물을 하나님께 드리고 나를 시험해 보라 내가 너희 손으로 하는 모든 일을 축복해 주어서 곡식을 심으면 황충을 금하게 하고 포도원을 만들면 기한 내에 떨어지지 않게 하고 병들지 않게 한다." 아무리 우리가 열심히 애를 써도 우리 손으로 하는 것이 자꾸 가시 채에 말려 들어가고 이리 얽히고 저리 설키면 안 됩니다. 될 듯 될 듯 안 되는 것입니다.

우리 모든 것을 하나님 발 앞에 내려놓고 하나님은 주인이요, 나는 그 관리자로서 겸허하게 하나님을 섬기기 위해서 사는 사람에게는 물질이 아무리 많아도 올무에 걸리지 않습니다.

물질을 탐욕으로 추구하고 물질이 우상이 되면 이것이 자기에게 올무가 되어서 오히려 물질이 영혼을 잃어버리게 하는 저주가 될 수 있습니다. 그렇지 않고 하나님 중심으로 살고 그 나라와 그 의를 먼저 구하며 내가 관리자로서 겸허한 인생을 살아가며, 하나님 앞에 십일조와 헌물을 도둑질하지 아니하며, 언제나 시간 내어 몸 드려 물질 드려 착한 일을 넘치게 하며, 주는 삶을 살고 있을 때 우리 하나님께서는 하늘 문을 여시고 우리에게 끊임없이 부어주시는 것입니다. 아브라함의 하나님은 부요의 하나님이셨습니다. 이삭의 하나님은 창대케 하는 하나님이십니다. 야곱의 하나님은 한 떼 두 떼 모래사장같이 많은 짐승을 주는 하나님이셨습니다. 우리가 이 복을 받기 위해서는 예수 이름의 권능을 사용해야 합니다. 물질에 대하여 담대하게 예수 이름으로 명령하시기를 바랍니다. 예수 이름으로 명하노니 가난의 영은 떠나갈지어다. 빈곤의 영은 떠나갈지어다. 물질이 새나가게 하는 영은 떠나갈지어다. 생활이 곤고하게 하는 영은 떠나갈지어다.

내가 예수 이름으로 명하노니 재정축복의 영이 임할지어다. 아브라함의 복이 임할지어다. 물질의 축복의 영이 임할지어다. 물질이 나를 따르게 하는 능력이 임할지어다. 내 손에 물질을 버는 능력이 임할지어다. 생활을 윤택하게 하는 영이 임할지어다. 천사들아 나를 도와줄지어다. 예수 이름을 사용하시기를 바랍니다.

재정에 축복을 받기 원하시면 **"물질축복 받는 비결"**과 **"형통의 복을 받는 법"**을 읽어보시기를 바랍니다.

16장 축귀로 자유하게 하시는 예수님

(눅 10:17-20)"칠십 인이 기뻐하며 돌아와 이르되 주여 주의 이름이면 귀신들도 우리에게 항복하더이다. 예수께서 이르시되 사탄이 하늘로부터 번개 같이 떨어지는 것을 내가 보았노라. 내가 너희에게 뱀과 전갈을 밟으며 원수의 모든 능력을 제어할 권능을 주었으니 너희를 해칠 자가 결코 없으리라. 그러나 귀신들이 너희에게 항복하는 것으로 기뻐하지 말고 너희 이름이 하늘에 기록된 것으로 기뻐하라 하시니라"

예수님의 생애를 살펴보면 항상 천국의 복음을 전파하시고는 귀신을 쫓아내시며 병든 자를 고치는 일에 전신 전념하셨습니다. 그와 같은 일을 열두 제자에게 시키셨고 70인의 제자들에게도 시키셨습니다. 최후로 승천하시기 전에는 모든 성도들에게 주님은 이처럼 명령하셨습니다. "믿는 자들에게 이처럼 표적이 따르리니 저가 내 이름으로 귀신을 쫓아내며 새 방언을 말하며 뱀을 집으며 무슨 독을 마셔도 죽지 아니하며 병든 자에게 손을 얹은즉 나으리라"고 말씀하셨습니다. 예수님은 40일 금식하신 후 마귀와 직접 논쟁하셨고 3년 동안 사역하실 때 사람에게 붙었던 더러운 귀신을 가는 곳마다 쫓아내셨습니다. 그리고 우리 주님께서는 빈집의 외화를 통하여 주님을 배반한 사람이 일곱 화를 당할 것을 말씀을 하셨습니다. 그러므로 주님을 믿는 사람들은 귀신이 들끓는 세상에서 살고 있으므로 끊임없이 귀신을 대적하

며 귀신을 쫓아내는 삶을 살아야 우리 마음 속에 참된 의와 평안
과 기쁨을 가지고 살 수 있는 것입니다.

1. 귀신의 정체

이 흑암의 세력은 하나의 거대한 영적인 나라를 구성하고 있
습니다. 사탄이 제일 우두머리고 그 밑에 타락한 천사들이 있고
그 밑에 귀신들이 있었습니다. 그래서 그들은 이런 조직을 가지
고 하나님의 백성을 무시해서 사람들을 도적질하고 죽이고 멸망
시키는 일을 하려고 합니다. 원래 이 사탄은 처음부터 마귀는 아
니었습니다. 처음에는 하나님의 피조물로서 가장 아름다운 천사
장이었습니다. 그러나 그가 교만해져서 피조물인 사탄이 하나님
이 되려고 하다가 버림을 받은 것입니다. 이사야서 14장 12절에
서 15절에 보면은 "너 아침의 아들 계명성이여 어찌 그리 하늘에
서 떨어졌으며 너 열국을 엎은 자여 어찌 그리 땅에 찍혔는고 네
가 네 마음에 이르기를 내가 하늘에 올라 하나님의 뭇별 위에 나
의 보좌를 높이라 내가 북극 집회의 산 위에 좌정하리라 가장 높
은 구름에 올라 지극히 높은 자와 비기리라 하도다 그러나 이제
네가 음부 곧 구덩이의 맨 밑에 빠치우리로다."이와 같이 원래 마
귀는 루시퍼로서 계명성으로 아름다운 천사로 하나님을 경배하
게 만들어 놓았는데 그가 마음에 교만이 들어와서 지음을 받은
존재가 지은 자처럼 되려고 하나님 앞에 대결했습니다.

그 결과로 그는 하나님께로부터 내어 쫓김을 받았습니다. 부

패하고 더럽고 반역한 사탄이 되고 만 것입니다. 그런데 이 사탄이 타락할 때 자기 밑에 있던 천사 삼분의 일을 거느리고 같이 타락했습니다. 요한계시록 12장 3절에서 4절을 보면 "하늘에 또 다른 이적이 보이니 보라 한 큰 붉은 용이 있어 머리가 일곱이요 뿔이 열이라 그 여러 머리에 일곱 면류관이 있는데 그 꼬리가 하늘 별 삼분의 일을 끌어다가 땅에 던지더라" 여기 별들은 천사들을 상징합니다. 하늘에 별 삼분의 일을 끌어다가 땅으로 타락시켰습니다.

이것은 원수마귀가 타락할 때 하늘에 별 삼분의 일을 함께 데리고 공모해서 하나님께 반역한 것입니다. 그리고 그 밑에서 최하의 자리에 마귀의 군사로서 일하는 존재가 바로 귀신들이었습니다. 귀신은 어디서 생겨났는지 근원은 성경에 말하고 있지 않습니다만 사탄을 최정점으로 하고, 그리고 그 밑에 타락한 천사들이 있고 그 밑에 최하의 병사들이 있었습니다. 이 귀신들이 나가서 이 세상을 고통스럽게 만드는 것입니다.

진리를 알지니 진리가 너희를 자유케 하리라고 말한 것입니다. 귀신은 배후의 세력입니다. 눈에는 안보이고 뒤에서 조정하는 것입니다. 그래서 우리를 조정해서 그 사람이 행동으로 나오는 것을 볼 때 어떤 귀신이 뒤에 서 있는지 추적할 수가 있는 것입니다. 거짓의 아비가 귀신인데 거짓말 자꾸하는 사람 있잖아요. 그 사람이 나빠서 거짓말하는 것보다 그 뒤에 거짓의 아비인 귀신이 붙어 있습니다. 귀신이 붙어 있으면 자꾸 거짓말해요. 거짓말하는 귀신이 붙어 있으면 자나 깨나 거짓말해요.

요한복음 8장 4절에 "너희는 너희 아비 마귀에게서 났으니 너희 아비의 욕심대로 너희도 행하고자 하느니라 그는 처음부터 살인한 자요 진리가 그 속에 없으므로 진리에 서지 못하고 거짓을 말할 때마다 제 것으로 말하나니 이는 그가 거짓말쟁이요 거짓의 아비가 되었음이라" 거짓의 아비가 되어가지고서 사람에게 붙어서 거짓말하도록 자꾸 압력을 가하고 유혹을 하는 것입니다. 가족을 미워하고 이웃을 미워하고 형제를 미워하게 되는 것은 미워하는 귀신이 붙어서 사주하는 것입니다. 아무리 미워하지 않으려고 해도 안돼요. 그러면 어떻게 하는 것입니까? 미워하는 귀신을 쫓아내야 되는 것입니다. 너 미워하는 귀신아 물러가라! 물러가라! 쫓아내면 주님이 성령으로 우리 마음속에 사랑의 영을 부어주시므로 마음에 사랑하게 되는 것입니다. 살인한 자도 자기도 모르게 살인한 사람이 많습니다. 살인하는 귀신이 붙어서 귀신의 사주를 받아서 살인하는 것입니다. 살인하는 귀신을 쫓아내지 않는 이상은 계속 살인을 하는 것입니다.

그리고 음란한 귀신이 붙으면 음란합니다. 아무리 음란 안하려고 해도 안할 수가 없습니다. 음란의 귀신이 붙어서 자꾸 사주하기 때문에 귀신을 쫓아내지 않으면 끌려 갈 수밖에 없는 것입니다. 그러므로 음란의 귀신아 물러가라! 내 마음에서 물러가라! 나의 생각에서 물러가라! 내 환경에서 물러가라! 대적을 해야 되는 것입니다.

마가복음 7장 21절로 23절에 "속에서 곧 사람의 마음에서 나오는 것은 악한 생각 곧 음란과 도둑질과 살인과 간음과 탐욕과 악독과 속임과 음탕과 질투와 비방과 교만과 우매함이니 이 모든 악한 것이 다 속에서 나와서 사람을 더럽게 하느니라" 속에 귀신이 집어넣어서 그것이 우리를 더럽게 하고 우리를 파멸시키는 것입니다. 우리는 이 세상에 나만 산다고 생각하면 안 되는 것입니다. 눈에 안 보이는 귀신이 인격자가 되어서 사람과 대화하고 사람을 자기 성격대로 이끌어 나가는 것입니다.

그렇기 때문에 항상 우리가 마음속에 그것을 알아야 돼요. 세상의 유혹도 귀신이 들어와서 우리 마음을 세상의 여러 가지로 유혹하는 것입니다. 예수님까지도 유혹하려고 했으니까. 너 배고프지? 이 돌을 떡덩이로 변하여 떡을 만들어 먹어라. 유혹인 것입니다. 그 다음 예수님을 높은 뾰충탑에 데리고 가서 뛰어 내리라. 그러면 모든 사람이 천사가 와서 네 발을 손에 바쳐서 돌에 안부딪히는 것을 보고 박수를 치고 너를 존경할 것이니 그렇게 하라. 유혹하지 않습니까? 산위에 들어가서 온 천하만국 영광을 보이면서 내게 절하면 이것을 네게 주리라. 예수님을 유혹한 귀신이 우리를 유혹 안할 턱이 있습니까? 우리를 유혹합니다. 우리 보는 것을 통해서 느끼는 것을 통해서 우리의 생각을 통해서 유혹하는 것입니다.

그 유혹이 달콤하니까 넘어가서 나중에 도적질 당하고 죽임을 당하고 멸망을 당합니다. 유혹은 낚시와 같습니다. 고기가 낚시가 먹이인줄 알고 물때까지는 좋았는데 물리고 나서 잡히면 그 다음 끌려 나갑니다. 목숨을 잃어 버리게 되는 것입니다. 우리도 마귀의 유혹에 걸렸다고 하면 충분한 고통을 당하고 그 댓가를 지불해야 되는 것입니다.

요한일서 2장 16절에 "이는 세상에 있는 모든 것이 육신의 정욕과 안목의 정욕과 이생의 자랑이니 다 아버지께로부터 온 것이 아니요 세상으로부터 온 것이라"고 말한 것입니다.

그 다음 참소하는 마귀가 붙으면 참소를 합니다. 요한계시록 12장 10절에 "우리 형제들을 참소하던 자 곧 우리 하나님 앞에서 밤낮 참소하던 자가 쫓겨났다." 밤낮으로 남의 결점을 지적하고 있는 말, 없는 말 다 만들어 내고 참소하는 사람 있지 않습니까? 참소를 전문으로 하는 사람이 있습니다. 그 참소하는 귀신이 붙었어요. 그 귀신 쫓아내지 않고는 그 사람 늘 참소의 대왕이 되어서 참소만 하고 돌아다니는 것입니다.

또 마음의 불화, 시기, 분노, 질투, 미움도 배후에 마귀가 붙어있는 것입니다. 야고보서 3장 14절로 16절에 "너희 마음 속에 독한 시기와 다툼이 있으면 자랑하지 말라 진리를 거슬러 거짓말하지 말라 이러한 지혜는 위로부터 내려온 것이 아니요 땅 위의 것이요 정욕의 것이요 귀신의 것이니 시기와 다툼이 있는 곳에는 혼란과 모든 악한 일이 있음이라"

시기와 다툼, 불화 이 모든 것은 배후에 귀신이 있다는 것을 알아야 되는 것입니다. 그리고 특히 비정상적인 느낌을 마음에 가질 때 귀신이 와서 마음을 노립니다. 저는 이런 체험을 종종합니다. 비정상적으로 마음이 불안합니다. 불안할 일도 없는데 마음이 불안하고 고통스럽습니다. 왜 이렇게 불안할까? 그래서 찬송가도 틀어서 들어보고 왔다갔다 운동도 하고 해도 마음에 불안이 없어지지 않습니다. 그때야 아~ 이 귀신이 붙었구나. 예수 이름으로 나사렛 예수 이름으로 명하노니 이 불안의 귀신은 물러가라! 쫓아내면 귀신이 고함을 치면서 나갑니다.

그리고 마음이 편안해지는 것입니다. 나는 종종 불안해지거나 어떻게 마음에 미운생각이 들어오거나 마음에 정욕이 생기거나 이상한 비정상적인 것이 마음을 누를 때 이것은 귀신이 와서 누른다고 생각하고 대적하면 틀림없이 귀신이 나가고 마음에 성령이 평안을 갖다 주는 것입니다. 비정상적인 느낌, 그것을 그대로 내버려두면 안 됩니다. 하나님은 우리의 마음을 정상적으로 만들지 비정상적으로 만들지 않습니다. 언제나 마음이 비정상적이 되면 귀신이 붙어서 비정상적으로 만들고 있다는 것을 알고 예수 이름으로 쫓아내야 되는 것입니다.

누가복음 9장 39절에 보면 "귀신이 그를 잡아 갑자기 부르짖게 하고 경련을 일으켜 거품을 흘리게 하며 몹시 상하게 하고야 겨우 떠나 가니라"귀신이 갑자기 붙어서 경련을 일으키는 것입니다. 마음에 비정상적인 생각을 가지게 되는 것입니다. 이 세상에 이단과 사설도 귀신이 가져온 것입니다. 귀신이 이단과 사설을 우리에게 믿게 해서 신앙을 잃어버리게 만드는 것입니다.

고린도후서 4장 4절에"그 중에 이 세상의 신이 믿지 아니하는 자들의 마음을 혼미하게 하여 그리스도의 영광의 복음의 광채가 비치지 못하게 함이니 그리스도는 하나님의 형상이니라"고 말한 것입니다. 우리가 병든 것도 모두 다 귀신이 주는 것이 아니지만 많은 병이 귀신에게 눌려서 병드는 것입니다.

마태복음 9장 32절로 33절에 "그들이 나갈 때에 귀신 들려 말 못하는 사람을 예수께 데려오니 귀신이 쫓겨나고 말 못하는 사람이 말하거늘 무리가 놀랍게 여겨 이르되 이스라엘 가운데서 이런 일을 본 적이 없다 하되"이 사람은 내내 말 못하는 벙어리였는데 그저 병이 들었는가 싶어 사람들은 그대로 내버려 두었는데 예수님은 귀신이 들려서 말 못하게 하는 것을 알고 계셔서 귀신을 쫓아내니까 곧 말을 했습니다.

사도행전 10장 38절에 보면 "하나님이 나사렛 예수에게 성령과 능력을 기름 붓듯 하셨으매 그가 두루 다니시며 선한 일을 행하시고 마귀에게 눌린 모든 사람을 고치셨다"고 말한 것입니다. 마귀가 와서 사람들을 눌러서 병들게 하는 일들이 많습니다.

누가복음 13장 11절로 13절에도 "열여덟 해 동안이나 귀신 들려 앓으며 꼬부라져 조금도 펴지 못하는 한 여자가 있더라 예수께서 보시고 불러 이르시되 여자여 네가 네 병에서 놓였다 하시고 안수하시니 여자가 곧 펴고 하나님께 영광을 돌리는지라"곱추가 되어 있는 여자인데 주님이 안수하니 즉시로 귀신이 쫓겨나가고 곱추가 건강하게 된 것을 볼 수 있는 것입니다.

성경을 통해 귀신이 하는 일을 보면 이렇습니다. 귀신은 우리를 더럽게 만들고(마 10:1), 온갖 질병을 일으키게 하고(마 9:32,33), 시험에 빠지게 하며(욥 1:6,7), 기도를 못하게 합니다(마 26:41). 또 귀신은 사람의 심령을 혼란에 빠뜨리며(눅 22:31), 매사에 의심을 잘 품게 하고(딤전 4:1), 말씀을 듣지 못하게 하며(마 13:19), 택한 자들도 미혹하여 영적 성장을 방해하는 일을 귀신이 합니다(벧전 5:8, 엡 6:12). 또 귀신은 거짓 교훈을 유포하고(딤전 4:1), 마음을 혼미하게 하여 복음을 방해하는(고후 4:1) 일을 계속하고 있는 것입니다.

귀신은 오늘날도 두루 다니며 우리를 하나님과 멀어지게 하려고 온갖 수단을 방법을 동원해서 역사하고 있는 것입니다. 거짓말하고 미워하고 살인하게 하며, 음란과 방탕하게 하고 세상 유혹에 따라 살게 하며 참소하고 불화하게 하며, 비정상적인 느낌을 갖게 하고 병들게 하고 이단사설에 빠지게 하여 한 사람이라도 더 타락시키려고 혈안이 되어서 날뛰고 있는 것입니다.

그러므로 우리는 깨어 있어 우리 배후에서 역사하는 귀신들을 예수님의 이름으로 단호하게 대결해야 되는 것입니다. 주님께서 너희가 내 이름으로 귀신을 쫓아내겠다고 말하지 않았습니까?

2. 귀신이 사람과 더불어 살면서 하는 일

귀신이 이 세상의 사람과 하도 오랫동안 친숙하게 살기 때문에 사람들은 귀신이 자기 곁에 있는 줄도 모릅니다. 완전히 친구가 되고 완전히 가족 중에 한 구성원처럼 되어있고, 온 사회와 함께 행동하고 살았기 때문에 귀신이 왔는지 안 왔는지 누가 귀신인지도 모르고 살고 있는 것입니다.

그러나 귀신이 사람과 더불어 살면서 어떠한 형태로 있느냐면 제일 처음 단계는 'Obsession'이라고 해서 귀신이 붙어 다닙니다. 몸에 붙어 다녀요. 이 사람이 시장에 가면 시장에 붙어가고 학교에 가면 학교에 붙어가고 가고 , 집에 오면 집에 붙어 오는 것입니다.

사도행전 8장 4절로 7절에 보면 "그 흩어진 사람들이 두루 다니며 복음의 말씀을 전할새 빌립이 사마리아 성에 내려가 그리스도를 백성에게 전파하니 무리가 빌립의 말도 듣고 행하는 표적도 보고 한마음으로 그가 하는 말을 따르더라. 많은 사람에게 붙었던 더러운 귀신들이 크게 소리를 지르며 나가고 또 많은 중풍병자와 못 걷는 사람이 나았다"고 말한 것입니다.

많은 사람에게 붙었던 귀신이 예수님을 모시게 되니까 견디지 못하여 고함을 치고 나갔던 것입니다. 귀신은 예수 그리스도 앞에 설 수가 없습니다. 예수 그리스도의 이름과 그 보혈 앞에는 한 길로 왔다가 일곱 길로 도망을 치는 것입니다. 많은 사람에게 붙어 있는 귀신들이 예수님 앞에서 고함을 치고 쫓겨나갑니다. 오늘 당신은 모르지만 몸에 붙어있는 귀신도 있습니다. 10년, 20년 붙어있는 귀신이 있습니다. 하도 오랫동안 붙어 있기 때문에 귀신인지도 모르고 친구인줄 알고 있는 것입니다.

귀신이 담배 피는 귀신이 붙어서 10년 동안 담배를 피웠으니 담배는 자기가 피우는 줄 알지만 귀신이 피우도록 뒤에서 종용한 것입니다. 10년, 20년 술주정뱅이가 된 자도 술주정뱅이가 자기가 된 줄 아는데 귀신이 붙어서 그렇게 만드는 것입니다. 귀신은 사람에게 붙어서 귀신 성격을 그대로 옮겨 부어주는 것입니다. 그러므로 처음 단계는 귀신이 우리 몸에 붙어서 우리 몸에 생명을 빼앗아가는 것입니다. 두 번째 귀신은 붙어 다니다가 좀 더 힘을 얻으면'Oppression'이라고 해서 압박을 가합니다. 압력을 가해요. 붙어 다닐 때는 내가 끌려 다니는데 그게 오랫동안 붙어 다니다가 나중에는 자기가 끌고 다닙니다. 끌려다니는 것이 아니라 끌어당깁니다.'Oppression'압박단계에 들어옵니다. 그런데 내가 가고 싶지 않은데도 가야되는 것입니다. 내가 하고 싶지 않은데도 해야 되는 것입니다. 내가 먹기 싫은데도 먹어야 되는 것입니다. 마귀의 억압단계에 들어간 것입니다.

그리고 셋째 단계는'Depression'나중에는 슬픔의 단계에 들어가는 것입니다. 압박을 당해서 이제는 도저히 자기 힘으로 착하게 될 수가 없습니다. 선하게 될 수가 없습니다. 올바른 길로 걸어갈 수가 없습니다.'Oppression'압박단계에 들어가 있습니다. 그렇게 되면 얼마 있지 아니하여 곧'Depression'마음이 우울하고 침울하고 억압당하여 인생이 살기 싫고 자살하는 사람도 생기고 패배자가 되어 완전히 마귀에게 잡힌'Possession'소유단계로 떨어지고 마는 것입니다.

마태복음 8장 16절에 보면 "저물매 사람들이 귀신 들린 자를 많이 데리고 예수께 오거늘 예수께서 말씀으로 귀신들을 쫓아 내시고 병든 자들을 다 고치시니"예수님이 가시는 곳마다 귀신을 쫓아내고 병고치는 일을 하셨습니다. 제자들에게도 나가서 회개하라 천국이 가까이 왔다하고는 꼭 귀신을 쫓아내고 병을 고치라고 말한 것입니다. 예수 그리스도는 어제나 오늘이나 영원토록 동일하기 때문에 오늘날 교회에도 우리가 예배하러 모일 때면 귀신을 쫓아내고 병을 고치라고 명령하신 것입니다.

그런데 우리가 안하지요. 오늘날 목사들은 교육을 너무 많이 받아서 예수님 말씀을 미신으로 생각하고 안합니다. 세상 교육은 잘 받았는지는 몰라도 하늘나라 교육은 잘못 받은 것입니다. 주님이 하라면 하는 것입니다. 우리의 도리인 것입니다. 오늘날 그렇기 때문에 귀신들이 자유롭게 교회에 출입을 하고 너무나 많은 사람들이 비참한 병의 고통을 당하고 있는 것입니다. 우리 교회가 다시 회개하고 귀신을 쫓아내고 병든 자를 고쳐야 되는 것입니다.

귀신이 초기 단계에는 우리에게 붙어 다니다가 그 다음에는 억압에서 우리를 강제로 끌고 다니고, 그 다음에는 억압하고, 그 다음에는 완전히 우리를 점령해서 우리를 괴롭히고 도적질하고 죽이고 멸망시키는 일을 하는 것입니다.

화초나 채소를 기를 때, 식물이 잘 자라다가 어느 날부터 잎사귀가 누렇게 뜨고 죽는 것을 볼 때가 많습니다. 그 때 잎사귀를 뒤집어보면 뒤에 진딧물이 잔뜩 붙어있는 것을 보는 것입니다. 진딧물이 잎사귀의 생명줄인 물기를 다 빨아 먹습니다. 그러므로 잎사귀가 누렇게 뜨고 그 다음 말라죽게 되는 것입니다. 수맥을 다 점령하여 물과 양분을 빨아 먹는 것입니다.

그러니 화초나 채소의 잎사귀에 물과 영양분이 공급되지 않으면 누렇게 뜰 수밖에 없지요. 오늘날 진딧물 같은 귀신이 우리 마음을 점령하면 자꾸 내 마음 속에 생명을 빼앗아 가기 때문에 나쁜 생각이 마음을 점령하고 죄를 짓게 하고 마음에 간직한 믿음, 소망, 사랑, 평안, 기쁨을 빼앗아 가고 우리 삶이 누렇게 떠서 행복을 누리지 못하게 하는 것입니다.

그러므로 우리는 무엇보다 먼저 회개하고 예수님 이름으로 귀신을 쫓아내야 되는 것입니다. 내 마음에 믿음, 소망, 사랑, 의, 평강, 희락이 사라지고 마음이 늘 우울하고 고통스럽고 괴로우면 마음에 진딧물이 붙었습니다. 귀신이 붙어서 생명을 빼앗고 도둑질하고 죽이는 것입니다. 그러므로 예수 이름으로 귀신을 쫓아내야 되는 것입니다. 그러면 귀신이 쫓겨 나가고 마음에 평안을 회복할 수가 있는 것입니다.

3.예수 이름으로 귀신을 쫓아내라.

예수님께서는 이 귀신을 쫓아내라고 말씀하셨습니다. 베드로전서 5장 8절에서 9절에 보면 "근신하라 깨어라 너희 대적 마귀가 우는 사자같이 두루 다니며 삼킬 자를 찾나니 너희는 믿음을 굳게 하여 저를 대적하라 이는 세상에 있는 너희 형제들도 동일한 고난을 당하는 줄을 앎이니라"라고 하셨습니다.

그러므로 우는 사자와 같이 돌아다니며 시간만 나면 기회만 있으면 우리의 영을 잡고 마음을 누르고 육체를 눌러서 도적질하고 죽이고 멸망시키는 일을 하고 있습니다. 그렇기 때문에 우리는 시시각각으로 원수 마귀를 내어쫓아야 하는 것입니다. 요한계시록 12장 10절에서 11절에 "내가 또 들으니 하늘에 큰 음성이 있어 가로되 이제 우리 하나님의 구원과 능력과 나라와 또 그의 그리스도의 권세가 이루었으니 우리 형제들을 참소하던 자 곧 우리 하나님 앞에서 밤낮 참소하던 자가 쫓겨났고 또 여러 형제가 어린양의 피와 자기의 증거하는 말을 인하여 저를 이기었으니 그들은 죽기까지 자기 생명을 아끼지 아니하였도다.”고 말하고 있는 것입니다.

원수귀신은 밤낮으로 밤에도 낮에도 쉬지 않고 참소를 합니다. 하나님 앞에서 참소를 합니다. 그래서 참소는 하나님이 하는 일이 아닙니다. 참소는 마귀가 합니다. 하나님이 하는 역사는 하나님은 용서하시고 하나님은 사랑하시고 하나님은 격려하시고 하나님은 돌보시는 일을 하십니다. 하나님은 우리에게 생명을 주는 일을 하는 것입니다. 마귀는 참소합니다. 끝임없이 참소합니다. 오늘날 이 세상에 얼마나 참소하는 일이 많습니까. 두 사람만 모이면 남을 헐뜯고 남을 모함하는 말을 합니다.

이러므로 이런 귀신은 단호하게 쫓아내야 하는 것입니다. 그러면 귀신을 어떻게 쫓아낼까요. 누가복음 10장 19절에서 20절에 보면“내가 너희에게 뱀과 전갈을 밟으며 원수의 모든 능력을 제어할 권세를 주었으니 너희를 해할 자가 결단코 없으리라 그러나 귀신들이 너희에게 항복하는 것으로 기뻐하지 말고 너희 이름이 하늘에 기록된 것으로 기뻐하라 하시니라”여기에 보면 하나님께서 우리에게 귀신의 능력을 제어할 권세를 주었다고 말한 것입니다. 능력이란 power입니다. 힘을 말하는 것입니다. 그러나 권세라는 것은 힘을 제어하는 능력인 것입니다. 예를 들어 말하면 자동차는 능력이 있습니다. 큰 능력으로 우렁차게 달려옵니다. 그러나 교통순경은 권세가 있습니다. 자동차보다는 능력은 없지만 교통순경은 손가락 하나로 지시만 하면 그 능력 많은 자동차가 덜컥 섭니다. 그것은 왜 그러냐 하면 자동차는 능력이 있지만 교통순경은 권세가 있는 것입니다. 여기 성경에 마귀는 능력이 있지만 하나님을 믿는 우리에게는 하나님께서 권세를 주셨다고 말씀하신 것입니다. 우리가 예수를 믿고 구원을 받자마자 우리의 이름이 하늘나라에 등록이 되자마자, 하나님은 우리에게 원수마귀의 모든 능력을 제어 할 권세를 주신 것입니다. 그러므로 우리는 권세가 있는 자들이라는 것을 깨닫게 되기를 주의 이름으로 축원합니다. 우리가 예수 믿고 권세가 있는 줄 알면 밤중에 혼자 있어도 두렵지 아니하고 밤중에 공동묘지에 걸어가도 두렵지 않습니다. 왜냐하면 모든 원수마귀는 힘이 있지만, 예수 믿지 않는 사람은 그 힘에 짓눌려서 꼼짝 못합니다.

그러나 예수 믿는 사람은 태어나서부터 믿은 자 마다 하나님께서 능력을 제어할 권세를 주신 것입니다. 우리가 담대하게 권세를 사용하면 마귀는 우리의 권세에 쫓겨서 한 길로 왔다가 일곱 길로 도망쳐 버리고 마는 것입니다. 그러므로 모두 다 하나님께서 태어날 때부터 권세를 주신 권세자이신 것을 알게 되시기를 주의 이름으로 축원합니다.

그러면 그 권세를 어떻게 사용할까요. 예수님 이름으로 사용할 수 있습니다. 마가복음 16장 17절에 "믿는 자들에게는 이런 표적이 따르리니 곧 저희가 내 이름으로 귀신을 쫓아내며 새 방언을 말하며"라고 말합니다. 나사렛 예수 이름으로 명하노니 너희 귀신은 물러갈찌어다. 더러운 귀신아 물러가라. 악한 귀신아 물러가라 거짓된 귀신아 물러가라. 점치는 귀신아 물러가라. 병의 귀신아 물러가라. 불신의 귀신아 물러가라. 우리가 예수 이름으로 우리의 권세를 사용할 수 있는 것입니다. 예수의 이름으로 명하노니 원수 귀신아 물러갈찌어다.

이와 같이 우리가 가진 권세를 예수의 이름으로 사용하면 마귀는 한 길로 왔다가 일곱 길로 도망가는 것입니다. 또 예수님의 보혈과 말씀으로 귀신을 쫓아냅니다. 요한계시록 12장 11절에 "또 여러 형제가 어린양의 피와 자기의 증거 하는 말을 인하여 저를 이겼다"고 말씀한 것입니다. 주의 그리스도 보혈을 보면 원수 귀신은 쫓겨납니다. 왜냐하면 그리스도의 보혈이 마귀의 모든 무장을 해제했습니다. 마귀의 죄의 무장을 해제하고, 미움의 무장을 해제하고 질병과 저주와 죽음의 무장을 다 해제시켜 버렸습니다. 십자가에서 마귀의 권세를 빼앗아 버렸습니다.

그러므로 예수의 보혈을 보면 마귀는 놀라서 도망을 칩니다. 우리가 예수의 보혈을 찬송하고 예수의 보혈을 말하고 예수의 보혈을 믿으면 보혈 앞에 마귀는 서지 못합니다. 타락한 귀신 과 천사들은 쫓겨나는 것입니다. 그리고 난 다음 우리가 담대하게 하나님 말씀을 증거할 때 귀신은 쫓겨나는 것입니다. 우리가 말씀을 증거하면 그 말씀에 의해서 가정에 있는 귀신이 쫓겨나고 사회에 있는 귀신이 쫓겨나고 그리고 그리스도를 믿게 되고 하늘나라가 임하게 되는 것입니다.

이르므로 보혈과 말씀으로 귀신이 쫓겨나가므로 우리는 강하고 담대하게 언제나 말씀을 전하고 말씀을 선언하는 모두가 되시기를 주의 이름으로 축원합니다. 내가 남에게 말씀을 전할 때 귀신이 쫓겨나가고, 그 집안에 귀신이 쫓겨나가는 것입니다.

그 다음에는 기도와 금식으로 귀신이 쫓겨나갑니다. 마가복음 9장 19절에 "이르시되 기도 외에는 다른 것으로는 이런 유가 나갈 수 없느니라" 귀신이 깊이 들어서 가정이 이상하게 되었던지 완전히 귀신에게 꽉 잡힌 가정을 위해서는 보통해서는 귀신이 쫓겨나지 않습니다. 아예 전통적으로 뿌리를 내리고 있는 귀신들은 우리가 금식하고 기도하고 대적하면 그 개인이나 가정에서 뿌리가 뽑히고 쫓겨나는 것입니다. 단호하게 우리가 금식하고 원수마귀를 대적하면 다들 쫓겨나갑니다.

우리가 이 세상에 살면 먼지와 티끌이 자꾸 묻습니다. 그러면 어떻게 합니까. 우리는 샤워를 합니다. 목욕을 해서 우리 몸을 자꾸 정하게 합니다. 그렇지 않으면 몸에 먼지와 티끌과 때가 많이 묻어서 결국 병들게 되고 마는 것입니다. 이와 같이 우리 영적으로도 끊임없이 귀신들이 붙습니다. 이 귀신들을 우리가 성령으로 기도하여 심령을 정화하며 씻어내야 합니다. 성령으로 기도를 하면 성령으로 충만해져서 귀신이 물러나는 것입니다.

하늘나라가 우리 속에 임하면 언제나 의를 가져옵니다. 불의와 악함을 제하고, 의를 가져오고 마음의 평화를 가져옵니다. 하늘나라가 오면 마음에 불안과 공포를 제하고 마음속이 평안으로 강물같이 넘쳐납니다. 그리고 마음에 기쁨이 넘쳐납니다. 기쁨이 바로 우리 삶의 용기와 희망을 줍니다. 마음에 기쁨이 있으면 살아가는데 용기가 생기고 힘이 생기고 창조적이 되는 것입니다. 그러나 사람의 마음속에 기쁨을 잃어버리면 좌절하고 낙심하고 허약하게 되어버립니다. 그리고 무능력하게 되어 버리고 마는 것입니다. 기쁨을 잃어버린 개인이나 가정이나 사회나 국민은 망하게 되고 마는 것입니다. 마귀는 어찌하든지 의를 빼앗아가고 평화를 빼앗아가고 기쁨을 빼앗아 가서 멸망시키려고 하는 것입니다.

그러나 우리가 예수의 이름으로 마귀를 단호하게 대적하여 이기고. 성령의 인도를 받는 영의 기도로써 성령 충만한 믿음생활을 하면, 성령이 우리 마음속에 충만해집니다. 마음에 하늘나라가 임하고, 하늘나라는 마음에 의를 가져오고, 마음이 평안을 가져오고, 마음에 기쁨으로 충만해서, 우리가 사기가 충천하고, 의욕이 넘쳐나고 긍정적이고 적극적이며 창조적이고 생산적이고 승리적인 삶을 살게 만들어 주는 것입니다.

예수 이름으로 대적하시기를 바랍니다. 내가 예수 이름으로 명하노니 나를 괴롭히는 귀신은 물러갈지어다. 가정을 파괴하는 귀신은 물러갈지어다. 나를 우울하게 하는 귀신은 물러갈지어다. 한가지 알아야 할 것은 귀신은 막연하게 귀신아 예수 이름으로 명하노니 떠나가라. 명령하면 어느 귀신이 떠나갈지 몰라서 떠나가지 못합니다. 정확한 이름을 부르면서 명령을 해야 합니다. 자신에게서 또는 가정에서 일어나는 현상을 가지고 명령해야 합니다. 혈기가 심하면 혈기나게 하는 귀신아 예수 이름으로 명령하노니 혈기 귀신은 떠나가라. 이렇게 구체적으로 이름과 현상을 가지고 명령해야 해당 귀신이 떠나갑니다.

17장 질병을 치유하시는 예수님

(마 8:1~4)"예수께서 산에서 내려오시니 수많은 무리가 따르니라. 한 나병환자가 나아와 절하며 이르되 주여 원하시면 저를 깨끗하게 하실 수 있나이다 하거늘 예수께서 손을 내밀어 그에게 대시며 이르시되 내가 원하노니 깨끗함을 받으라 하시니 즉시 그의 나병이 깨끗하여진지라. 예수께서 이르시되 삼가 아무에게도 이르지 말고 다만 가서 제사장에게 네 몸을 보이고 모세가 명한 예물을 드려 그들에게 입증하라 하시니라"

예수님은 병든 인생들의 고통을 알아보시고 치유하여 주시기를 원하십니다. 예수님의 은혜로 모두 영 육간에 불치의 질병을 기적치유 받으시기를 바랍니다. 모두 하나님의 역사를 체험함으로 영안이 열리기를 바랍니다. 영이신 예수님을 만남으로 불치병을 치유 받는 은혜를 받기 바랍니다.

자식을 기르는 부모는 자식이 잘못했을 때에 징계를 하게 됩니다. 가장 가벼운 징계는 꾸짖음이고 좀 더 무거운 징계는 벌을 받게 하고, 채찍으로 종아리를 때리기도 합니다. 그러나 결코 자식이 고통스러운 심신의 병이 들도록 병균을 그 몸에 주입하지 않습니다. 음식에 병균을 섞어서 먹이는 것을 통해서 징계하는 일은 없습니다. 우리는 예수님을 믿고 하나님의 자녀가 되었습니다. 하나님께서도 우리의 잘못을 징계하십니다. 꾸짖으시고 여러 가지 벌을 내리십니다. 그러나 결코 흉악한 질병으로 때리시지는 않으십니다.

히브리서 12장 11절에 "무릇 징계가 당시에는 즐거워 보이지 않고 슬퍼 보이나 후에 그로 말미암아 연달한 자에게는 의의 평강한 열매를 맺나니"라고 말씀했습니다. 하나님은 세상의 부모보다 더 크신 사랑을 가지신 하나님 아버지십니다.

마태복음 7장 9절로 11절에 "너희 중에 누가 아들이 떡을 달라 하면 돌을 주며 생선을 달라 하면 뱀을 줄 사람이 있겠느냐 너희가 악한 자라도 좋은 것으로 자식에게 줄줄 알거든 하물며 하늘에 계신 너희 아버지께서 구하는 자에게 좋은 것으로 주시지 않겠느냐"고 말씀하고 계신 것입니다.

1. 병을 고쳐주는 예수님

병 고침 받는 것이 과연 하나님 우리 아버지와 예수님의 뜻인지 아닌지 이것을 우리 마음속에 확실히 해결해야 되는 것입니다. 많은 사람들이 병 고침 받기 위해서 기도할 때 번민하는 것은 "제가 병 고침 받는 것이 하나님의 뜻인지 아닌지를 확실히 알아야 하겠습니다." 그렇게 합니다. 주님께서 우리 몸에 병이 고침 받고 건강하게 되길 원하신다는 확실한 사건이 성경에 기록되어 있습니다. 마태복음 8장 1절로 4절에 보면 예수님께서 제자들과 함께 산에서 내려오는데 한 문둥병자가 뛰어 나와서 예수님 앞을 막았습니다. 이건 굉장한 사건입니다. 왜냐하면 그 당시 이스라엘에서는 문둥병 환자는 성한 사람 앞에 오지 못하니다. 성한 사람이 지나가면 고함을 쳐야 됩니다. "나는 부정하다. 부정하다. 부정하다" 곁에 오지 못하게 합니다. 만일 성한 사람 곁에 오면 돌로써 맞아 죽습니다. 그런데 예수님과 그 일행이 오는데 뛰어 나와서 주님 앞을 막고 엎드렸다는 것은 벌써 죽기로 각오한 사람입니다.

만일 주님께서 이 부정한 문둥병 환자가 어떻게 감히 우리 성한 사람의 행렬 앞에 나왔느냐고 고함친다면 순식간에 사람들은 돌을 들어 그를 쳐서 죽였을 것입니다. 그는 죽기를 각오하고 예수님 앞에 나왔습니다. 병 고침 받는 것이 하나님 뜻인지 아닌지 알고 싶어 나온 것입니다. 문둥이로 평생 사는 것이 주의 뜻인지 아닌지 알고 싶었습니다. 그래서 고침 받지 못할 바에는 죽는 것이 낫겠다는 각오로 예수님 앞에 나온 것입니다. 그는 주님을 쳐다보고 말했습니다. "주님! 원하시면 저를 깨끗하게 하실 수 있나이다" 왜냐하면 깨끗이 할 수 있는 능력은 주님께서 가지고 계신다는 것을 이 문둥병 환자는 알았습니다. 하늘과 땅을 지으신 하나님의 아들이라는 것을 그는 시인한 것입니다.

주님은 무엇이든지 하실 수 있으나 자기 문둥병이 낫는 것이 주의 뜻인지 아닌지 그걸 전혀 모르겠다는 것입니다. 그렇기 때문에 원하시면 저를 깨끗하게 하실 수 있나이다. 그때 예수님이 뭐라고 말씀했습니까? 그 많은 사람이 보는 앞에서 제자들 앞에서 그 고름이 질퍽질퍽 나는 그 머리위에 주님이 손을 덮석 얹으시면서 "내가 원하노니 깨끗함을 받으라." 순식간에 고름은 사라지고 문둥병은 고침을 받고, 그는 정상인이 되어 버렸습니다. 생기가 그 몸속에 불어 들어와서 순식간에 새사람이 되어 버리고만 것입니다. 주님은 이를 통해서 우리의 병을 고치는 것은 결정적으로 주님의 뜻이라는 것을 보여주신 것입니다. 세상에 다 버림받은 문둥병 환자도 주님은 "내가 원하노니 깨끗함을 받으라" 하시고 고쳐 주신 것입니다.

그러므로 우리가 성경을 통해서 보면 죄 사함과 병 고침을 주님께서는 언제나 동등하게 여겼습니다. 죄 사함 따로 하고 병 고침 따로 하지 않았습니다. 언제나 죄 사함이 있는 곳에는 병 고침이 있고, 병 고침이 있는 곳에는 죄 사함이 있어서, 죄 사함과 병 고침은 손의 안쪽과 등과 같이 하였습니다.

마태복음 9장 1절로 8절에 보면"예수께서 배에 오르사 건너가 본 동네에 이르시니 침상에 누운 중풍병자를 사람들이 데리고 오거늘 예수께서 저희의 믿음을 보시고 중풍병자에게 이르시되 소자야 안심하라 네 죄 사함을 받았느니라. 어떤 서기관들이 속으로 이르되 이 사람이 참람하도다. 예수께서 그 생각을 아시고 가라사대 너희가 어찌하여 마음에 악한 생각을 하느냐 네 죄 사함을 받았느니라, 하는 말과 일어나 걸어가라 하는 말이 어느 것이 쉽겠느냐 그러나 인자가 세상에서 죄를 사하는 권세가 있는 줄을 너희로 알게 하려 하노라 하시고 중풍병자에게 말씀하시되 일어나 네 침상을 가지고 집으로 가라 하시니 그가 일어나 집으로 돌아가거늘 무리가 보고 두려워하며 이런 권세를 사람에게 주신 하나님께 영광을 돌리니라"

마가복음 2장을 보면 중풍병자가 치유 받는 모습이 나옵니다.

이 사건은 예수님께서 원수들 앞에서 행하신 것입니다. 주님이 와계신 곳에 사람들이 인산인해로 모였습니다. 거기에 바리새교인이나 교법사들 주님을 비평하고 책잡으려는 사람들도 기회를 노리고 앉아 있었습니다. 그런데 중풍병 걸린 사람이 예수님 앞에 나왔습니다. 그는 지붕을 뜯고 친구들이 밧줄로 매달아 내렸습니다. 예수님은 그 믿음을 보셨습니다. 믿음은 눈에 보이는 것입니다. 행함이 없는 믿음은 죽은 믿음이 아닙니까? 주님께서 그 믿음을 보시고 "네 죄 사함을 받았느니라" 이 사람은 마음속에 깊이 죄를 통회하고 자복하면서 주님 앞에 나왔음에 틀림이 없습니다. 사람들은 겉으로 보나 주님은 속을 보았습니다.

그가 회개하고 자복하는 모습을 보시고 "네 죄사함을 받았다"고 하니까 거기에 바리새교인이나 교법사들이 마음속으로 "쯧쯧쯧 어찌 사람이 감히 사람의 죄를 용서하는가! 하나님을 모욕하고 있다. 하나님 이외에 누가 죄를 사하는가!" 그들은 예수님이 하나님인 것을 인정하지 않았습니다. 그때 예수님께서 아주 어려운 질문했습니다. "네 죄 사함을 받았다는 것과 침상을 들고 집으로 돌아가라 하는 말이 어느 것이 쉽겠느냐?" 죄 사함을 받았다는 말은 쉽잖아요. 증거가 안보이니까. 그러나 중풍에 걸려 옴짝도 못하는 사람 "네 침상을 들고 집으로 돌아가라"는 말은 어렵잖아요. 말만 가지고 하는 것하고 실력으로 보이는 것 하고는 천양지차가 납니다.

그래서 예수님이 예수님을 비웃는 바리새교인이나 교법사에게 이 어마어마한 질문을 했습니다.

"네 죄 사함을 받았다"하는 말은 아무나 할 수 있다고 생각하지만 "침상을 들고 집으로 돌아가라"하는 말은 아무나 못하잖아요. "네가 죄 사함을 받았다는 것은 아무나 하는 말이 아니다. 진실로 능력과 실력을 가지고 하는 말이다. 그 증거로써 이 사람 고치는 것 보아라. 네 침상을 들고 집으로 돌아가라" 즉시로 생기가 그 속에 들어오매, 그 사람의 중풍에 걸렸던 몸은 다 고쳐지고 야들야들 부들부들 해져서 일어나 침상을 짊어지고 군중 사이로 걸어 나갔습니다. 예수님이 하시는 말씀은 그냥 허풍으로 하는 말이 아닙니다. 실력이 뒤따른 것입니다. 죄 사함을 받는 것은 그 결과로 병 고침도 따라온다는 것을 보여 주신 것입니다. 이러므로 주님은 죄 사함과 병 고침을 동시에 일어나는 역사로 생각했지, 죄 사함 따로 받고 병 고침 따로 받는 것으로 생각하지 않았었습니다. 그렇기 때문에 복음증거에는 항상 치료의 역사가 따랐었습니다.

마태복음 8장 14절로 18절에 보면"예수께서 베드로의 집에 들어가사 그의 장모가 열병으로 앓아누운 것을 보시고 그의 손을 만지시니 열병이 떠나가고 여인이 일어나서 예수께 수종들더라. 저물매 사람들이 귀신 들린 자를 많이 데리고 예수께 오거늘 예수께서 말씀으로 귀신들을 쫓아내시고 병든 자를 다 고치시니 이는 선지자 이사야로 하신 말씀에 우리 연약한 것을 친히 담당하시고 병을 짊어지셨도다함을 이루려 하심이더라"

여기에 예수님의 사역에는 항상 치료의 역사가 따랐습니다. 예수님은 죄 사함 따로 하시고 병 고침 따로 하신 적이 없습니다. 주님 계신 곳에는 항상 죄 사함과 병 고침은 손과 손을 마주 잡고 같이 나타나신 것입니다. 베드로의 장모 집에 들어갈 때 베드로의 장모가 열병에 걸렸습니다. 아마 요사이 말로 말하면 장티푸스같은 이런 병에 걸린 것 같습니다. 그런데 예수님께서 그 장모의 손을 잡고 병을 꾸짖었더니 병이 즉시로 떠나가고 그 장모가 일어났습니다. 그러자 수많은 사람들이 귀신들린 사람 각종 앓는 사람을 데리고 오매, 주님이 말씀으로 귀신을 쫓아내시고 병든자들을 다 고쳤습니다. 한사람도 남김없이 다 고쳤습니다. 주님을 간절히 찾고 나오는 모든 죄인을 다 용서하신 것같이 주님을 간절히 찾고 나오는 모든 병든 자는 주님이 다 고치신 것입니다. 여기에 특별히 볼 것은 병 고침 받기를 소원하고 나오는 사람을 고쳐 주셨지 주님이 병자를 찾아다니지는 않았습니다. 죄인도 회개하고 나오는 사람을 용서해 주시지 가만히 있는 사람을 용서해 주시지는 않습니다. 간절한 마음의 소원이 있어서 죄를 회개하는 사람을 용서해 주시고 병 낫기를 소원해서 주님께 찾아 나오는 사람들을 주님께서 고쳐 주신 것입니다.

그러므로 이 복음서에 보면 예수님께서는 천국 복음에는 반드시 병 고침이 따른다는 것을 보여주신 것입니다. 천국복음의 기초는 치료에 있다는 것을 주님께서 보여주신 것입니다.

마태복음 10장 7절로 8절에도 "가면서 전파하여 말하되 천국이 가까왔다 하고 병든 자를 고치며 죽은 자를 살리며 문둥이를 깨끗하게 하며 귀신을 쫓아내되 너희가 거저 받았으니 거저 주어라"고 열두제자에게 말씀하셨습니다. 천국은 그냥 말만으로 천국이 아니라는 것입니다. "회개하라. 천국이 가까이 왔다 했으면 천국의 증거와 열매를 보여주라" 천국의 증거와 열매는 귀신을 쫓아내고 병을 고치는 것이라고 말한 것입니다. 그러면 성경은 뭐라고 했습니까? 천국이 여기있다 저기있다고도 못하리니 천국은 너희 안에 있느니라 했으니, 예수 믿는 우리 안에 천국이 있으면 반드시 병고침 받는 열매와 증거가 나타나야만 된다는 것입니다. 예수님은 열두 제자에게만 그렇게 말씀하신 것 아닙니다. 칠십인의 제자를 부르셔서 둘씩 둘씩 각 촌락으로 보내서 복음을 증거하려 했을 때도 똑같은 명령을 하셨습니다.

누가복음 10장 8절로 9절에 "어느 동네에 들어가든지 너희를 영접하거든 너희 앞에 차려 놓은 것을 먹고 거기 있는 병자들을 고치고 또 말하기를 하나님의 나라가 너희에게 가까이 왔다 하라" 보십시오. 어느집에 가든지 주는 음식 먹고 거기에 있는 병은 고쳐라. 공짜로 음식먹고 나오지 말라. 음식 대접받고 그 집에 있는 병은 다 고쳐라.

그리고 말하기를 이것은 천국이 가까이 온 증거라고 말하라. 천국은 치료에 있는 것입니다. 치료는 천국의 기반인 것입니다. 치료 없는 천국은 상상할 수가 없습니다. 천국이 임한 곳에는 항상 치료가 임하시는 것입니다. 성경에는 너희 두 세 사람이 내 이름으로 모인 곳에는 나도 너희 가운데 있겠다고 했는데 예수님은 천국의 왕이신데 천국의 왕이 계신 곳에는 천국이 임하여 계시고 천국이 임하여 계신 곳에는 치료는 반드시 따르게 되어 있는 것입니다.

2. 치료는 예수 그리스도의 대속의 은총

치료는 예수 그리스도의 대속의 은총 속에 들어 있습니다. 주님께서 반드시 천국의 증거로만 치료를 보여준 것 아닙니다. 불쌍히 여기심으로 말미암아서 많이 치료한 것은 아닙니다. 주님이 십자가에 못 박혀 몸 찢고 피 흘려 우리를 대속하신 대속의 은총 속에 치료가 들어 있다는 것입니다. 예수님은 우리의 죄만 위해서 십자가에서 몸 찢고 피 흘린 것이 아니라, 우리의 병을 주님께서 청산하기 위해서 십자가에서 몸 찢고 피 흘렸다는 사실을 성경은 우리에게 분명히 말씀해 주고 있는 것입니다. 죄 사함이 주님의 대속을 통해서 오는 것처럼 병 고침도 주님의 대속을 통해서 우리에게 주어 지셨다는 것입니다. 이사야 53장 4절에 "그는 실로 우리의 질고를 지고 우리의 슬픔을 당하였거늘 우리는 생각하기를 그는 징벌을 받아서 하나님에게 맞으며 고난을 당한다 하였노라" 예수님이 맞아서 고난당하는 것을 우리는 그냥 예수님께서 하나님께 맞으며 고난당한다고 생각했는데 실로 그 내용인즉, 우리의 질고를 지고 우리의 슬픔을 당했습니다. 우리의 질병을 지고 병으로 다가오는 그 모든 슬픔을 예수님께서는 십자가에서 대신 짊어졌다고 말씀하고 있습니다.

이사야 53장 5절에도 "그가 찔림은 우리의 허물을 인함이요 그가 상함은 우리의 죄악을 인함이라 그가 징계를 받음으로 우리가 평화를 누리고 그가 채찍에 맞음으로 우리가 나음을 입었도다"라고 말씀하고 있는 것입니다. 여기에 똑같이 허물을 주님께서 대속하시고 죄를 대속하시고 우리의 저주를 대속하심같이 우리의 병도 주님께서 채찍에 맞으심으로 대신 다 청산해 버렸다고 말씀하고 있는 것입니다.

주님께서 우리를 위해서 대신 갚으셨습니다. 우리가 또 갚을 필요가 어디 있겠습니까? 예수님이 몸 찢고 피 흘려 갚은 것을 우리가 재차 갚을 이유는 없는 것입니다.

이사야 53장 10절에 "여호와께서 그로 상함을 받게 하시기를 원하사 질고를 당케 하셨은즉 그 영혼 을 속건 제물로 드리기에 이르면 그가 그 씨를 보게 되며 그 날은 길 것이요 또 그의 손으로 여호와의 뜻을 성취하리로다"이라고 말했습니다.

하나님께서 소원이 있습니다. 예수님께서 상함을 받아서 우리 질고를 당하는 것이 하나님의 소원이었습니다. 하나님이 얼마나 우리가 병을 앓는 것을 원치 않았기에 예수님 보시고 "네가 대신 상처 받으라. 그래서 내 소원을 이루어라. 모든 사람들 너를 믿고 나오는 사람마다 병에서 놓여남 받게 하기를 나는 소원한다."고 주님께서 말씀하신 것입니다. 그러므로 우리가 잊지 말아야 될 것은 하나님께서 우리에게 베풀어 주신 은택을 무시하지 말아야 됩니다. 하나님께서 우리에게 베풀어 주신 은혜를 우리가 무시해 버리고 감사할 줄 모르면 어떻게 되겠습니까?

성경 시편 103편 1절로 3절에"내 영혼아 여호와를 송축하라 내 속에 있는 것들아 다 그 성호를 송축하라 내 영혼아 여호와를 송축하며 그 모든 은택을 잊지 말지어다" 예수를 믿는 많은 사람들이 하나님의 은택을 잊어버리고 있습니다. 감사하지도 아니하고 은택을 누리지도 않습니다. 하나님이 주시는 은택을 우리가 감사히 받아들이고 누리기를 하나님은 원하시는 것입니다. 그러면 그 은택이 무엇입니까? "저가 네 모든 죄악을 사하시며 네 모든 병을 고치시며"라고 말했습니다.

죄 사함과 병 고침은 똑같이 주님이 베풀어 주시는 은택이라고 말씀하고 있는 것입니다. 모든 죄가 회개할 때 용서받습니다. 만일 우리가 우리 죄를 자백하면 저는 미쁘시고 의로우사 우리 죄를 사하시며 모든 불의에서 우리를 깨끗하게 하신다고 말씀하셨습니다. 그처럼 우리가 갖은 온갖 병을 다가지고 주님께 나와서 죄를 회개하고 치료 받기를 원하면 주님이 고쳐주시는 은혜를 베풀어 주시는 것입니다. 이 은택을 잊지 말라고 말씀하셨습니다. 우리는 절대로 용서와 치료를 분리시켜서는 안 됩니다. 주님은 우리의 죄 사함과 우리의 치료를 동시에 언제나 허락하셨지 이것을 분리해서 말씀하지 아니하셨습니다.

베드로전서 2장 24절에 베드로는 말하기를 "친히 나무에 달려 그 몸으로 우리 죄를 담당하셨으니 이는 우리로 죄에 대하여 죽고 의에 대하여 살게 하려 하심이라 저가 채찍에 맞음으로 너희는 나음을 얻었나니"라고 말씀하고 있는 것입니다.

여기에 하나님의 사도인 베드로가 복음을 말씀할 때 죄 사함과 함께 치료를 동시에 말했습니다. 우리로 죄에 대하여 죽고 의에 대하여 살게 하기 위해서 주님이 십자가에 매달렸고 채찍에 맞은 것이 우리로 나음을 얻게 하기 위해서 그렇게 했다고 말씀한 것입니다. 그러므로 베드로를 중심으로 해서 열 두 사도가 복음을 증거할 때 그들은 어느 곳에 가나 죄 사함을 전하고 예수 그리스도의 이름으로 귀신을 쫓아내고 병을 고쳤습니다. 이일은 사도적인 복음인 것입니다. 오늘날 우리가 이 복음을 전하지 않는다 하면 사도적인 전통을 져버린 것입니다. 사도적인 가르침을 져버린 것입니다. 예수 그리스도의 십자가의 은혜를 반만 쪼개서 전도하고 반은 내버린 것이 되어버리고 마는 것입니다. 예루살렘 공회의 회장이었던 예수님의 동생 야고보는 온 교회에 편지하실 때 야고보서 5장 15절로 16절에 이렇게 말했습니다. "믿음의 기도는 병든 자를 구원하리니 주께서 저를 일으키시리라 혹시 죄를 범하였을지라도 사하심을 얻으리라 이러므로 너희 죄를 서로 고하며 병 낫기를 위하여 서로 기도하라 의인의 간구는 역사하는 힘이 많으니라"

치료와 용서를 명령했습니다. 그냥 해도 좋고 안 해도 좋다고 말하지 않았습니다. "너희 죄를 서로 고하고 병 낫기를 위하여 기도하라"명령입니다. 사도시대에 총회 총회장이었던 야고보가 온 교회에게 낸 공적 문서인 것입니다. "너희 중에 병든자가 있느냐. 저는 교회 장로들을 청할 것이요. 저들은 기름을 바르며 위하여 기도 할지니라, 믿음의 기도는 병든 자를 구원하리니 주께서 저를 일으키시리라 혹시 죄를 범하였을지라도 사하심을 얻으리라. 그러므로 너희 죄를 서로 고하며 병 낫기를 위하여 기도하라. 의인의 간구는 역사하는 힘이 많다. 그렇게 말씀한 것입니다" 그러므로 우리는 적극적으로 치료와 죄의 용서를 위해서 교회에서는 기도해야 되는 것입니다.

3.성경이 가르치는 치료의 방법

어떻게 해서 병을 고쳐야 되겠습니까? 성경에는 안수하므로 병을 고치라고 말한 것입니다. 예수님은 부활승천하신 후에도 제자들에게 병 고치는 일을 계속하라고 명령하셨습니다.

마가복음 16장 17절로 18절에 "믿는 자들에게는 이런 표적이 따르리니 곧 저희가 내 이름으로 귀신을 쫓아내며 새 방언을 말하며 뱀을 집으며 무슨 독을 마실찌라도 해를 받지 아니하며 병든 사람에게 손을 얹은즉 나으리라 하시더라"고 말씀하신 것입니다. 하나님 아버지께서는 예수 그리스도의 이름으로 병자에게 손을 얹은즉 그 손을 통해서 성령의 생기가 흘러 들어가서 병을 고치겠다는 것입니다. 어떤 사람도 부모가 세상을 떠나실 때에 유언을 하시면 그 유언에 귀를 기울이고 최선을 다해서 그 유언을 이루려고 합니다.

마가복음 16장 17절로 18절은 예수님의 유언입니다. 주님이 이 세상을 떠나기 전에 마지막으로 제자들에게 남긴 말인 것입니다. 예수님의 유언을 우리가 무시하면 안 됩니다. 그 유언 중에 너희가 내 이름으로 귀신을 쫓아내고 병든 자에게는 손을 얹으면 낫는다고 말했으므로 우리 예수 믿는 사람은 가는 곳마다 예수님의 유언을 따라서 귀신을 쫓아내고 병든 자를 고쳐야만 하는 것입니다. 치료는 우리 기독교 복음의 편만한 은혜인 것입니다. 그리고 기름을 바르고 기도해서 고치라고 말했습니다.

마가복음 6장 12절로 13절에 "제자들이 나가서 회개하라 전파하고 많은 귀신을 쫓아내며 많은 병인에게 기름을 발라 고치더라"귀신은 말씀으로 쫓아내지만은 병을 고칠 때는 기름을 바르고 했습니다. 저도 안수할 때는 기름을 발라서 안수하고 기도할 때도 있습니다. 기름은 상징적인 의미가 있습니다. 성령을 상징합니다. 그러므로 병이 낫는 것은 사람의 힘으로 낫는 것이 아니라 성령의 생기가 들어와서 낫는다. 그 말씀인 것입니다. 에스겔 골짜기에 마른 뼈다귀를 보십시오. 뼈다귀들이 살이 올라서 누웠어도 하나도 살아있지 않습니다. 그러나 에스겔이"생기야 들어오라"사방에서 바람이 불더니만 모두 다 살아 일어나니 큰 군대더라고 말한 것입니다. 바로 그 생기는 성령의 역사를 말하는 것인데 기름을 바르라는 것은 성령의 생기가 들어와서 고침을 받기 때문에 사람의 생각으로 도저히 불가능한 병도 성령의 창조적인 역사로써 나을 수가 있다는 것을 표시하는 것입니다. 우리 믿음에 도움이 되는 것입니다. 안수하는 곳에다 기름을 바를 때 우리는 성령이 역사하시는 것을 눈으로 봅니다. 성령의 능력으로 병 고침을 받는 더 큰 확신을 얻을 수 있기 때문에 기름을 발라서 치료함을 받는 역사를 베푼 것입니다. 야고보서 5장 14절에도 "너희 중에 병든 자가 있느냐 저는 교회의 장로들을 청할 것이요 그들은 주의 이름으로 기름을 바르며 위하여 기도할지니라"고 말한 것입니다.

장로들은 교회 성도 중에 제일 믿음이 강한자들 아닙니까? 신앙의 연수가 깊고 믿음이 크기 때문에 믿음이 강한자가 믿음이 약한 자보다 능력을 더 나타낼 수 있습니다. 그리고 기름을 바르므로 사람의 힘과 능으로 되지 아니하고 병 나았을 때에도 "아~ 내가 안수해서 낳았다" 그런 건방진 소리를 안하고 성령의 역사가 일어나서 병 고침을 주었다는 영광을 하나님께 돌리기 위해서 기름을 바르며 기도하는 것입니다.

그 다음에 성경에 보면 바울의 앞치마를 갖다가 병든 자에게 얹은즉 병이 나았습니다. 앞치마에 능력이 있는 것이 아니라, 바울을 통해서 역사하시는 성령의 기름 부으심이 앞치마를 통해서 나타나신 것입니다. 사도행전 19장 11절로 12절에 "하나님이 바울의 손으로 희한한 능을 행하게 하시니 심지어 사람들이 바울의 몸에서 손수건이나 앞치마를 가져다가 병든 사람에게 얹으면 그 병이 떠나고 악귀도 나가더라." 사람이 너무나 많고 혹은 거리가 멀고 직접 바울이 갈 수 없는 곳에는 바울의 손수건이나 앞치마를 갖다가 병든자에게 얹으면 귀신도 쫓겨 나가고 병도 나았습니다. 그것은 바울의 몸을 통해서 역사하던 성령이 그 앞치마를 통해서 가신 것입니다.

옛날에 하나님 앞에 제사장이 입고 나간 옷은 그 옷 자체도 거룩하므로 그 옷을 입고 바깥사람에게 나가지 못했습니다. 그 옷에 손을 대는 것마다 다 거룩해졌습니다. 그처럼 오늘날 성령의 능력으로 역사하면 그 성령의 역사가 사람 몸을 통해서 입은 옷까지도 거룩하게 만들고 하나님의 영광이 같이 따르게 되는 것입니다. 성경에 보면 베드로의 그림자만 통해도 사람들이 나았습니다. 어찌나 병자가 많던지 일일이 베드로가 안수할 수 없어 베드로가 지나가는 곳에 눕혀 놓고 베드로 그림자가 쫙 지나가면 그림자만 접해도 나아 버렸다는 것입니다. 하나님께서는 사용하는 주의 종의 몸에 있는 손수건과 앞치마 뿐 아니라, 그림자도 주님이 사용한다는 것을 생각할 때 놀라지 아니할 수 없습니다. 그리고 병든자를 그냥 형식적으로 손을 얹어 기도해봤자 소용이 없습니다. 믿음으로 기도합니다. 믿음이 확실한 자가 안수를 하라는 것입니다.

야고보서 5장 15절에 "믿음의 기도는 병든 자를 구원하리니 주께서 저를 일으키시리라 혹시 죄를 범하였을지라도 사하심을 얻으리라" 그래서 성경에는 "네 믿은 대로 될찌어다"라고 했습니다. 확실히 하나님 뜻을 알고 병이 낫는 것을 믿고서 기도해야지 의심하고 기도해서는 아무 소용이 없는 것입니다. 그렇기 때문에 확실히 믿음이 있는 사람에게 가서 안수기도를 받으십시오. 믿음이 있는자가 기도 해주라고 하는 이유가 거기에 있는 것입니다. 믿음의 기도가 하나님의 기적을 베풀어 주신 것입니다.

그러므로 믿음이 생기지 않을 때는 믿음이 임할 때까지 기도를 해야 되는 것입니다. 마가복음 11장 24절에 "그러므로 내가 너희에게 말하노니 무엇이든지 기도하고 구하는 것은 받은 줄로 믿으라, 그리하면 너희에게 그대로 되리라" 받은 줄로 믿음이 올때까지 기도하라는 것입니다. 원래 믿음이 강한자는 그냥 그대로 기도할 수 있는데 자꾸 의심이 생기거든 의심이 다 물러가고 마음에 믿음이 점령할 때까지 인내를 가지고 계속 선한 싸움을 싸워야 되는 것입니다.

이것이 영적인 싸움인 것입니다. 믿음이 임할 때까지 기도를 해야 되는 것입니다. 우리가 확신하는 것은 병은 하나님의 뜻이 아니며 치료는 하나님이 원하시고 바라는 것입니다. 병에는 그 배후에 직접 혹은 간접으로 죄와 마귀가 도사리고 있습니다. 그 때문에 우리가 병 낫기 위하여 기도드릴 때 깊은 회개와 헌신이 필요하며 악한 마귀를 단호히 대적하고 물리쳐야만 되는 것입니다. 예수 이름으로 질병치유기도는 이렇게 합니다.

① 위궤양: 환자에게 호흡을 들이쉬고 내쉬라고 하세요. 사역자는 환부에 손을 얹고 환부에 성령의 임재를 요청하세요. 성령이여 임하소서. 어느 정도 성령이 임재가 되면 "내가 나사렛 예수 이름으로 명하노니 위궤양을 일으키는 질병의 영은 떠나갈지어다." "위장은 정상으로 회복될지어다." "위장은 튼튼해질지어다."

② 위하수: 환자에게 호흡을 들이쉬고 내쉬라고 하세요. 사역자는 환부에 손을 얹고 환부에 성령의 임재를 요청하세요. 성령이여 임하소서. 어느 정도 성령이 임재가 되면 "내가 나사렛 예수 이름으로 명하노니 위하수를 일으키는 질병의 영은 떠나갈지어다." "위장은 정상으로 회복될지어다." "위장은 튼튼해질지어다."

③ 황달: 환자에게 호흡을 들이쉬고 내쉬라고 하세요. 사역자는 간에 손을 얹고 환부에 성령의 임재를 요청하세요. 성령이여 임하소서. 어느 정도 성령이 임재가 되면 "내가 나사렛 예수 이름으로 명하노니 황달을 일으키는 질병의 영은 떠나갈지어다." "황달을 일으키는 질병의 근원은 정체를 밝힐 지어다." "간장은 정상으로 회복될지어다." "간장은 튼튼해질지어다." 지속적으로 예수 이름으로 환부에 손을 얹고 기도하면 치유가 됩니다.

18장 기적을 체험하게 하시는 예수님

(막 2:9-12)"중풍병자에게 네 죄 사함을 받았느니라 하는
말과 일어나 네 상을 가지고 걸어가라 하는 말 중에서 어느 것
이 쉽겠느냐, 그러나 인자가 땅에서 죄를 사하는 권세가 있는
줄을 너희로 알게 하려 하노라 하시고 중풍병자에게 말씀하시
되 내가 네게 이르노니 일어나 네 상을 가지고 집으로 가라 하
시니 그가 일어나 곧 상을 가지고 모든 사람 앞에서 나가거늘
그들이 다 놀라 하나님께 영광을 돌리며 이르되 우리가 이런
일을 도무지 보지 못하였다 하더라"

환란과 고통을 당하면서 어찌할 바를 모르는 사람도 예수를
만나면 기적을 체험합니다. 옛날이나 오늘이나 세상 어느 곳에
가든지 사람이 사는 곳에는 절망이 있습니다. 왜냐하면 사람은
근본적으로 절망적인 존재입니다. 하나님께서 아담과 하와를 만
드셔서 하나님이 예비하신 가장 아름다운 환경에 두셨습니다.
그러나 아담 사람은 하나님의 말씀을 의심하고 마귀의 말을 듣
고 하나님을 반역하였습니다. 그 죄의 대가로써 영혼이 죽어서
하나님께 분리되어 버렸습니다. 아담은 에덴에서 쫓겨나서 육체
로 살다가 죽어 흙으로 돌아갈 수밖에 없는 절망의 선고를 받았
습니다.

아담, 사람이 하나님께로부터 받은 땅은 가시와 엉겅퀴가 나
고 저주를 받아 어느 곳에 가나 저주의 먹장구름이 덮이고, 사람

은 이마에 땀을 흘려야 먹고살되, 고통스럽게 태어나서 고통 속에 살다가 고통스러운 죽음을 겪도록 만들어지고 말은 것입니다.

그러므로 인간은 오늘날 어느 곳을 가나 이 절망을 벗어날 수가 없습니다. 그렇기 때문에 유명한 철학자들도 인간을 규정하되, 인간은 죄책과 정죄의 절망적인 존재며 허무와 무의미의 절망적인 존재며 죽음과 무로 변화되는 절망적인 존재라고 규정하고 있는 것입니다. 인간은 절망이기 때문에 현재 인간은 웃고 있지만 죽음에 이르는 병에 든 사람이 웃고 있는 것과 같습니다. 일시적으로 잘 먹고 잘 입고 잘 사는 것 같습니다. 그러나 죽음에 이르는 병이 든 사람이 일시적으로 잘 먹고 잘 입고 잘 산다고 해서, 그것이 그들에게 얼마나 큰 기쁨을 준다는 것입니까? 이미 절망적인 존재요 절망을 옷 입고 사는 것이 인간의 실존인 것입니다.

그러므로 사람에게 필요한 것은 더 많은 종교나 제도나 율법이나 윤리나 도덕 강령이 아니라, 인간에게 희망을 주는 것이 필요한 것입니다. 지금까지 수많은 종교가 이 세상에 있었습니다. 수많은 선생이 있었지만은 사람에게 더 많은 종교적인, 율법적인 명에는 세워주었지만, 그 마음속에 진실한 희망을 주지는 못했습니다. 그러나 오직 2000년 전에 이 땅에 오신 나사렛예수님만은 가는 곳마다 사람들에게 희망을 주셨습니다. 그렇기 때문에 예수님이 가시는 곳은 홍보하고 선전할 필요가 없었습니다. 입에서 입으로 소문이 퍼져서 누가 나오라고 하지도 않았는데 인산인해로 사람들이 모이는 것은 사람들은 희망이 필요하기 때문인 것입니다. 그러므로 사람들은 예수께 나와서 희망을 얻었고 그들의 삶이 새로운 광명을 얻을 수가 있었습니다. 이러므로 예수그리스도의 복음이야말로 진실로 인류를 구원하고 살리는 복음이요, 예수님이야말로 우리에게 절망을 젖히고 희망을 주시는 하나님의 아들이시기 때문에 우리에게는 참된 구주가 되시는 것입니다.

오늘 저는 예수그리스도를 따라다니는 무리들과 한번 인터뷰를 해 보겠습니다. 21세기에 예수님이 태어나셨다면 수많은 신문기자와 라디오, 텔레비전 기자들이 인터뷰를 했을 것입니다. 저는 예수님을 따라 다니는 사람들을 인터뷰를 해보고자 하는 것입니다. 한번 들어보시기를 바랍니다.

여기 한 여인이 있습니다. 그는 정숙하고 아름다운 여인으로 보입니다. 얼굴에는 광채가 나고, 그 옷을 정숙하게 아름답게 입고 있습니다. 당신은 어떻게 하여 예수를 믿게 되었습니까? 그 여인의 말은 이렇습니다. 나는 항상 이렇게 얼굴에 광채가 나고, 마음이 기쁘고 희망찬 여인은 아니었습니다. 나는 옛날에 바람기가 많은 여자였습니다. 나는 죄를 많이 지었었습니다. 한번은 간음하다가 현장에서 잡혀서 바리새교인, 사두개교인, 율법사들에게 개처럼 끌려간 적이 있었습니다.

나는 이제 죽는가 보다 했습니다. 왜냐하면 우리나라에는 간음하다가 잡히면 돌에 맞아 죽습니다. 그런데 내가 끌려간 곳은 바로 성전 뜰이었고 그곳에는 예수님이 계셨습니다. 바리새교인, 사두개교인, 율법사들이 나를 법적으로 나를 돌로 쳐서 죽이려고 할 때, 예수님께서는 땅에다가 글을 쓰시면서 준엄하게 말씀하셨습니다. "너희 중에 죄 없는 자가 이 여자를 먼저 돌로 쳐라" 이 예수님의 말씀은 마치 청천벽력같이 들렸습니다. 모든 사람의 위선의 옷이 벗겨졌습니다. 그들의 마음이 주님 앞에 벌거벗은 것처럼 되었고, 그들의 죄가 백일천하에 드러났기 때문에 고통스러워서 견딜 수가 없어서 모두 다 햇빛 앞에서 도망치는 벌레처럼 예수님 앞에서 도망쳐 버리고 말았습니다. 나 혼자 남았는데 예수께서 저보고 하신 말씀이 "너를 정죄하는 자가 하나라도 없느냐"고 말씀하셨습니다.

내가 고개를 들어보니 아무도 없는지라 정죄하는 자가 없다고 말씀드리니까 "나도 너를 정죄하지 아니한다 이제 집에 돌아가서 다시는 죄를 범치 말라"고 말씀하셨습니다. 나는 죽음의 혹독한 절망에서 예수로 말미암아 희망을 얻었습니다. 죄가 용서함 받고 나는 재생의 희망을 얻었습니다. 그때로부터 시작해서 내 인생은 이렇게 달라졌습니다. 나는 정숙하고 아름다운 여인이 되었고 내 마음속에 예수님을 믿고 난 다음에 넘치는 평화와 기쁨을 얻게 되었습니다.

그러자 그 앞에 있는 한 여인에게 또 물어봅니다. 당신은 어떻게 해서 예수를 믿게 되었습니까? 나는 소위 말하는 수가성 우물가의 여인입니다. 나는 소위 남편을 다섯이나 바꾼 여자지요. 결혼하고 한번 잘못된 것이니 두 번째 다시 가정을 이루어 보았습니다.

그러나 그것도 잘못되어 또 가정이 파괴되고 그것이 세 번, 네 번, 다섯 번을 연속하고 나니, 그 다음에는 지칠 대로 지쳐버리고 말았습니다. 사는 것이 재미가 없었습니다. 이제는 앞날에 희망이 없었습니다. 여섯째는 될 대로 되라고 여섯째 남자와 육정에 끌려서 살고는 있었지만, 부끄럽고 창피하여 사람들의 얼굴을 마주치기가 싫어서 대낮에 사람 없을 때, 우물에 물 길러 왔다가 예수님을 만나게 되었습니다. 예수님은 나를 정죄하지 않았습니다. 나쁜 여자, 음란한 여자, 죄 많은 여자라고 말씀하지 않았었습니다. 예수님은 나에게 진실로 사는 의미가 무엇인지 보여주셨습니다. 예수께서 당신이 구세주인 것을 알게 해 주시자, 내가 예수님을 믿자 마자, 하나님의 임재하심을 내 속에 느꼈었습니다. 하나님이 나에게 임재하시는 것을 느끼자마자, 내 속에는 말로 다할 수 없는 기쁨이 넘쳐났습니다.

마침 시편기자가 "하나님 앞에는 기쁨이 충만하고 그 우편에는 즐거움이 넘치나이다"라고 한 것처럼, 내 마음속에 생전 처음으로 그런 기쁨과 즐거움은 느꼈습니다. 평화가 강물같이 넘쳐났습니다. 나는 물동이를 그대로 내버려두고 그 길로 우리 동네 사람들이 사는 시내로 뛰어 내려가서 "와 보라 이 분이 구주가 아니냐"고 전도했고, 수많은 사람이 따라 나와서 내 말을 듣고, 예수를 믿고 똑같은 구원을 받았지요. 그 날 이후로 나의 생애는 달라져 버리고 말았습니다. 나는 예수님과 함께 살므로 내 마음속에 넘치는 이 기쁨과 이 평안을 세상 그 무엇과도 바꿀 수가 없습니다.

그러자 그 옆에 아주 건장한 남자가 아주 즐거운 얼굴로 서있습니다. 당신은 어떻게 하다가 예수를 믿었습니까? 말도 마십시오. 나는 문둥이였습니다. 내가 문둥병이 걸리자 나는 가정에서 쫓겨났고 처자들을 볼 수 없게 되었습니다. 나는 사람이 드문 산이나 들에서 살았었습니다.

움막을 치고 살았고 토굴 속에 살았었습니다. 겨울에는 혹독히도 추웠고 여름에는 더웠었습니다. 벌레들에게 물렸고 온 몸은 고름주머니가 되었습니다. 사는 것이 고통이요 저주였었습니다. 나는 너무나 마음이 고통스럽고 괴로웠었습니다. 몸은 고통스럽고 괴롭고 마음은 가족이 그리워 견딜 수가 없어도 어디 가족을 만나 볼 수가 있나요. 우리 같은 문둥이는 성한 사람이 오면"부정하다, 부정하다"외쳐서 성한 사람이 곁에 오지 못하도록 해야 합니다. 만일 문둥병자인 제가 성한 사람 곁에 갔다가는 돌로 맞아 죽습니다. 나는 천벌을 받고 이 처절한 절망가운데 있을 때 하루는 예수님께서 무리들과 함께 산에서 내려오는 것을 보았었습니다. 나는 그때가 기회인줄 알았습니다. 이제 살든지 죽든지 사생결단을 내려야겠다고 생각했습니다.

이 모습 이대로 살아서야 무엇을 하겠습니까? 그래서 담대하게 성한 사람 있는 곳으로 뛰어 들어갔었습니다. 성한 사람들이 기겁을 하고 놀라서 손에 돌을 들었지만 나는 예수님 앞에 무릎을 꿇었습니다."주여! 원하시면 나를 깨끗하게 하실 수 있나이다"나의 외마디 부르짖음이었었습니다. 그 때 예수님께서 나에게 손을 내미시고 고름이 질퍽한 내 머리 위에 손을 대시더니"내가 원하노니 깨끗함을 받으라"고 하셨습니다. 예수님의 말씀이 선포되자마자 하늘에서 불이 떨어지는 것 같았습니다. 내 온몸이 불타는 것 같더니 순식간에 문둥병은 사라지고 나는 이와 같이 새 사람이 되고 말았습니다. 예수님으로 말미암아 문둥병자이였던 제가 소망을 얻었지요. 그 어둡고 캄캄한 문둥병이라는 절망에서 나는 찬란한 소망을 얻었습니다.

나는 우리 집으로 돌아갔고 지금 부모를 모시고 처자와 함께 삽니다. 이 얼마나 소망찬 일인 것입니까? 예수님으로 말미암아 얻은 이 소망은 아무도 빼앗을 수가 없습니다. 그러자 그 옆에 두 자매가 서있습니다. 당신의 이름은 무엇입니까? 예 나는'마리아'라고 하고, 나의 언니는 '마르다'라고 합니다. 우리들은 베다니의 빈민굴에서 살았지요. 예수님께서 예루살렘에 와서 복음을 증거 하시고 난 다음 주무실 때는 언제나 베다니의 빈민굴에 와서 주무셨습니다. 돈 없고 헐벗고 굶주리고 소외되고 불쌍한 사람들과 친구가 되어주셨지요. 베다니에서 우리는 아버지와 어머니를 일찍 잃어버리고, 우리 형제들이 가난하고 슬프게 살기 때문에 예수님은 우리 집에 와서 마치 우리 부모와 같이 부형과 같이 대해 주셨습니다.

그런데 한번은 예수님이 요단강 건너편에 계실 때에 우리 집의 가장이던 오라버니가 병들어서 죽어버리고 말았었습니다. 우리 두 자매는 가장 처절한 절망에 처했습니다. 천지가 아득하고 우리는 오라버니와 함께 따라서 죽을 수밖에 없었습니다. 그럴 때 예수님께서 나흘만에 오셨는데 오라버니는 무덤에서 썩은 냄새가 났습니다. 예수님은 그 무덤가로 우리를 데리고 가서, 그 돌을 옮겨놓으라고 하시더니, 말 한마디로 죽은 오라버니를 살려서 우리에게 내어주심으로 우리에게 어두움이 광명으로 절망이 소망으로 변하게 했습니다. 우리는 예수로 말미암아 가난과 슬픔과 절망에서 벗어나고 이제는 소망 차게 살고 있습니다. 이러한 소망은 예수님밖에 우리에게 줄 수가 없습니다.

그러자 그 옆에 있는 할머니가 나도 하나 간증해야 겠어요. 내 간증도 좀 들으십시오. 나는 나인성에 사는 한 여인입니다. 나는 일찍이 청춘과부가 되어서 내 아들 하나를 힘입고 온갖 고생을 하며 살았습니다. 아들만 장성하면 희망이 있을 것이라고 생각하고 살았는데, 이 눈에 넣어도 아프지 않을 것 같은 아들이 이제 제법 커서, 이제는 어미의 기둥이 되어줄 만할 때, 그만 병들어 죽었지요. 아들이 죽어 상여에 실려 장사를 지내려고 나가는 날, 나는 아들과 같이 죽기로 결심을 했지요. 아들이 흙에 파묻힐 때, 나도 그곳에 함께 뛰어 들어가서 파묻힐 각오를 했었습니다. 나는 상여 뒤에 따라가며 울며, 울며 부르짖으며 따라가고 있는데 예수님을 길에서 만나자 상여의 행렬을 정지시켰습니다.

관 뚜껑을 열라고 하시더니 싸늘하게 식어서 뻣뻣해진 내 아들의 손을 잡고 '청년아 일어나라' 말 한 마디 하시매, 갑자기 우리 아들의 얼굴에 생기가 나고 피가 돌더니 내 아들은 야들야들하게 되어서 일어났습니다. 그때 이후로 지금까지 내 아들은 내게 효도하고, 나는 내 아들을 의지하고 이렇게 살지요. 그 어둡고 캄캄한 절망이 예수로 말미암아 이런 큰 소망으로 변화되고 말았습니다. 이러니 어찌 예수님을 경배하지 않겠습니까? 예수께 찾아온 사람들 한사람, 한사람의 말을 들어보면 그들이 새로운 종교를 얻었다는 간증을 하지 않습니다. 새로운 율법을 얻었다는 간증도 하지 않습니다. 아름다운 의식을 집행했다고도 말하지 않습니다.

예수님께 가까이 나온 사람들마다 그들은 다 가지가지 인간이 경험할 수 있는 슬픔과 절망에서 놀라운 희망을 얻은 간증을 하고 있는 것입니다.

성경은 말씀하시기를 "예수그리스도는 어제나 오늘이나 영원토록 동일하시느니라"고 말씀하신 것입니다. 예수님은 오늘날도 이 희망의 손길을 가지고 우리를 찾아오고 계신 것입니다. 성경은 말씀하시기를 "볼지어다 내가 문밖에 서서 두드리노니 누구든지 내 음성을 듣고 문을 열면 내가 그에게로 들어가 그와 더불어 먹고 그는 나와 더불어 먹으리라"고 말씀하고 있는 것입니다. 예수님은 종교가 아닙니다. 철학도 아닙니다. 어떠한 윤리와 도덕의 규범도 아닙니다. 예수님은 우리를 절망적인 존재에서 건져주시는 분이신 것입니다.

가버나움에 절망적인 사람이 있었습니다. 그는 꽤 살림도 있고 명망도 있는 사람이었는데 중풍에 걸리고 말았습니다. 무슨 큰 죄를 지었는지 모르겠지만 그는 늘 마음속에 고민을 하고 억압을 당하고 살았는데 갑자기 하루는 고혈압으로 쓰러졌습니다. 그리고는 그만 말도 못하게 되고 몸을 움직이지 못하고 침상에 드러누워 산송장으로 죽어가고 있었습니다. 오늘날도 중풍은 어려운 병입니다. 하물며 2000년 전이야 중풍이면 그로써 끝난 것입니다. 모든 의원과 약이 아무 소용이 없었습니다. 그는 그 절망 중에 있을 때 예수님께서 가버나움에 들어왔다는 소식을 들었었습니다. 예수님께서 가버나움에 들어왔다는 소식을 듣자 이 사람의 마음은 희망으로 뛰기 시작했었습니다. 심장이 뛰었 었습니다.

이 기회를 놓치면 나에게는 영원히 기회가 없다고 생각했습니다. 그래서 중풍병자는 자기 동료 네 사람을 불렀었습니다. 제발 나를 들것에 싣고 예수님께 좀 데려다 달라. 예수님께 가기만 하면 나는 새사람이 된다. 나는 새로운 소망을 얻는다. 나는 살아 난다. 종교를 얻으려고 가는 것은 아니다. 예수님께 가면 내 운명이 변화될 수 있다. 새 생명을 얻을 수 있다. 친구들은 이 사람의 간청을 듣고 들것에 실어서 네 사람이 들고서 예수님이 계신 곳에 가니까 벌써 사람들이 장사진을 치고 인산인해로 그 대문 밖에 얼씬할 틈도 없이 사람들도 꽉 들어 찼습니다. 아무리 사정을 해도 사람들이 길을 비켜주지 않습니다. 그러자 이 환자는 친구들에게 말했습니다. 이 집주인을 만나게 해다오. 그리고 나를 이 집의 지붕을 뚫고 올리어서 예수님께 달아 내리도록 해다오. 이 집의 지붕을 뚫으면 아마 집주인이 집값을 내라고 할 것이다.

후히 내가 집값을 지불하겠다. 필요하다면 이 집을 사버리겠다. 또 필요하다면 이런 집을 지어주겠다. 나는 기어코 예수님을 만나야 되겠다. 나는 이제 후퇴할 수가 없다. 그래서 집주인과 상의해서 허락을 받고, 그들은 사다리를 타고서 지붕에 올라가서 맷돌로 지붕을 깨뜨렸습니다. 온 집이 흔들리는 소리가 나고 먼지의 사태를 일으켰습니다. 그러자 지붕에 구멍을 뚫고 난 다음 이 사람을 줄에 달아서 예수님 앞에 내리니 성경은 말씀하시기를 예수님이 이 사람의 믿음을 보셨다고 말씀하셨습니다.

믿음이란 눈에 보이는 것입니다. 행동으로 보이는 것입니다. 눈에 보이지 않는 믿음은 믿음이 아닙니다. 아무리 나는 종교를 가졌소. 우리 아버지가 장로고 어머니가 권사요 나는 그런 집에 태어났소 그런 말이 아무 소용이 없습니다. 주님이 원하시는 것은 눈에 보이는 본인의 믿음인 것입니다. 믿음이란 눈에 보이는 것입니다. 참된 믿음은 마음속에 감추인 것이 아니라 하나님 앞에 보이고 마귀 앞에 보이고 믿는 자와 믿지 않은 자에게 눈에 보이는 것입니다.

우리가 성수주일하기 위해서 교회 나와서 예배당에 앉아 계시는 것은 눈에 보이는 행동입니다. 이것은 믿음이 있기 때문에 나오신 것입니다. 우리가 오늘 교회 나왔다는 것은 하나님이 보시고 마귀가 보고 불신자와 신자가 다 보고 있습니다. 이것이 보이는 믿음인 것입니다.

당신이 사람들에게 나가서 예수 믿으라고 전도할 때 이것은 보이는 믿음입니다. 혼자 믿는 것이 아니라 믿음이 밖으로 나와서 행동으로 사람들에게 보여지고 있는 것입니다. 우리가 육신으로 이 땅에 살면서 우리가 보이는 가장 큰 믿음을 행사할 수 있는 것은 하나님께 십일조와 헌물을 드리는 것입니다. 왜냐하면 사람들이 이 세상에 물질을 사랑하지 아니할 수 없습니다. 왜냐하면 육신의 죽고 사는 것은 물질에 달렸습니다. 이렇기 때문에 피땀을 흘려가며 애쓰며 사람들은 물질을 구하는 것입니다. 그렇기 때문에 성경에도 말하기를 네 물질이 있는 곳에 네 마음도 있다고 말하는 것입니다. 우리가 하나님께 나와서 십일조를 드리고 헌물을 드리는 것은 우리가 하나님을 믿는다는 신앙의 극치의 표현인 것입니다. 사람들이 신앙이 없고야 하나님께 십일조나 헌물을 드리지 못합니다. 그러므로 이와 같이 눈에 보이는 신앙을 가지고 나오면 주님은 그 눈에 보이는 신앙을 따라서 기적을 베풀어주시는 것입니다. 성경은 말씀하시기를 "네 믿음대로 될지어다"라고 말했는데 그 믿음이란 바로 눈에 보이는 믿음인 것입니다. 이 중풍병 환자는 예수님이 보시기에도 눈에 보이는 믿음을 가지고 있었습니다.

그가 눈에 보이는 믿음이 없었으면 들것에 실려오고 또 집 한 채를 부서뜨리더라도 예수님 앞에 가까이 오겠다는 이와 같은 불퇴진의 신앙을 갖지 않았을 것입니다. 예수님도 그 믿음을 보셨고 거기에 있는 모든 사람들도 이 사람의 믿음을 보고 감탄했습니다. 예수님은 이 사람을 보시자마자 "소자야 안심하라 네 죄 사함을 받았느니라"라고 말씀했습니다.

하나님과 사람 사이를 막는 담은 죄밖에 없습니다. 그 무엇도 하나님과 사람 사이를 막을 수 없지만은 죄는 하나님과 사람을 분리시켜 버리고 마는 것입니다. 예수께서 이 사람을 보고 네 죄 사함을 받았다고 말하니까 거기에 앉아 있던 율법사나 서기관들이 속으로 불평을 말했습니다. "이 사람이 어찌 이렇게 말하는가 참람하도다 오직 하나님 한 분 외에는 누가 능히 죄를 사하겠느냐"고 말했습니다. 그러자 예수님이 그 생각을 아시고 곧장 말씀했습니다. "어찌하여 이것을 마음에 의논하느냐 중풍병자에게 네 죄 사함을 받았느니라 하는 말과 일어나 네 상을 가지고 걸어가라 하는 말이 어느 것이 쉽겠느냐 그러나 인자가 땅에서 죄를 사하는 권세가 있는 줄을 너희로 알게 하려 하노라 내가 네게 이르노니 일어나 네 상을 가지고 집으로 가라"고 하자, 이 사람은 즉시로 고침을 받고 침상에서 일어나서 저벅 저벅 걸어서 나가니까, 그렇게 안 비켜주던 길이 환하게 트여서 그는 뛰고 울며 감사하며 찬미하며 나아가게 된 것입니다. 이 사람이 들어올 때는 들것에 들려왔지만 그가 불퇴진의 믿음으로 눈에 보이는 믿음을 갖자, 예수님에게 죄 사함을 받고 병 고침을 받고 나아갈 때는 자신의 발로 걸어서 나간 것입니다. 이렇게 행함이 있는 믿음으로 행동에 옮겨 예수님을 만나자, 그의 막힌 길이 환하게 트여지고 말았던 것입니다.

오늘날도 마찬가지입니다. 우리가 참 살아있는 믿음을 가지고 예수님을 간절히 찾으면 예수님은 우리의 죄를 용서해 주시고, 우리의 병을 치료해 주시고, 우리의 앞길을 환하게 열어주셔서, 눈물이 기쁨으로, 절망이 소망으로, 죽음이 삶으로, 변화되게 만들어 주시는 것입니다. 그래서 이 중풍병 걸린 사람은 예수를 만남으로 말미암아, 그 일생에 가장 위대한 소망을 얻게 된 것입니다. 바로 예수그리스도의 십자가는 우리 희망의 원천인 것입니다. 하나님의 아들인 예수님이 오셔서 하나님이 사람을 위해서 십자가를 걸머지셨으니, 그 얼마나 큰 희생인 것입니까? 자식을 살리기 위해서 자신의 생명을 십자가에서 희생시킬 수가 있겠습니까? 예수님은 우리의 죄악을 청산하여 자유인을 만들기 위해서 자신의 생명을 십자가에서 희생하신 것입니다.

다윗은 말하기를 "여호와는 나의 목자시니 내가 부족함이 없으리로다 그가 나를 푸른 초장에 누이시며 쉴만한 물가로 인도하시는도다"라고 했는데 오늘 우리의 푸른 초장과 쉴만한 물가는 다른 곳이 아닌 바로 십자가 밑이 그런 장소인 것입니다. 갈보리산 십자가 밑에 우리의 푸른 초장이 있고 그곳에 쉴만한 물가가 있습니다. 하나님께서 그 아들 예수를 통해서 십자가에서 모든 절망을 다 못 박아버리고 불태워버린 것입니다. 십자가는 바로 여러분과 나의 소망의 원천입니다. 그곳에서 절망이 사라져버리고 말은 것입니다. 오늘 인류들을 살릴 수 있는 유일한 처소는 바로 십자가 밑인 것입니다. 왜 그럴까요?

1. 십자가를 통하여 기적을 체험한다.

십자가 밑에서 우리는 죄 사함을 받는 크나큰 소망을 얻습니다. 다른 종교에서는 죄 사함을 받기 위해서는 5년, 10년도 걸리고 온갖 고행을 다하고 온갖 고통을 겪어야 합니다. 예수 믿는 사람은 그렇지 않습니다. 예수께서 하나님으로서 사람을 대신해서 십자가에 못 박혀 피 흘려 거대한 대가를 지불했기 때문에 죄를 지었음에도 불구하고 못났음에도 불구하고 회개하고 믿기만 하면 눈 깜작할 사이에 그 순간에 그 모든 죄가 하나도 없이 다 용서함을 받고 하나님 앞에 담대하게 설 수 있는 자격을 얻게 되는 것입니다. 이러므로 십자가 밑에는 죄 사함의 놀라운 희망의 광채가 비치는 처소인 것입니다.

2. 기적을 체험하며 위로와 희망을 갖는다.

십자가 밑에서는 크나큰 위로를 얻을 수 있는 희망이 있습니다. 사람들은 이 세상에서 마치 고아와 같이 버림을 받고 살고 있는 것입니다. 아무도 도와줄 자가 없는 외로운 인생길을 살고 있습니다. 그런데 우리가 십자가 밑에 가면 하나님께서 우리를 고아와 같이 버려두지 아니하고 예수그리스도를 믿는 사람들에게 우리를 도와줄 보혜사 성령을 보내주시는 것입니다.

예수께서 말씀하기를 "너희를 고아와 같이 버려두지 않고 너희에게로 오리라 내가 아버지께 구하겠으니 그가 또 다른 보혜사를 너희에게 주사 영원토록 너희와 함께 있게 하시리니"라고 말한 것입니다. 보혜사란 바로 하나님께서 우리를 도와주시기 위해서 보내신 우리의 변호사요 우리의 위로 자요 선생이요 안내자요 우리에게 능력을 주시는 자인 것입니다. 성령님을 가볍게 생각하지 마십시오. 우리가 매일같이 숨쉬면 공기가 뱃속에 들어갔다 나왔다 하는 것처럼 성령께서도 기도를 통해서 우리 속에 와서 함께 거하시는 것입니다. 주 예수의 이름으로 평소에 늘 기도할 때 하나님의 성령은 우리와 함께 역사 하여 주셔서 우리에게 위로의 원천이 되십니다. 성경은 말씀하기를 성령도 우리 연약함을 도우신다고 말했습니다. 오늘 이 시간에 연약하지 않은 자가 어디 있습니까? 지적으로 연약하고 감정적으로 연약하고 의지로 연약하고 육체로 연약하고 생활에 연약할 때 보혜사 성령은 우리에게 돕는 자가 되어주시는 것입니다.

나는 수없이 성령께 부르짖습니다. 저의 지력으로서는 감당할 수 없는 어려운 일을 당할 때가 많습니다. 그럴 때마다 나는 언제나 내게 돕는 자가 있다는 것을 생각할 때 마음에 크나큰 위로를 느끼는 것입니다. 나는 늘 말합니다. "보혜사 성령님, 성령님을 인정합니다. 환영합니다. 모셔들입니다. 의지합니다. 성령이여 나와 함께 가 주시옵소서" 저는 성령님과 함께 나갈 때 높고 낮은 자 어떠한 처지에 처할지라도 성령께서 지혜와 총명을 주시고 모략과 재능을 주셔서 무슨 일이든지 성공적으로 할 수 있도록 도와주시는 것을 늘 체험하고 있는 것입니다. 이러므로 우리는 연약하나 십자가 밑에서 크나큰 위로를 받을 수 있는 보혜사 성령을 모시는 희망을 얻을 수 있는 것입니다.

3. 기적적인 치유로 소망을 얻는다.

우리는 십자가 밑에서 치료의 소망을 얻습니다. 오늘 수없이 많은 사람들이 마음에 상처를 입고 있습니다. 사람의 마음이 부정적이 되면 자기도 괴롭고 남도 괴롭힙니다. 사람의 마음이 어떻게 부정적이 되나요? 남을 의심하고 남을 미워하고 남을 정죄하면 자기도 부정적이 되고, 그 다음 부정적이 된 사람은 이 세상에 어느 곳을 보나 남의 결점만 바라보고 남을 할퀴고 남을 올무에 집어넣으려고 합니다. 자기도 불행하고 남도 불행하게 되고 마는 것입니다. 사람은 부정적으로 살지 말아야 되는 것입니다.

그러면 어떻게 하면 긍정적으로 될까요? 긍정적인 생각과 긍정적인 말과 긍정적인 행동을 어떻게 할까요? 이것은 인간적으로 힘써서 되는 것이 아닙니다. 긍정적으로 되려면 용서하고 사랑하고 감사하는 사람이 긍정적이 됩니다. 남편을 긍정적으로 보려면 남편을 용서하고 사랑하고 남편에게 감사하십시오. 아내를 긍정적으로 보려면 아내를 용서하고 사랑하고 감사하십시오. 인간이라는 것은 용서하고 사랑하고 감사하는 길 이외에는 절대로 긍정적이 안 됩니다. 자기를 긍정적으로 보고 싶으면 자기를 용서하고 자기를 사랑하고 감사하십시오. 그러면 자기도 긍정적이 되는 것입니다. 이렇게 해서 우리는 십자가 밑에서 주님의 용서를 받고 사랑을 받음으로 말미암아 긍정적으로 치료함을 받을 수가 있습니다. 사람이 인격적으로 치료함을 받는다는 것 중요합니다. 치료함을 받은 남편 치료함을 받은 아내 치료함을 받은 부모 치료함을 받은 자식들이 함께 살 때, 여러 가지 역경이 다가오지만 행복을 추구할 수 있습니다. 밝고 맑고 환한 마음을 가진 그 속에 용서와 사랑과 감사가 있고 긍정적이고 적극적이고 생산적인 삶이 이루어지는 것입니다.

우리는 십자가 밑에서 이와 같이 치료를 받아 긍정적이 될 수 있고, 육신의 치료도 받을 수가 있습니다. 육신이 병들고, 의학적으로 치료함을 받을 수 없는 절망에 처할 때 얼마나 어둡고 캄캄한 사망의 음침한 구렁텅이로 떨어지겠습니까? 그러나 예수 믿는 사람은 주님께서 오늘날 우리의 의사가 되시고, 예수께 나오면 주님의 능력의 손으로 우리를 치료해 주시는 걸 알기 때문에 우리는 그 속에서 희망찰 수가 있습니다.

4. 하나님께 영광된 삶을 통해

낭패와 실망을 당하고 이 세상에서 가시와 엉겅퀴에 휘말려서 피투성이가 된 인생이 어떻게 다시 재생 할 수 있겠습니까? 우리 주님이 원하시는 것은 우리가 인간다운 삶, 그리고 하나님께 영광된 삶, 남에게 짐이 되지 않는 삶을 살기를 원하시는 것입니다. 아담과 하와 이후로 저주가 이 땅을 휩쓸어서 가난과 낭패와 실망과 절망의 가시와 엉겅퀴에 걸려서 피투성이가 된 사람들이 얼마나 많습니까? 이것은 하나님의 뜻이 아닌 것입니다. 십자가 밑에 와서 이 가시와 엉겅퀴를 풀어 젖혀야 되는 것입니다.

성경은 말씀하기를 "그리스도께서 우리를 위하여 저주를 받은 바 되사 율법의 저주에서 우리를 다 속량해 주었다"고 말한 것입니다. 우리는 예수님이 저주에서 값 주고 사서, 마귀의 저주에서 해방을 받았습니다. 이제는 저주 아래 있지 않습니다. 이제는 아브라함의 축복 속에 있습니다. 이러므로 우리의 마음속에 있는 '나는 못 한다' '나는 안 된다' '나는 할 수 없다' '나는 절망이다'는 부정적인 저주의 가시채와 엉겅퀴를 뽑아내어서 당신의 생각에

'할 수 있다' '하면 된다' '해 보자' '예수님이 나의 축복이고 아브라함의 축복이 내 것이라'는 줄기찬 믿음을 얻게 되시기를 주의 이름으로 축원합니다.

우리가 하나님께 복을 받아 남에게 나누어 줄 것이 있어야만 하는 것입니다. 성경은 말씀하기를 "저가 흩어 가난한 자에게 주었은즉 그 의가 영원히 있다"고 말합니다. 주는 자가 받는 자보다 복이 있다고 말씀한 것입니다. 그렇기 위해서 우리는 저주에서 해방을 얻어야 되는데, 십자가 밑에는 저주에서 해방을 얻는 하나님의 은총이 있습니다. 아브라함의 축복이 강물처럼 넘쳐날 수 있습니다. 그러므로 그 속에서 우리는 축복의 희망을 얻을 수가 있는 것입니다.

기적을 체험하려면 믿음이 있어야 합니다. 믿음은 내 안에 성령하나님이 계신다는 것입니다. 성령하나님이 나의 주인이라는 것을 믿는 것입니다. 기도할 때 내가 내 능력으로 문제가 해결되는 것이 아니고, 성령하나님의 권능으로 해결이 된다는 믿음이 있어야 합니다. 절대로 내가 기도해서 문제가 해결되고 치유가 된다는 생각을 하면 절대로 기도할 수도 없고 기적을 체험할 수도 없습니다. 내가 예수 이름으로 기도할 때 성령님이 치유하신다는 믿음으로 기도할 때 기적과 같은 역사가 나타납니다. 내가 예수 이름으로 기도했으므로 해결이 되고 예수님이 하신 것이고, 치유가 되지 않아도 예수님이 하시지 않았다는 믿음이 중요합니다. 자신은 치유의 주관자가 아니고 보조자라는 것을 망각하면 안 됩니다. 치유의 주관은 예수님 이십니다.

19장 문제를 해결하시는 예수님

(마 11:28-30)"수고하고 무거운 짐진 자들아 다 내게로 오라 내가 너희를 쉬게 하리라. 나는 마음이 온유하고 겸손하니 나의 멍에를 메고 내게 배우라 그리하면 너희 마음이 쉼을 얻으리니 이는 내 멍에는 쉽고 내 짐은 가벼움이라 하시니라"

이 세상 사는 동안 사람들은 많은 일을 합니다. 그 일들에 대한 책임은 주인이 지지 종이 지지 않습니다. 일을 시작하고 완성하는 것은 주인의 책임이요, 종은 주인의 명령 하에서 시키는 일만 하지 전체적인 일의 책임은 지지 않습니다.

이 세상의 일도 마찬가지입니다. 하나님께서 이 세상의 만물을 지으셨으니 이 세상의 주인은 하나님이시오, 아담이 아닙니다. 아담은 하나님을 섬기고 하나님께서 시키시는 일만 하면 되지 자신이 주인 노릇할 수 없습니다. 그럼에도 불구하고 아담은 자신이 하나님인 것처럼 이 세상에서 주인 노릇 하려 했습니다. 그는 하늘과 땅과 그 가운데 모든 것을 지은 적도 없고 그것을 다스릴 만한 실력도 없는데 자신이 주인 노릇하기 위해 하나님을 배반했습니다. 주인은 모든 일을 책임져야 하는데 아담은 그만한 실력이 없었습니다. 이것을 하나님을 배반한 후 발견했습니다. 그래서 비참한 인생이 되어버리고 마귀의 종이 되고 말았습니다.

오늘날 우리들도 마찬가지입니다. 우리 자신이 자기의 삶의 주인 노릇 하려면 무엇을 입을까 무엇을 먹을까 마실까 어떻게 살며 어떻게 일을 해결할지를 우리가 책임져야 합니다. 주인이 자신을 책임지지 아니하면 누가 책임을 집니까? 자기 인생에 대해 자신이 주인 노릇하면 자신의 인생의 모든 문제는 자신이 짊어지고 책임져야 합니다.

그러나 우리가 철저히 깨어져 예수 그리스도와 하나님 아버지를 주인으로 모시게 되면 우리의 모든 삶은 주인의 것이 됩니다. 그러면 하나님 아버지와 예수님께서 우리의 일어서고 앉는 것과 먹고 마시고 사는 것과 모든 일을 책임져 주시는 것입니다.

그 때문에 예수님께서 "수고하고 무거운 짐 진 자들아 다 내게로 오라"고 말씀하신 것입니다. 스스로 주인 노릇하기 위해서 무거운 짐을 스스로 짊어지고 일을 이루지 못하고 비틀거리는 너희들은 진실한 주인인 내게로 오라는 것입니다. 주께서 "하늘과 땅의 모든 권세를 내게 주셨으니"라고 말씀하셨으니 천지의 주재이신 예수께로 오라는 것입니다.

그러면 내가 너희를 쉬게 하겠다고 말씀하셨습니다. 예수님을 주인으로 삼고 하나님 아버지께 순복하고 나오면 하나님께서 우리의 짐을 짊어져 주시고 우리를 책임져 주시는 것입니다.

시편기자는 말하기를 "우리는 그의 기르시는 양이요 그의 돌보시는 백성이라"고 하였습니다. 그와 같이 우리가 하나님의 백성이 되고 하나님의 소유된 양이 된다면 하나님이 우리의 주인인 것입니다. 주인이 책임을 지지 주인 밑에 있는 종들은 책임을 지지는 않는 것입니다. 그러므로 예수님께서 우리의 주인이 되시면 우리의 모든 문제는 예수님의 문제이므로 예수님께서 해결해 주시는 것입니다.

1. 가장 큰 문제는 죄악의 문제

사람이 이 세상에서 해결할 수 없는 가장 큰 문제는 죄악의 문제입니다. 사람들은 죄악의 문제를 해결하기 위해서 수많은 종교를 만들어 내고 도덕적이고 윤리적인 행위를 하려 했지만 만연한 죄악을 도저히 감당할 수 없습니다. 사람들은 어머니 뱃속에서부터 죄 중에 잉태되고 죄인으로 태어나서 죄의 뿌리에 연결되어 살고 있으니 보는 것, 듣는 것, 말하는 것 그리고 생각하는 것이 죄인 것입니다. 아무리 그 속에서 몸부림쳐도 헤어 나오지 못합니다. 누가 이 인생의 죄의 문제를 해결해 줄 것입니까? 이것은 우리에게 지대한 관심사인 것입니다.

한번은 예수님께서 바리새인의 집에 초청 받아 가셨는데 그 집에 들어가자마자 그 동네의 여자 죄인 한 사람이 따라오며 주님 앞에서 그 눈물을 예수님의 발에 방울방울 떨어뜨리며 울었습니다. 예수님께서 자리에 앉으시자 그 여인은 머리채를 내려 눈물로 얼룩진 예수님의 발을 닦고 그 위에 자신이 귀하게 간직한 향유를 부었습니다. 그러자 함께 와 있던 동네 사람들은 속으로 예수님을 비난했습니다. "예수님이 만일 선지자이면 이 여인이 얼마나 더러운 죄인인줄을 아시고 근처에 오지도 못하게 할 텐데 예수님은 진짜 선지자가 아닌가보다"

그때 예수님께서 그 생각을 아시고 주인을 부르셨습니다. "시몬아 내가 네게 질문할 것이 있다. 여기에 빚을 진 사람 둘이 있는데 한 사람은 5백 데나리온, 또 다른 한 사람은 5십 데나리온 빚을 졌다. 두 사람이 다 그 빚을 갚지 못하므로 탕감을 해준다면 누가 탕감해 준 사람을 더 사랑하겠느냐" 시몬은 '물론 많이 탕감 받은 자가 더 많이 사랑하겠지요'라 대답했습니다. 그러자 예수님께서 "네 말이 옳다 내가 이 집에 들어올 때 이 여인은 눈물로 내 발을 적시고 머리로 닦고 끊임없이 내 발에 입 맞추고 향유를 부었다. 그런데 내가 들어올 때 너는 나의 발 씻을 물도 주지 아니하고 입 맞추지도 아니하고 머리에 감람유도 붓지 아니하였다. 그러나 이 여인은 나를 많이 사랑하므로 이 여자의 많은 죄가 용서를 받았느니라"라 말씀하시고, 그 여인을 보시고 "네 믿음이 너를 구원하였으니 평안히 가라"고 하셨습니다. 예수님은 이 여인의 절실한 죄악의 문제를 해결해 주셨습니다. 이 여인은 마음 속의 죄책으로 말미암아 주야로 고민하였으나 예수님께서는 그 여인의 죄악을 해결해 주신 것입니다.

어떻게 예수께선 그 여인의 죄악의 문제뿐 아니라 우리의 죄악의 문제도 해결해 주실 수 있을까요? 그 이유는 예수님께서 우리의 죄악의 대속물이 되셨기 때문입니다. 예수님께서 십자가에 올라가셔서 그 몸을 찢고 피를 흘리신 것은 우리의 인생의 죄악의 대가를 지불하시기 위해서였습니다.

그 쓰린 십자가를 짊어지시고 그 몸의 피를 다 흘리신 것은 우리의 죄의 대가를 하나님 앞에서 지불하시기 위함이었습니다.

예수님께서 바로 우리의 죄의 대가를 지불한 당사자이므로 우리의 죄를 용서하는 권세가 그에게 주어진 것입니다.

이사야서 53장 6절에 "우리는 다 양 같아서 그릇 행하여 각기 제 길로 갔거늘 여호와께서는 우리 무리의 죄악을 그에게 담당시키셨다"라 기록되어 있습니다. 아무도 자신의 죄를 담당하여 갚을 능력이 없으므로 죄의 짐을 짊어지고 갚아주실 수 있는 예수께 하나님께서는 우리의 죄를 담당 시키신 것입니다.

이사야서 53장 11절에 "가라사대 그가 자기 영혼의 수고한 것을 보고 만족히 여길 것이라 나의 의로운 종이 자기 지식으로 많은 사람을 의롭게 하며 또 그들의 죄악을 친히 담당하리라"고 말씀하셨습니다.

예수님께선 십자가에서 영혼의 수고를 하셨습니다. 그는 몸부림을 치고 고통을 당하셨습니다. 하나님과 세상 사람들에게 버림을 당하셨습니다. 예수님께서 십자가에서 당하신 영혼의 수고는 이루 말할 수 없습니다. 그러나 그 수고한 결과로 말미암아 수많은 사람의 죄악을 담당하시고 그들을 의롭게 만들어 주신 것입니다.

이사야서 53장 12절에 "하나님께서 말씀하시기를 그러므로 내가 그로 존귀한 자와 함께 분깃을 얻게 하며 강한 자와 함께 탈취한 것을 나누게 하리니 이는 그가 자기 영혼을 버려 사망에 이르게 하며 범죄자 중 하나로 헤아림을 입었음이라 그러나 실상은 그가 많은 사람의 죄를 지며 범죄자를 위하여 기도하였느니라"고 말씀하셨습니다.

예수님이야말로 자기 영혼을 버려서 하나님께 버림받아 사망에 이르고 음부에 내려가 사흘 밤낮을 그곳에서 지내셨습니다. 그렇게 죄의 대가를 다 지불하고 주님께서 부활하신 것입니다. 그러므로 이를 통해서 수많은 사람의 죄악을 지셨으며 범죄자를 위해 끊임없이 기도해 주신 것입니다. 예수께서 오늘날도 친히 우리의 죄악을 담당해 주시고 우리의 모든 불의를 청산해 주심으로 모든 일을 다 완성해 놓으신 것입니다. 십자가에서 예수님께서는 "내가 다 이루었다"고 하셨습니다. 주님께서 다 이루시고 끝내신 일이므로 우리가 할 수 있는 남은 일은 없습니다. 우리가 '죄 사함을 받기 위해서 무엇을 할까요?'라고 질문 한다면 너희 할 일은 없다는 것입니다.

예수님께서 홀로 다 완성하시고 다 이루셨기 때문에 우리가 할 일은 남아있지 않습니다. 어떠한 종교도 어떤 인간적인 행위도 우리를 구원할 목적으로 한다면 이것은 예수님께서 이미 다 이루어 놓으신 일을 부인하는 것이 됩니다. 우리를 구원하기 위해서 우리가 해야 할 일은 없습니다. 주님께서 다 이루어 놓으신 것입니다. 우리의 할 일은 주께서 선물로 주시는 것을 믿음으로 받아들이는 것입니다.

그러므로 에베소서 2장 8절로 9절은 "너희가 그 은혜로 인하여 믿음으로 말미암아 구원을 얻었나니 이것이 너희에게서 난 것이 아니요 하나님의 선물이라 행위에서 난 것이 아니니 이는 누구든지 자랑치 못하게 하려 함이라"하셨습니다.

아무도 구원에 대해서 자랑할 수 없습니다. 오직 하나님께 감사하고 찬양할 따름입니다. 구원은 하나님께서 우리에게 선물로 주신 것입니다. 우리는 믿음으로 값없이 받아들였을 뿐입니다. 이러므로 우리의 죄악의 문제는 예수 그리스도를 믿음으로 말미암아 해결됩니다. 그리고 성령이 오셔서 매일 우리가 성결한 삶을 살도록 이끌어 주시고 변화 시켜 주시는 것입니다.

2. 끊임없이 시달리는 문제는 병의 문제

인간이 세상을 살면서 끊임없이 시달리는 문제는 병의 문제입니다. 잘사는 나라에 가도 수많은 병이 있고 못 사는 나라에도 많은 병이 있습니다. 마음의 병이 있는가 하면 육신과 생활의 병이 있습니다. 병의 문제는 어떻게 해결할까요? 병이 중요한 문제가 아니라면 예수님께서 이 땅에서 보내신 그 귀중한 시간의 3분의 2를 치유사역에 쓰지 않으셨을 것입니다. 주님은"회개하라 천국이 가까왔다"하시고, "곧장 병 고치시는 일을 하셨습니다. 귀신을 쫓아내고 병든 자를 고치셨으며 12제자들에게도 그렇게 하도록 하셨습니다. 70인의 제자들도 둘씩 보내시면서 천국 복음을 전파할 때는 반드시 병을 고치라고 하셨습니다. 왜냐하면 인생의 죄 값으로 온 이 병을 주님께서 죄를 사하심과 동시에 고치시기 원하셨기 때문입니다. 병은 하나님의 선물이 아니요, 하나님께서 기뻐하시는 것이 아닙니다. 병은 저주요 심판이요, 우리를 도적질하고 죽이고 멸망시키려는 마귀의 도구에 불과한 것입니다. 그러므로 우리가 병 고침을 받는 것이 하나님의 뜻입니다. 우리 하나님의 이름 중에서 여호와 라파가 있습니다."

"여호와는 나의 병을 치료하는 하나님이라." 하나님의 성함이 병을 치료하는 의사라고 말씀하시니 의사인 우리 하나님께 우리가 찾아간다면 병은 당연히 낫게 되는 것입니다. 건강한 자에게는 의원이 쓸 데 없고 병든 자에게 쓸모 있다고 예수께서 말씀하셨습니다.

시편 103편 1절로 3절에"내 영혼아 여호와를 송축하라 내 속에 있는 것들아 다 그 성호를 송축하라 내 영혼아 여호와를 송축하며 그 은택을 잊지 말지어다 저가 네 모든 죄악을 사하시며 네 모든 병을 고치시느니라"고 말씀하셨습니다. 하나님의 은택을 잊고 사는 사람들이 많이 있습니다. 그러나 성경은"하나님께서 주신 은택을 잊지 말라 저가 네 모든 죄를 용서하시고 네 모든 병을 고치신다"고 말씀하셨습니다. 성경은"주 네 하나님을 섬기라 그리하면 저가 너희 물과 양식에 복을 내리고 너희 가운데 병을 제하리니 너희 중에 낙태하는 자나 잉태치 못하는 자가 없을 것이라 그가 너희 날 수를 채울 것이"라고 말씀하십니다. 이러므로 하나님께서는 우리의 병을 미워하시어 예수 그리스도를 통해 우리의 죄를 대속 하신 것입니다.

이사야서 53장 4절에"그는 실로 우리의 질고를 지고 우리의 슬픔을 당하였거늘 우리는 생각하기를 그가 징벌을 받아 하나님께 맞으며 고난을 당한다 하였느니라"하셨습니다. 예수님께서 십자가에 못 박하시기 전에 매를 맞아 그 등이 갈기 갈기 찢어졌는데 성경은 말씀하기를"그는 실로 우리의 질고를 지고 우리의 슬픔을 당했다고 하셨습니다." 그러므로 예수님께서 우리가 병들어 슬퍼하는 것을 대신 짊어지셨다는 사실을 깨달아 알라고 성경은 말하고 있는 것입니다.

또 이사야서 53장 5절은"그가 찔림은 우리 허물을 인함이요 그가 상함은 우리 죄악을 인함이라 그가 징계를 받으므로 우리가 평화를 누리고 그가 채찍에 맞으므로 우리가 나음을 입었느니라"고 말하고 있는 것입니다.

예수님께서 2천 년 전에 채찍을 맞으셨으므로 우리는 2천 년 전부터 나음을 입은 것입니다. 우리는 나음을 받지 않았다고 생각하지만 병은 이미 2천 년 전에 나음을 받았습니다. 이제는 우리가 그것을 깨닫고 믿고 인정하고 기도하고 주장하는 일만 남은 것입니다. 실상은 병은 거짓되고 헛된 것입니다. 우리는 2천 년 전부터 벌써 치료함을 받아오고 있는 것입니다.

이사야서 53장 10절은"여호와께서 그로 상함을 받게 하시기를 원하사 질고를 당케 하셨은즉"이라 말씀합니다. 얼마나 하나님께서 병 고치시기를 원하셨던지 하나님께서 그로 상함 받기를 원하사 질고를 당케 하셨다고 말씀합니다.

이러므로 우리 아버지 하나님의 열렬한 뜻은 우리의 영도 마음도 몸도 병에서 놓여남을 받고 건강하게 되는 것입니다. 이렇기 때문에 예수님께서 고통당하시고 죽임 당하시고 부활승천 하신 이후 성령 강림하셔서 교회를 세우셨을 때 예루살렘 총회의 총회장이었던 야고보는 전 세계에 이렇게 편지 했습니다.

야고보서 5장 14절로 16절에"너희 중에 병든 자가 있느냐 저는 교회의 장로들을 청할 것이요 그들은 주의 이름으로 기름을 바르며 위하여 기도할지니라 믿음의 기도는 병든 자를 구원하리니 주께서 저를 일으키시리라 혹시 죄를 범하였을지라도 사하심을 얻으리라 이러므로 너희 죄를 서로 고하며 병 낫기를 위하여 서로 기도하라 의인의 간구는 역사 하는 힘이 많으니라"하셨습니다.

그러므로 결정적으로 교회는 병든 자를 위해 기도하고 그들의 치료를 위해 역사 하라고 명령하시는 것입니다. 이러므로 그리스도의 백성과 교회는 자신의 병 고침을 위해 기도할 뿐 아니라 다른 사람의 병 나음을 위해 기도해야 하는 것입니다. 이것이 하나님의 뜻인 줄 알았은즉 우리가 병이 들면 우리의 죄를 회개하고 단호히 병을 대적해야 합니다.

병이 마귀에게서 온 것인 줄을 알았으므로 그것을 받아들일 필요가 없습니다. 끝까지 믿음으로 강하게 대결하며 기도하고 치료를 주장해서 병을 쫓아내고 건강을 확보해야 할 것입니다.

3. 수많은 사업의 문제에 부딪히게 된다.

사업의 문제에 대해 주님께서 관심을 가지고 계실까요? 사업의 문제를 해결하여 주실까요? 베드로는 밤이 맞도록 그물을 던졌습니다. 처자를 먹이어 살려야 하고 병든 장모의 약값도 벌어야 했습니다. 그는 초저녁부터 나가 그물을 던졌으나 아침해가 떠오르도록 아무것도 잡지 못했습니다. 그는 처자와 장모를 어떻게 부양해야 할지 두려웠습니다. 해변에 나와 그는 찢어진 그물을 깁고 그물에 묻은 검불들을 씻어내고 있었습니다. 그때 군중들 앞에 예수님께서 걸어오시더니 베드로의 배에 오르신 후 군중을 피해 육지에서 떨어지기를 원하셨습니다. 예수님이 실패한 사업장에 오셨습니다. 빈 배와 찢어진 그물, 낙심하고 절망한 베드로 이것이 사업에 실패한 사람의 전형적인 모습이 아니겠습니까?

실패하여 공장의 기계가 작동하지 않고 기계가 다 녹슬고 아무것도 생산되지 않고 근로자는 다 떠나가서 주인은 낙심하고 앉아있는 이러한 현상의 대표적인 모습이 아닙니까?

이렇게 실패한 베드로의 사업장에 주님께서 찾아오신 것입니다. 주님께서 찾아오시고 그 안에서 주님의 사업을 시작하신 것입니다."그의 나라와 그의 의를 먼저 구하라 그리하면 이 모든 것을 네게 더하시리라"고 하셨습니다. 주님께서 그 배를 타시고 주님의 사업을 하셨습니다. 베드로는 그 배와 시간과 몸을 빌려 드렸습니다. 할 일이 없었으므로 주님의 사업에 협조하였습니다. 주님께서는 말씀을 다 증거 하시고 난 후 그 낙심한 베드로에게 이렇게 말씀하셨습니다."깊은 데에 들어가서 그물을 던져 고기를 잡으라"베드로는 기가 차서 예수님을 바라보지만 예수님의 얼굴 표정은 단호합니다. 그래서 베드로는 '제가 밤이 맞도록 그물을 던졌으나 잡은 것이 없으되 주님의 명령을 좇아서 그물을 던지겠나 이다'라고 말했습니다. 상식적으로 생각했을 때 낮에와 깊은 곳에는 고기가 없습니다. 사람의 생각과 정 반대의 생각이지만 주님께서 그렇게 하라 하시매 베드로는 깊은 데로 가서 그물을 내렸습니다.

그러자 그물이 넘치도록 고기가 잡혀서 그의 배에 가득 채우고 동료의 배에까지 고기를 실었습니다. 사람이 아무리 실패하였을지라도 예수님이 다가오시면 그 실패를 성공으로 바꾸실 수 있는 것입니다. 예수님께서 사업을 한번만 도와주신 것은 아닙니다. 예수님께서 부활하실 즈음 제자들은 낙심하여 베드로와 함께 고향 갈릴리로 내려가서 호수에서 고기를 잡고 있었습니다. 그들은 디베리아 바다에서 그 날도 밤새도록 고기를 잡았으나 한 마리도 잡지 못했습니다. 아침이 되어 안개가 자욱이 끼었는데 저쪽 해변에서 누군가가 외쳤습니다. "애들아 무엇이 있느냐?" '아무것도 없습니다.' "배 오른 편에 그물을 내려라"오른 편에 그물을 내리니 잡은 것이 너무 많아 그물이 찢어질 지경입니다.

그러자 요한이 '주님이시다'고 말하매 베드로가 황급히 웃옷을 입고 헤엄쳐 예수님께 갔습니다. 예수님께서는 이미 불에 떡과 고기를 구워 아침을 준비하고 계셨습니다. 여기에서도 예수님은 제자들의 실패한 그 곳에 나타나셔서 그 실패한 자리를 성공으로 바꾸어 놓으신 것입니다. 주님께선 우리에게 성공을 주시기 위해서 기상천외한 일을 하실 필요가 없습니다. 실패한 그 사람, 그 장소, 그 건물을 예수님께서는 성공으로 바꾸시는 것입니다. 왜냐하면 예수님은 바로 성공이시기 때문입니다. 이러므로 예수님과 사업을 하기 위해서는 먼저 믿음의 씨앗을 심어야 하는 것입니다.

베드로는 실패하였지만 그의 빈 배와 시간과 노력을 예수님의 사업을 위해 심었습니다. 그러자 그 다음 고기를 잡으러 갈 때는 베드로 혼자 가지 않고 예수님께서 함께 가셨습니다. 베드로 혼자일 때는 베드로의 지혜와 지식과 총명과 인간의 능력으로 일해야 했지만 주의 사업을 위해 믿음의 씨앗을 심고 난 후에는 주님께서 힘께 나가셨습니다. 이제는 주님의 지혜와 지식과 총명, 주님의 능력으로 일합니다.

그러므로 사람이 실패한 그 자리에서 하나님은 위대한 성공을 거두시는 것입니다. 그러므로 우리는 사업을 할 때 인간의 힘으로 하지 말고 하나님 앞에 믿음의 씨앗을 심고 주님 중심으로 주님과 함께 나아가야 하는 것입니다. 믿음의 씨앗을 심고 주님을 의지하는 자와 하나님은 함께 하시는 것입니다.

그리고 난 후 항상 기도하기를 힘쓰고 주의 음성에 귀를 기울여야 합니다. 왜냐하면 주님께서 지혜의 말씀을 주시기 때문입니다. 베드로에게 "깊은 데로 가서 그물을 내려라"하신 것은 주님의 지혜의 말씀입니다. 디베리아 바다에서 "오른 편에 그물을 던지라"하신 말씀도 주님의 지혜의 말씀인 것입니다. 주님께서는 우리가 어떻게 해야 승리하고 성공할지를 알고 계십니다. 그러므로 주님의 지혜의 음성에 귀를 기울여야 합니다. 말씀을 늘 읽고 기도하고 하나님의 음성에 귀를 기울일 필요가 있습니다. 너무나 많은 일에 있어서 불현듯이 하나님의 지혜가 마음속에 들어옵니다. 기도하는 동안, 말씀을 읽는 동안 하나님의 깨달음, 지혜가 마음속에 들어오면 그 것이 성공으로 우리를 이끌어 주시는 것입니다.

인간 삶의 성공과 실패는 인간의 지혜에 있습니다. 인간의 성실과 노력도 중요하지만 지혜 없이 일하면 아무런 일도 일어나지 않습니다. 그러나 성실과 노력에 더하여 지혜가 사람에게 있으면 그는 어디를 가나 형통하게 되는 것입니다. 바로 그 지혜를 주님께서 우리에게 주시는 것입니다.

우리는 예수님을 믿고 아브라함의 복을 받은 사람들입니다. 아담과 하와 속에서 저주를 받아 가시와 엉겅퀴 속에서 고생을 하며 살았지만 예수께서 오셔서 우리의 저주를 대신 담당하셨습니다.

갈라디아서 3장 13절에 "그리스도께서 우리를 위하여 저주를 받은바 되사 율법의 저주에서 우리를 속량 하셨으니 기록된 바 나무에 달린 자마다 저주 아래 있는 자라 하였음이라 이는 그리스도 예수 안에서 아브라함의 복이 이방인에게 미치게 하려 함이라" 하셨습니다.

우리는 그리스도 예수 안에서 저주로부터 해방되어 아브라함의 복을 받은 사람들인 것입니다. 그러므로 마음을 느긋하게 가지십시오. 우리는 복 받은 사람들인 것입니다. 저주 받은 사람들이 아닙니다. 아브라함의 복을 받은 사람들이기 때문에 우리는 복 받은 사람으로서 살아갈 자격이 있습니다.

믿음 가운데 예수님을 모시고 생활하고 예수님의 지혜와 지식을 받는다면 어느 곳에 가나 우리는 성공하고 머리가 되며 꼬리가 되지 않고 위에 있고 아래로 내려가지 않으며 남에게 꾸어 줄 지라도 꾸지 않는 삶을 살아갈 수 있게 되는 것입니다. 마지막 때가 될수록 우리 예수님을 믿는 사람들은 이 세상 누구보다도 생활환경에서 성공해야 합니다. 그래서 우리의 생활과 물질을 총동원하여 주의 사업에 힘써야할 때가 다가온 것입니다.

4. 사망을 이기신 예수님을 우리는 알아야 한다.

인간 생활에서 가장 절망적인 문제가 죽음입니다. 죽음의 문제를 사람들은 해결할 수 없기 때문에 모든 사람들이 체념하고 있습니다. 죽을 때가 오면 체념한 채 이를 받아들입니다. 그러나 죽음 저 너머의 영원한 지옥과 천국은 이 세상의 말로 표현 할 수 없습니다. 사망의 문제를 종교인이나 철학자가 해결할 수 있습니까? 예수님만이 생명의 주님 되심을 증명하셨습니다. 회당장의 딸이 죽었을 때 예수님께서 "이 딸이 죽은 것이 아니라 잔다" 하셨을 때 모든 사람들이 비웃었습니다.

그러나 예수님께서는 베드로와 야고보와 요한, 그리고 부모를 데리고 방으로 들어가셔서 죽은 딸에게 "달리다굼, 딸아 일어나라"하시고 딸을 살리셨습니다. 이를 볼 때 예수님이 생명과 사망의 주가 되심을 알 수 있는 것입니다. 주님은 또 나인 성에 사는 과부의 아들이 죽었을 때 그 아들의 죽음으로 인해 통곡하는 여인을 보시고 불쌍히 여기시어 "청년아 일어나라"하시며 그 청년을 깨우셨습니다. 역사 이후 이러한 일들을 본적이 있습니까?

아무도 이러한 일을 한 적이 없습니다.

그러나 예수님께선 생명의 주도되시고 사망의 주도되심을 여기서 증명하신 것입니다. 그 무엇보다도 죽은 나사로를 일으키신 것을 보십시오. 그는 죽은 지 나흘이 되어 부패하여 냄새까지 났습니다. 무덤 속까지 들어간 사람을 그의 여동생인 마리아와 마르다를 데리고 많은 유대인들이 따라와 보는 가운데 "나사로야 나오라"하고 외치시고 죽은 나사로를 살리셨습니다. 죽은 자가 수의를 동여맨 채 살아 걸어 나왔습니다.

이러한 일들은 온 천하에 예수님께서 산 자와 죽은 자의 주가 되심을 증명하는 일들입니다. 석가도 죽은 자에 관해 많은 이야기를 하였지만 죽은 자는 체념하라 하였습니다.'살아있는 사람은 반드시 죽고 만나는 사람은 반드시 헤어지는 법'이라 하여 체념을 가르쳤지 죽은 자를 살리지 않았습니다. 그래서 예수님은 "나는 부활이요 생명이니 나를 믿는 자는 죽어도 살겠고 무릇 살아서 나를 믿는 자는 영원히 죽지 아니하리니 네가 이것을 믿느냐"라 말씀할 자격이 있는 것입니다.

예수님은 친히 우리의 죄를 대신하여 십자가에 못 박히어 죽으시고 무덤에 들어가 사흘 만에 죽음을 죽여버리시고 부활하여 일어나신 것입니다. 예수님만이 유일하게 죽음을 이기시고 부활하셨습니다. 이 예수께서 천국에 우리의 영원한 집을 예비하신 것입니다."너희는 마음에 근심하지 말라 하나님을 믿으니 또 나를 믿으라. 네 아버지 집에 있을 곳이 많도다. 그렇지 않으면 네게 일렀으리라 내가 너희를 위하여 처소를 예비하러 가노니 가서 처소를 예비하면 다시 와서 나 있는 곳에 너희도 함께 있게 하리라"고 말씀하신 것입니다.

이처럼 주님은 부활하시고 하늘나라에 가셔서 우리의 있을 곳을 예비하신 후 오셔서 우리 한 사람 한 사람을 때가 되면 데려가실 뿐 아니라 우리 전체를 부활시키셔서 천국으로 데려가시는 것입니다. 이러므로 예수님만이 영원히 죽음의 문제를 해결한 생사를 주장하시는 주가 되시는 것입니다.

내가 주인으로 인생을 살면 수고하고 무거운 짐을 벗을 수가 없습니다. 그러나 내가 예수님의 종이 되면 모든 짐을 벗어버리고 주님의 십자가에 맡겨버리고 우리는 그 십자가 멍에 밑에 가서 편안히 주님과 함께 인생을 살아갈 수 있습니다. 우리의 수고하고 무거운 짐, 멍에는 주님이 져주시고 우리는 그를 따라가기만 하면 되는 것입니다. "수고하고 무거운 짐 진자들은 다 내게로 오라 내가 너희를 쉬게 하리니 내 멍에는 쉽고 내 짐은 가볍다"고 주님께서 말씀하십니다.

그러므로 자신이 인생의 주인 노릇하지 마시고 참 주인 되시는 하나님 아버지와 우리 주 예수께 영과 마음, 몸과 생활, 과거와 현재와 미래와 인생도 다 맡기고 아버지 중심, 예수님 중심으로 하나님을 섬기며 사시는 모두가 되시기를 예수님의 이름으로 축원합니다.

20장 말씀대로 기적을 일으키시는 예수님

(행3:6)"베드로가 가로되 은과 금은 내게 없거니와 내게 있는 것으로 네게 주노니 곧 나사렛 예수 그리스도의 이름으로 걸으라 하고"

하나님은 말씀은 말이 아닙니다. 반드시 말한 대로 이루어지는 생명의 말씀입니다. 예수님은 가시는 곳마다 살아있는 하나님의 말씀을 선포하셨습니다. 말씀을 선포한 대로 기적의 역사가 일어났습니다. 성령 강림으로 이루어진 초대 교회는 예루살렘을 무대로 시작되었습니다. 이때 수사도인 베드로가 주로 활동을 하며 역사의 주역을 맡았습니다. 오늘 말씀을 다음과 같이 나누어 생각해 보겠습니다. 첫째(3장), 앉은뱅이를 일으킨 사도 베드로와 그의 메시지, 둘째(4장), 공회 앞에서 담대하게 예수님을 증거한 사도 베드로입니다. 오늘 이 말씀을 통해서 사도 베드로는 구걸하는 앉은뱅이를 어떻게 도왔는가, 또한 교권자들의 박해와 위협을 어떻게 극복했는가 그 비밀을 배울 수 있기를 기도합니다.

1. 말씀대로 기적을 일으킨 사도 베드로(3:1-26)

사도행전 3장 1절로 10절에서는 사도 베드로를 통해서 앉은뱅이를 고치신 사건입니다. 특히 사도행전 3장 1-6절에서는 앉은뱅이를 일으킨 사건에 대해 기록되어 있습니다.

1절을 보십시오. "제 구시 기도 시간에 베드로와 요한이 성전에 올라갈새" 그 당시 유대의 경건한 신앙인들은 하루에 세 번씩 습관적으로 기도를 했습니다. 이는 여기 시간으로 오전 9시, 12시, 오후 3시였습니다. 예수님의 제자들도 열심히 기도를 했습니다. 베드로와 다른 사도들은 예수님께서 겟세마네 동산에서 피땀이 나도록 기도할 때 옆에서 잠만 쿨쿨 잤습니다. 예수님께서 부활하시기 전에는 그들은 기도의 필요성을 느끼지 못했습니다.

그러나 승천 후에는 그들도 마음을 같이 하여 전혀 기도에 힘쓰기 시작했습니다. 그들은 예수님에게 기도를 배웠습니다. 그래서 오순절 날 홀연히 하늘로부터 임하는 성령의 세례를 받았습니다. 그들은 성령으로 세례를 받고, 절실히 기도가 필요하다는 것을 체험했습니다. 그들도 과거 예수님처럼 기도하는 장소와 시간을 정해놓고 열심히 기도를 했습니다.

그 결과 그들은 능력있는 말씀의 종이요, 하나님의 능력을 덧입게 되었습니다. 우리도 이런 사도들에게 개인적인 기도를 배워야겠습니다. 그리하여 시간을 정해놓고 개인적으로 무시로 기도하는 습관을 들여야겠습니다. 베드로와 요한은 과거에는 서로 누가 크냐고 경쟁을 했습니다. 그러나 이제는 그들도 영적인 사람이 되어 좋은 동역자가 되었습니다.

그들이 성전으로 올라가고 있을 때 어떤 사람을 만나게 되었습니까? 2절을 보십시오. "나면서 앉은뱅이 된 자를 사람들이 메고 오니 이는 성전에 들어가는 사람들에게 구걸하기 위하여 날마다 미문이라는 성전 문에 두는 자라" 나면서부터 앉은뱅이 된 사람을 사람들이 성전 미문 앞으로 메고 왔습니다. 그리하여 이 사람은 성전을 들어가는 사람들에게 구걸하였습니다. 마침 그 시간 베드로와 요한이 하나님께 마음을 같이 하여 기도하고자 성전으로 들어가고 있었습니다.

그 시간 앉은뱅이가 그 찬스를 놓치지 않고 베드로에게 "적선 하십시오, 적선하십시오." 하고 구슬픈 목소리로 구걸을 했습니다. 베드로와 요한은 그를 눈여겨보고 나서 그에게 "우리를 보시오(4)."라고 말했습니다. 그러자 앉은뱅이는 금전 받을 것을 기대하면서 베드로를 주목하여 보았습니다(5). 요즘 돈으로 말하면 약 만원권을 받을 것을 기대하고 있었을 것입니다.

그러면 베드로는 그에게 무엇을 주었습니까? 6절을 보십시오. "베드로가 가로되 은과 금은 내게 없거니와 내게 있는 것으로 네게 주노니 곧 나사렛 예수 그리스도의 이름으로 걸으라 하고" 사도 베드로는 그 당시 만원권이나 천원권이나 백원짜리도 없었습니다.

그러나 그는 이 사람을 도울 수 없다고 절망하지 않았습니다. 그는 앉은뱅이에게 무엇을 줄 수 있다고 생각했습니다. 그것은 예수님의 이름 권세였습니다. 그를 돕는 길은 예수 그리스도의 이름으로 치료하는 것이었습니다. 예수님의 이름으로 앉은뱅이에서 치유 받고 일어서서 걷게 하는 것이, 돈을 주는 것보다 훨씬 유익한 것이라고 생각했습니다. 그리하여 그는 나사렛 예수 그리스도의 이름으로 걸으라고 큰 소리로 외쳤습니다. 사도 베드로는 그 사람은 예수 그리스도의 이름으로 치료받을 수 있다고 믿었습니다. 사도 베드로는 그 앉은뱅이가 근본적으로 치료받아야 한다고 보았습니다.

오늘날 대부분의 부모들은 자기 자녀들이 이 어려운 세상에서 잘 살아 남기 위해서는 거칠고 강하게 키워야 한다고 생각합니다. 또한 자기 자녀들을 위해서 열심히 일하여 돈을 저축합니다. 대부분의 부모들은 자기 자녀에게 필요한 것은 하나님의 진리보다도 세상 지식과 기술이라고 생각합니다. 그러나 그들을 근본적으로 도울 수 있는 것은 나사렛 예수 그리스도의 이름 권세입니다.

그러면 사도 베드로가 나사렛 예수 그리스도의 이름으로 걸으라고 명령했을 때 어떤 결과가 일어났습니까? 7,8절을 보십시오. "오른손을 잡아 일으키니 발과 발목이 곧 힘을 얻고 뛰어 서서 걸으며 그들과 함께 성전으로 들어가면서 걷기도 하고 뛰기도 하며 하나님을 찬미하니" 말라 비틀어졌던 앉은뱅이의 발목에 힘이 붙기 시작했습니다. 베드로가 잡아 일으키자 그는 일어설 수 있었습니다. 더 나아가 걷기 시작했습니다. 뿐만 아니라, 힘이 생기고 뛰기까지 하였습니다.

그는 너무 기뻐서 뛰기도 하며, 춤을 추며 하나님을 찬양하며 성전에 들어갔습니다. 그는 예수님의 이름 권세로 인하여 앉은뱅이 병에서 회복되고 그 영혼이 구원함을 받고 감격하여 하나님을 찬양하였습니다.

그의 육신의 병보다도 더 근본적인 것은 영적인 병이요, 또한 거지근성이었습니다. 그러나 예수님은 그의 근본적인 문제부터 치료하시기 원하셨습니다. 유명한 교육자였던 페스탈로찌는 말했습니다. "만일 거지가 나에게 동전을 구걸한다면 나는 그에게 동전을 주기 전에 복음을 주겠다." 그러면 앉은뱅이는 어떻게 치료함을 받게 되었습니까?

1) 사람을 통해서 치료를 받게 되었습니다(7). "베드로가 그의 오른손을 잡아 일으키니 발과 발목이 힘을 얻고" 하나님께서는 주로 당신의 종들을 통해서 역사하십니다. 기적을 베풀 때도 사도 베드로를 통해서 하셨습니다. 엘리야를 통해서 과부의 아들을 살리시고(왕상17:8-24), 사도 바울을 통해서 병자를 일으켰습니다(행14:8-10). 여기서도 사도 베드로의 손을 통해서 앉은뱅이를 일으키는 큰 역사를 하셨습니다. 하나님은 하나님의 사람을 통하여 치유와 기적의 역사를 일으키십니다. 질고의 치유를 받은 사람은 사람을 잘 만나야 합니다. 고로 우리도 예수님의 권세로 기적을 일으킬 수가 있다는 것입니다.

2) 예수 그리스도의 이름으로 고치셨습니다(6절). 행 3장 6절을 보십시오. "나사렛 예수 그리스도의 이름으로 걸으라" 하나님의 자녀들은 큰일이든지, 적은 일이든지 다 예수 그리스도의 이름으로 행해야 합니다. 그 이유는 예수님의 이름을 통해서만이 하나님의 모든 축복과 은총이 우리에게 임할 것을 약속하셨기 때문입니다. 그러므로 우리는 무슨 일을 하든지 예수 그리스도의 이름으로 해야겠습니다. 성령의 임재 가운데 예수 그리스도

의 이름으로 선포해야 합니다.

　나면서부터 앉은뱅이가 온전히 치료함을 받은 후 사람들이 그가 걸어다니며 하나님을 찬양하는 것을 보고 그가 바로 성전 미문 곁에 앉아 구걸하였던 그 사람인줄 알고 그에게 일어난 일로 인해 크게 놀라며 기이히 여겼습니다. 사도 베드로는 매우 인기가 높아졌습니다. 사람들은 사도들을 통해서 뒤에서 역사하시는 예수님을 보지 못했습니다. 그들은 다만 사도 베드로와 요한만을 보았습니다. 이는 베드로와 요한에게 큰 유혹이 되었습니다. 그러나 사도 베드로와 요한은 그런 환경으로부터 오는 시험에 넘어가지 않았습니다. 그들은 예수님의 이름을 증거하기 시작했습니다. 그러면 사도 베드로는 무엇을 증거했습니까?

　첫째, 예수 그리스도의 이름 권세로 앉은뱅이를 고친 것을 증거했습니다(12-16). 베드로를 통해서 앉은뱅이가 걷는 이적이 일어나자, 사람들이 놀라서 솔로몬 행각으로 모였습니다. 그때 베드로는 그들에게 말했습니다. "어찌하여 이 일을 이상하게 여깁니까? 어찌하여 당신들은 우리가 우리의 능력이나 경건으로 이 사람을 걷게 한 것처럼 우리를 바라봅니까? 아브라함의 하나님과 이삭의 하나님과 야곱의 하나님, 곧 우리 조상의 하나님께서 자기의 종 예수님을 영화롭게 하였습니다. 여러분은 일찍이 그를 십자가에 못박도록 넘겨 주었고 빌라도 총독은 그를 놓아 주기로 작정했을 때도 여러분은 빌라도 앞에서 그것을 거부했습니다. 여러분은 거룩하고 의로운 그를 거절하였고 살인자인 바라바를 놓아달라고 청하였습니다. 그리하여 여러분은 생명의 근원이 되시는 예수님을 죽였습니다. 그러나 하나님께서는 그를 죽은 자 가운데서 다시 살리셨습니다. 예수님의 제자들인 우리는 이 일에 증인입니다. 바로 이 예수의 이름 권세가 이 앉은뱅이를 낫게 했습니다. 이것은 예수 그리스도의 이름을 믿는 믿음에 힘입어서 된 것입니다. 예수님으로 말미암아 그 믿음이 이 사람을 여러분 앞에서 온전히 낫게 한 것입니다."

사도 베드로는 복음에 대한 확신을 가지고 예수님의 이름 권세로 그 앉은뱅이를 낫게 했다고 증언했습니다. 예수 그리스도의 이름 권세를 믿는 우리 믿음으로 죄로 병든 영혼들을 고칠 수 있습니다. 예수님의 이름으로 죄로 병든 지성인들을 고칠 수 있기를 기도합니다.

둘째, 그들이 회개하고 주 앞에 돌아올 것을 권면했습니다 (17-26). 베드로는 메시지의 결론 부분에서 회개하라고 했습니다. 그들의 죄의 원인은 영적 무지였습니다. 세상에서는 지식 있는 자가 우대를 받습니다. 그러나 세상의 지식만 갖고 인간은 살 수 없는 존재입니다. 이는 인간은 영혼의 존재이기 때문입니다. 그러므로 영적인 지식이 또한 필요합니다. 그 영적인 지식은 하나님에 관한 지식입니다. 이 하나님의 지식을 소유한 사람은 영혼이 소생되고 또 만족을 하게 됩니다. 또한 이 세상의 삶이 다하는 날 영원한 세계를 선물로 받습니다. 그러나 하나님을 모르고 영적무지에 젖어있는 사람들은 결국 멸망을 받게 됩니다.

그러면 회개란 무엇입니까? 회개란 돌이키는 것을 말합니다 (19). 돌이키기 위해서는 버리는 결단이 필요합니다. 회개는 죄의 자리에서 돌이키는 것이며 죄를 유발시켰던 자기의 사상과 사고방식을 버리는 것을 말합니다. 이렇게 하는 데에는 고통이 따릅니다. 이렇게 회개할 때 죄사함을 받습니다. 예수님을 십자가에 못박았던 유대인들이나 관원들도 회개하면 죄사함을 받을 수 있습니다. 예수 그리스도의 이름으로 회개하면 예수님은 그 심령에 오셔서 낙원을 회복시켜 주십니다. 사도행전 3장 24-26에서 사도 베드로는 그들이야말로 온 세상 백성을 구원하는데 쓰임을 받는 선민임을 말씀하였습니다.

2. 담대하게 예수님을 증거한 베드로(4:1-31)

사도 베드로의 능력 있는 메시지와 이적을 통해 3,000명과 5,000명이 회개하고 예수님의 제자가 되자 예루살렘 교회는 급격히 성장하였습니다. 유대인들은 예수를 십자가에 못박은 후 안도의 한 숨을 쉬고 있는 동안 예수님의 제자들이 일어나 활발히 복음을 전하고 예수님 때보다 더 많은 제자들이 생기자, 이에 당황하여 핍박하기 시작했습니다.

사도행전4장 1절로 20절에서는 사도 베드로가 옥에 갇히는 사건입니다. 베드로의 메시지에 대한 유대 교권자들의 반응이 어떠했습니까? 2,3절을 보십시오. "백성을 가르침과 예수를 들어 죽은자 가운데서 부활하는 도전함을 싫어하여 저희를 잡으매 날이 이미 저문 고로 이튿날까지 가두었으나" 유대인들이 박해를 한 이유가 무엇이었습니까?

1) 유대인들은 사도들이 가르칠 자격이 없다고 생각했기 때문이었습니다. "백성을 가르침과 예수를 들어 죽은자 가운데서 부활하는 도전함을 싫어하여" 유대교에서는 백성을 가르칠 수 있는 자격을 가진 사람은 제사장과 서기관뿐이었습니다. 제사장은 레위인이라 할지라도 24반열에 속해야 했습니다(대상24장). 서기관은 랍비 학교를 정식으로 나와 공인된 자격을 획득한 자여야만 했습니다. 그런데 사도 베드로나 요한은 이런 자격증을 따지 않았습니다.

게다가 그들은 성전에서 가르치고 있었습니다. 그러므로 이는 행정적으로 문제가 되었습니다. 뿐만 아니라, 그들은 사도들이 전파하는 교리에 대해서 마음이 들지 않았습니다. "예수를 죽은 자 가운데서 부활하는 도전함을 싫어하여(2)" 예수님의 부활에 대한 교리는 특히 사두개인들이 매우 반대하는 교리였습니다. 그들은 현실주의자로서 부활을 부인하였습니다. 그들은 교권자로서 그 권위를 인정받은 자라야만 성경을 가르치고 복음을 전할 수 있는 자격이 있다고 생각했습니다.

오늘날도 교권의 권위로 자격증을 가진 사람들만이 성경을 가르칠 수 있다고 주장하는 이상한 사람들도 있습니다. 그러나 성경은 성령을 받고 하나님으로부터 인정받은 사람이면 누구나 다 가르칠 수 있습니다. 우리는 사도들과 같이 어떤 핍박 가운데서도 열심히 복음을 가르쳐야겠습니다.

2) 사도들이 행한 기적에 대한 경계심 때문에 반대를 했습니다. 3절을 보십시오. "저희를 잡으매 날이 이미 저문 고로 이튿날까지 가두었으나" 박해자들이 그 당시 사도들의 대표인 베드로와 요한을 투옥시킨 것은 사도들이 앉은뱅이를 고친 기적을 그들이 증거 하는 예수님의 이름 권세로 행했기 때문이었습니다 (행3:16). 그 당시 이런 기적은 일반 대중들을 설득하는 가장 큰 효력을 갖고 있음을 박해자들도 잘 알고 있었습니다. "말씀을 들은 사람들 중에 믿는 자가 많으니 남자의 수효가 약 오천이나 되었더라"(행4:4).

베드로의 메시지와 행한 이적을 통해서 폭발적으로 예수님을 믿는 무리가 증가하자 이에 대한 시기심과 위협을 느낀 교권자들이 핍박을 하기 시작했습니다. 언제나 성령의 역사가 있는 곳에서는 핍박이 따르는 법입니다. 우리는 성령의 역사를 하다가 박해가 있다고 하여 이상하게 생각해서는 안 되겠습니다.

사도행전 4장 5절로 12절에서는 투옥이 된 사도 베드로와 요한이 공회 앞에서 심문을 받는 장면입니다. 공회를 소집하여 대제사장 안나스를 비롯하여 가야바 등 산헤드린의 모든 교권자들이 모여서 사도들을 심문하기 시작했습니다. 그들은 "무슨 권세와 뉘 이름으로 이 일을 행했느냐(7b)"고 질문을 했습니다.

이에 대해서 그들의 대답이 어떠했습니까? 사도행전 4장 8절로 10절을 보십시오. "이에 베드로가 성령이 충만하여 가로되 백성의 관원과 장로들아 만일 병인에게 행한 착한 일에 대하여 이 사람이 어떻게 구원을 얻었느냐고 오늘 우리에게 질문하면 너희와 모든 이스라엘 백성들은 알라 너희가 십자가에 못박고 하나님이 죽은 자 가운데서 살리신 나사렛 예수 그리스도의 이름으로 이 사람이 건강하게 되어 너희 앞에 섰느니라"

베드로가 공회 앞에서 증거한 내용이 무엇입니까?

첫째, 유대인들의 죄악을 지적했습니다(10, 11). 10b를 보십시오. "너희가 십자가에 못박고 하나님이 죽은 자 가운데서 살리신 나사렛 예수 그리스도의 이름으로 이 사람이 건강하게 되어 너희 앞에 섰느니라" 사도 베드로는 그들이 메시야를 십자가에 못박은 죄인들이라고 지적을 했습니다. 그리하여 그들이 구원을 받기 위해서는 회개하도록 촉구했습니다. 사도들이 유대인들의 죄를 지적했지만 그것이 그들의 감정을 건드리는 정죄적인 성격이 아니었습니다.

그들의 죄를 좀 더 구체적으로 지적하지 않고 곧바로 예수 그리스도에 대한 소개로 나가는 데서도 이 사실을 알 수 있었습니다. 사도들은 유대인들이 회개하고 구원을 얻는데 관심을 갖고 집중적으로 도왔습니다. 그리고 예수님의 부활을 증거했습니다.

둘째, 오직 예수님만이 구원의 길임을 증거했습니다(12). 12절을 보십시오. "다른 이로서는 구원을 얻을 수 없나니 천하 인간에 구원을 얻을만한 다른 이름을 우리에게 주신 일이 없음이니라 하였더라"이는 오순절 성령강림 후에 구약 제사와 율법 제사가 폐지되었음을 선포하고 있습니다. 그 당시 유대인들은 다 구약제사와 율법의 대표자들이었습니다. 즉 그들은 구약의 제사와 율법 준수를 통해서만이 구원을 얻는다고 믿는 자들이었습니다.

그러한 그들에게 "다른 이로서는 구원을 얻을 수 없나니 천하 인간에게 구원을 얻을만한 다른 이름을 우리에게 주신 일이 없음이니라"라는 말씀은 바로 제사 제도와 율법을 통한 구원이 폐지되었음을 선언하는 것입니다. 동시에 그리스도를 통한 구원이 완성되었음을 말하고 있습니다. 이는 유대 교권자들에게 치명적인 상처를 줄 일이지만 그러나 사도 바울은 분명하게 그들이 알아야 할 것을 증거했습니다. 이를 통해서 볼 때 우리는 이런 면에서도 큰 은혜를 받았습니다. 만일 우리가 구약 시대 사람들처럼 그 복잡한 제사제도와 율법을 다 어김없이 행하여야 구원을 받을 수 있다면 구원받기가 얼마나 힘들겠습니까?

사도들은 공회에서 자신들의 석방을 위해 호소하지 않았습니다. 그 당시 그들은 체포되어 재판을 받고 있는 신세에 있었습니다. 생사여탈권이 공회원들에게 있었습니다. 그럼에도 불구하고 그들은 비굴하게 목숨을 구하기 위한 한 마디도 하지 않았습니다. 또한 그들은 자기들의 능력을 과시하지 않았습니다. "나사렛 예수 그리스도의 이름으로 이 사람이 건강하게 되었다"라고 증거했습니다. 자신들의 명령에 의해 앉은뱅이가 일어섰지만 사도 베드로와 요한은 자신들의 이름을 말하지 않았습니다. 오직 모든 영광을 예수님께만 돌렸습니다.

사도행전 4장 13절로 22절에서는 두 번째 공회의 심문입니다. 그러나 이는 일방적인 명령이요, 억압이었습니다. 공회원들은 막상 사도 베드로와 요한을 체포했지만 적절한 죄목도 찾을 수 없었습니다. 그리하여 백성들이 두려워 예수님의 이름을 전파하지 말라고 경고만 하고 석방을 했습니다.

종교 지도자들의 위협에 대한 사도들의 반응은 어떠했습니까?

첫째, 지혜롭게 대처했습니다(19). 사도행전 4장 19절을 보십시오. "베드로와 요한이 대답하여 가로되 하나님 앞에서 너희 말 듣는 것이 하나님 말씀 듣는 것보다 옳은가 판단하라" 사도들의 이런 지혜있는 대답은 당대의 최고의 석학들도 반박할 수 없는 대답이었습니다. 사도들은 비록 최고의 학부를 나오지 않았지만 지혜의 영인 성령이 충만했을 때 그들을 압도하는 지혜가 충만했습니다. "여호와를 경외하는 것이 지식이 근본이어늘 미련한 자는 지혜와 훈계를 멸시하느니라(잠1:7)"

여기에서 지식은 지혜를 의미합니다. 여호와를 경외하고 믿을 때 지혜의 영인 성령을 받아 가장 지혜가 넘치는 사람이 될 수 있습니다. 그러므로 우리는 예수님을 믿고 지혜의 영인 성령의 충만함을 받아야겠습니다.

둘째, 더욱 담대하게 되었습니다(20). 그들은 잡힌 몸이었고 생사여탈권은 공회원들에게 있었습니다. 공회원들이 위협을 하며 예수의 이름으로 가르치지 말라는 서약을 하고 석방을 하고자 했으나 오히려 두 사도는 "우리는 보고 들은 것을 말하지 않을 수 없다(20)” 하고 담대하게 거부를 했습니다. 그들은 성령을 받고 복음의 확신을 가진 종들로서 생사를 초월한 기독교 인생관을 가진 사람들이었습니다. 그러므로 이와 같이 담대하게 그들의 말을 거부했습니다.

그러나 관원들은 많은 백성들이 저를 지지함으로 하는 수 없이 석방을 했습니다. 이렇게 사도들이 담대할 수 있었던 것은 예수님의 십자가와 부활을 통하여 구원에 대한 확신이 있고 예수님의 사랑과 능력을 체험했기 때문이었습니다. 우리도 사도들과 같이 예수님의 십자가의 사랑과 부활의 능력을 체험해야겠습니다. 그리하여 우리도 담대한 증인들이 되어야겠습니다.

사도행전 4장 23절로 31절은 사도 베드로와 요한이 석방된 후 제자들의 반응입니다. 그 당시 예수님의 제자들은 석방되어 돌아온 두 사도들의 보고를 받고 마음을 같이 하여 기도하기 시작하였습니다. 이 기도의 내용은 박해에 대한 초대교회의 자세를 잘 나타내 주고 있습니다.

그러면 박해가 초대교회에 미치는 영향이 무엇이었습니까?

첫째, 박해를 통해서 오히려 초대교회가 더욱 결속되었습니다(23,24). 사도 베드로와 요한은 석방되자마자 곧 그들의 공동체인 초대교회로 돌아왔습니다. 이는 박해에도 불구하고 초대교회의 결속력을 잘 말해주고 있습니다. 그들은 일심으로 하나님께 소리 높여 기도했습니다. 그들은 함께 있든지, 떨어져 있든지 언제나 한 마음이었습니다. 그들은 박해로 인하여 더욱 마음이 하나가 되어 합심기도를 했습니다. 그들은 박해와 핍박으로 인해서 더욱 결속이 되었습니다. 그리하여 은혜가 넘치게 되었습니다(24,25).

둘째, 박해를 하나님의 주권 가운데서 이루어진 일로 보았습니다(26-29). 27,28절을 보십시오. "과연 헤롯과 본디오 빌라도는 이방인과 이스라엘 백성과 합동하여 하나님의 기름 부으신 거룩한 종 예수를 거스려 하나님의 권능과 뜻대로 이루려고 예정하신 그것을 행하려고 이 성에 모였나이다" 이렇게 된 것은 하나님의 권능과 뜻을 이루는 것이라고 핍박을 하나님의 섭리로 수용했습니다. 그들은 연륜이 쌓일수록 현실 속에 나타나는 핍박도 하나님의 섭리로 이해할 수 있는 능력을 갖게 되었습니다.

그리고 나서 그들은 무엇을 위해서 기도했습니까? 그들의 기도 제목은 박해자들의 위협을 하감하시고(29), 또한 담대하게 하나님의 말씀을 전하게 해 달라고 기도했습니다. 더 나아가 그들을 통해서 이적이 일어나 하나님의 말씀을 설득력 있게 전할 수 있도록 해 달라는 기도를 하였습니다(30). 그들의 기도제목을 보면 복음을 잘 전할 수 있도록 담대한 믿음을 주사 복음을 전하게 해 달라는 기도제목이었고 이러한 복음역사를 위해서 박해자들의 위협을 하감하시고 그들을 통해서 이적이 일어나도록 기도했습니다. 이를 볼 때 그들의 기도제목은 어찌하든지 복음전파를 위한 것이었습니다. 우리의 기도제목도 복음전파와 제자양성이 첫째가 되어야겠습니다.

결론적으로, 사도 베드로를 통해서 앉은뱅이를 고치는 기사가 일어나자 많은 백성들이 성전 솔로몬 행각에 모였습니다. 베드로는 그를 낫게 하는 것은 예수 그리스도의 이름 권세라고 예수님을 담대하게 증거했습니다. 우리도 사람을 도울 때 인간적인 동정심이나 물질보다는 예수님의 이름 권세와 복음으로 도와야겠습니다. 또한 어떤 가운데서라도 담대하게 복음의 증인들이 되어야겠습니다. "베드로가 가로되 은과 금은 내게 없거니와 내게 있는 것으로 네게 주노니 곧 나사렛 예수 그리스도의 이름으로 걸으라 하고"

여기서 우리가 바르게 알아야 할 것이 있습니다. 이렇게 담대하게 말만 선포할 줄 안다고 다된 것이 아니라는 것입니다. 예수 이름으로 선포한대로 가시적인 역사가 나타나야 한다는 것입니다. 말과 실제가 같이 가야 한다는 것입니다. 말과 실제가 같이 가려면 성령님과 인격적인 관계가 되어야 가능합니다.

성령님과 인격적인 관계는 살아있는 성령의 역사가 자신의 주인이 되어야 가능한 것입니다. 날마다 성령으로 기도하여 성령님과 인격적이 되도록 노력해야 합니다. 그래야 자신이 선포한대로 역사를 일으켜주십니다. 말보다 실제가 중요합니다. 기독교는 체험의 종교요, 기적의 종교이기 때문입니다. 하나님은 말만 하시는 하나님이 아니고, 말한 대로 실제로 역사하시는 살아계신 하나님이시라는 것입니다.

21장 영안열고 예수 이름을 사용하는 법

(요 3:16-21)"하나님이 세상을 이처럼 사랑하사 독생자를 주셨으니 이는 저를 믿는 자마다 멸망치 않고 영생을 얻게 하려 하심이니라. 하나님이 그 아들을 세상에 보내신 것은 세상을 심판하려 하심이 아니요 저로 말미암아 세상이 구원을 받게 하려 하심이라. 저를 믿는 자는 심판을 받지 아니하는 것이요 믿지 아니하는 자는 하나님의 독생자의 이름을 믿지 아니하므로 벌써 심판을 받은 것이니라. 그 정죄는 이것이니 곧 빛이 세상에 왔으되 사람들이 자기 행위가 악하므로 빛보다 어두움을 더 사랑한 것이니라. 악을 행하는 자마다 빛을 미워하여 빛으로 오지 아니하나니 이는 그 행위가 드러날까 함이요. 진리를 쫓는 자는 빛으로 오나니 이는 그 행위가 하나님 안에서 행한 것임을 나타내려 함이라 하시니라"

예수님은 믿는 성도의 영안을 열어주십니다. 영안이란 자신의 상태와 위치와 가진 권능을 아는 것입니다. 예수님은 성령으로 자신을 정확하게 보는 눈을 열어주십니다. 많은 사람들이 예수님을 믿지 않고도 잘 사는데 나는 왜 유독이 예수 없이는 못 사는가? 그런 생각을 해 볼 때가 있습니다. 나는 거짓말하지 않고 솔직히 예수 없이는 못 살아요. 예수님 믿기 때문에 삶의 용기와 힘이 생기고 또 예수 믿기 때문에 너무나 행복합니다. 많은 사람들이 삶의 행복은 예수님 안에서 사는 것이라고 말하고 있습니다.

아브라함 링컨은 "행복이란 우리가 하나님과 연합하는 데 있다."고 말했습니다. 파스칼은 "마음에 하나님을 모시고 사는 사람이 가장 행복한 사람이다."라고 말했습니다. 존 웨슬레도, "하나님을 떠나서는 행복이란 없다."고 말했습니다.

시편 144편 15절에 "여호와를 자기 하나님으로 삼는 백성은 복이 있도다."라고 말했었으며 시편 16편 2절에 "내가 여호와께 아뢰되 주는 나의 주님이시오니 주 밖에는 나의 복이 없다 하였나이다."라고 말씀했습니다. 예수님 없이는 살 수 없고 예수님 없이는 복도 행복도 찾을 수가 없습니다. 우리 성령의 임재 가운데 있어야 하는 이유가 무엇인지 알아봅시다.

1. 예수님 안에서 내가 누군지 알게 된다.

예수님 때문에 천지와 만물을 지으신 하나님이 계심을 알고 믿게 되었습니다. 성경 요한복음 1장 18절에 보면 "본래 하나님을 본 사람이 없으되 아버지 품속에 있는 독생 하신 하나님이 나타내셨느니라" 예수님께서 하나님께로부터 오셔서 사람으로 우리 가운데 사시면서 하나님 아버지가 계신 것을 우리에게 말씀을 해주셨기 때문에 예수님을 통해서 하나님 아버지를 깨달아 알고 믿습니다. 예수님을 통하지 않고는 하나님을 본 자가 없잖아요. 당신도 하나님을 보시지 못했잖아요. 하나님을 왜 믿습니까? 어떻게 믿습니까? 예수님께서 아버지 하나님이 계신 것을 가르쳐 주시고 아버지 하나님을 경외하셨으므로 우리가 따라서 믿는 것입니다.

요한복음 14장 10절에 "내가 아버지 안에 거하고 아버지는 내 안에 계신 것을 네가 믿지 아니하느냐 내가 너희에게 이르는 말은 스스로 하는 것이 아니라 아버지께서 내 안에 계셔서 그의 일을 하시는 것이라" 그래서 예수님께서 아버지가 계신 것을 확실히 말씀한 것입니다. 그리고 예수님 때문에 나는 하나님이 나를 사랑해 주시고 계신 것을 알고 있습니다. 사람은 사랑할 대상이 있고 사랑을 받아야 행복하게 살 수 있는 것입니다. 사랑하는 사람도 없고 사랑도 안 받으면 정말 외롭고 쓸쓸하고 버림받은 삶을 살 수밖에 없습니다.

요한복음 3장 16절로 17절에 "하나님이 세상을 이처럼 사랑하사 독생자를 주셨으니 이는 그를 믿는 자마다 멸망하지 않고 영생을 얻게 하려 하심이라 하나님이 그 아들을 세상에 보내신 것은 세상을 심판하려 하심이 아니요 그로 말미암아 세상이 구원을 받게 하려 하심이라" 얼마나 좋은 하나님인 것입니까? 세상을 이처럼 사랑하사 독생자를 주셔서 누구든지 남녀, 노유, 빈부, 귀천 할 것 없이 믿는 자마다 공부 잘하는 사람마다, 돈 많은 사람마다, 지위가 높은 사람마다 그렇게 말씀하지 아니하시고 믿는 자마다 멸망하지 않고 영생을 얻게 하려 하심이라. 그 아들을 보내신 것은 세상을 심판하려고 하신 것이 아니라 세상을 구원하려고 그렇게 하셨다고 하시니 하나님이 우리에 대한 사랑을 예수 그리스도를 통해서 우리는 확실히 알 수가 있는 것입니다.

그리고 예수님 때문에 사는 목적이 하나님을 섬기는 것이라는 것을 깨달아 알게 되었습니다. 예수님 삶을 통해서 우리가 이 땅에 있는 목적은 하나님을 섬기다가 육신의 장막집을 벗어 버리면 하늘나라 집으로 간다는 것을 가르쳐 주셨기 때문인 것입니다. 우리가 사는 육신은 장막집입니다. 장막집이라는 것은 쉬운 말로 말하면 천막집인 것입니다. 천막이라는 것은 영구히 있을 곳이 못됩니다. 비도 새고 낡아지고 바람 불면 날아가고 나중에는 걷어 치워버리는 것입니다. 땅에 있는 육신은 장막집이 되어서 언제 거두어 갈지 모릅니다.

그러나 하나님 아버지께서 우리를 위해서 천국에 집을 예비해 놓았다는 것입니다. 장막집이 아닌 주택을 예비해 놓은 것입니다. 아름다운 집을 예비해 놓은 것입니다. 천국의 아름다운 영광이란 말로써 표현할 수가 없습니다. 잠시 천국을 체험한 사람도 천국에 대한 이야기를 말로써 표현할 수 없습니다. 바울 선생은 셋째 하늘에 올라가서 말로써 표현할 수 없는 것을 보았다고 말한 것입니다. 그처럼 천국은 아름답고 영화로운 것입니다. 그러므로 천막 속에 바람 불고 비새며 덥고 춥고 하는 곳에 사는 우리들이 영원한 주택으로 들어간다는 것 상상도 못할 아름다운 것입니다. 우리는 그러한 것이 미래에 우리를 기다리고 있는 것입니다.

마가복음 12장 30절에 그러므로 우리가 "네 마음을 다하고 목숨을 다하고 뜻을 다하고 힘을 다하여 주 너의 하나님을 사랑하라" 하나님께 이처럼 사랑을 받았으므로 전심전력으로 하나님을 사랑하라는 것입니다. 세상도 사랑하고 지위나 명예나 권세나 정욕이나 탐욕도 사랑하고 그 부분에 하나님도 사랑한다. 그러면 그 사랑이 온전한 사랑이 되지 못하지 않습니까? 부분적인 사랑이요, 전적인 사랑이 되지 못하고 가짜 사랑이 되고 마는 것입니다. 마음을 다하고 뜻을 다하고 정성을 다하고 목숨을 다하여 사랑하는 것이 진짜 사랑인 것입니다.

그리고 마가복음 6장 33절에 "너희는 먼저 그의 나라와 그의 의를 구하라 그리하면 이 모든 것을 너희에게 더하시리라" 먼저 할 것 먼저 하면 나중할 것은 하나님이 도와주신다는 것입니다. 하나님이 돌보아 주신다. 우리는 무엇을 먹을까, 무엇을 입을까, 무엇을 마실까 끊임없이 염려하는 것입니다.

그러나 그런 것은 내가 하나님을 사랑하고 하나님의 나라와 하나님의 의를 먼저 구하면 하나님이 다 돌보아 주시게 되어 있습니다. 이스라엘 백성을 40년 동안 광야에서 만나로 밥 먹인 것을 보십시오. 3백만을 매일같이 하나님이 아침, 점심, 저녁을 준비하셨습니다. 보통 많은 손님들 아니지 않습니까? 3백만을 대접하려니까 엄청나지 않습니까? 당신 집에 손님 30명이와도 감당하기 힘들 것인데 하나님은 매일같이 3백만을 아침, 점심, 저녁을 먹였습니다.

그리고 고기도 먹이고, 그리고 그 사람들에게 물을 다 마시게 한 것입니다. 그것 왜 그랬느냐. 하나님은 이런 하나님이라는 표적으로 우리에게 보여주신 것입니다. 이스라엘 백성만 위해서 그렇게 한 것이 아니라 나를 사랑하는 백성을 위해서는 나는 이런 일을 한다는 것을 우리에게 보여주시기 위해서 그렇게 하신 것입니다. 그러므로 우리의 삶을 하나님이 돌볼 수 있는 실력을 가지고 계십니다.

하나님을 향해서 기도할 때 진짜로 응답해 주실 것을 믿고 기도하면 하나님이 응답하시는 것입니다. 사실은 기도하면서 형식적으로 하는 사람 많습니다. 정말 기도 응답하실까? 마음속으로 안하실 거야. 그러나 해보자! 밑져야 본전이다. 그렇게 하는 사람 많은데 밑져야 본전으로 기도해서는 안돼요. 정말로 하나님 진리를 알고 확신을 가지고 기도해야 되는 것입니다. 예수님 때문에 내가 사는 목적이 하나님을 섬기는 것을 확실히 알고 하나님이 사랑을 베풀어 주심을 알 수 있는 것입니다. 나는 예수님 때문에 천국이 있는 것을 확실히 압니다. 예수님이 안계시면 천국이 있는 것을 모르지요. 예수께서 천국이 있는 것을 확실히 우리에게 말씀해 주셨습니다.

요한복음 14장 1절로 3절에 "너희는 마음에 근심하지 말라 하나님을 믿으니 또 나를 믿으라 내 아버지 집에 거할 곳이 많도다. 그렇지 않으면 너희에게 일렀으리라 내가 너희를 위하여 거처를 예비하러 가노니 가서 너희를 위하여 거처를 예비하면 내가 다시 와서 너희를 내게로 영접하여 나 있는 곳에 너희도 있게 하리라" 예수님과 함께 있는 거처입니다. 그것이 일반적인 맨션인지 아파트인지 모르겠지만 천국에 아파트는 없을 거에요. 맨션일 것인데 예수님이 같이 있겠다. 그러니 얼마나 좋습니까? 우리 위해서 몸찢고 피흘려 십자가에서 희생해 주신 예수님은 그 전체가 사랑인 것입니다. 사랑의 예수님을 모시고 함께 살면 얼마나 좋습니까?

우리가 천국가면 입이 딱 벌어지고 놀라서 말을 할 수 없는 것을 주님이 예비해 놓으셨습니다. 가장 이상적이고 놀라운 우리 남편 되는 예수님께서 우리에게 한없는 행복을 허락해 주실 것입니다. 이렇기 때문에 장차 어떻게 할까 근심하지 말고 하나님과 예수님을 딱 믿고 가십시다. 지금 이 세상에 사는 것도 중요하지만 죽는 것은 영원히 사는 시작인 것입니다.

그러므로 죽음을 두려워하지 말 것은 죽음이란 영원히 사는 시작인 것입니다. 그 다음에는 영원히 사는 것입니다. 잠시 사는 것이 아니라 살고 또 살고, 살고 또 살고 영원히 사는데 늙어지지 않고 영원히 그리스도의 모습을 닮아 젊은 아름다운 모습으로 살 것입니다. 그러므로 예수님 안에서 나는 어떠한 사람이냐. 죄와 흑암에 잡힌 사람이 그리스도의 보혈로 말미암아 씻음 받아 구원받은 사람으로 나를 확실히 알게 되는 것입니다.

우리는 갈보리 십자가 밑에 가면 예수님을 쳐다볼 때 예수님을 통해서 내가 누군지를 분명히 알게 되는 것입니다. 누구든지 그리스도 안에 있으면 새로운 피조물이라 이전 것은 지나갔으니 보라 새것이 되었도다. 우리 첫 조상 아담을 통해서 얻은 육신의 삶이 갈보리 십자가에서 청산되고 육의 사람이 신령한 사람으로 다시 태어나는 것입니다. 그래서 용서받은 의로운 사람, 거룩한 사람, 건강한 사람, 축복받은 사람, 영생복락을 얻은 사람으로 변화되는 것입니다.

새 사람이 된 것을 매일같이 갈보리산 밑에서 예수님을 쳐다보고 확인하게 되시기를 주의 이름으로 축원합니다. 자기가 누구인 것을 확실히 알고 자기에 대한 꿈과 환상을 가진 사람은 하나님이 모든 일에 형통케 해주시는 것입니다. 꿈이 없고 환상이 없는 사람은 하나님이 형통케 하지 않습니다. 내가 누군지도 모르고 내가 꿈도 없는 사람에게 하나님이 축복을 해주지 않아요. 그렇기 때문에 우리는 십자가 밑에 그리스도를 쳐다보고 내가 어디서 와서 왜 살며 어디로 가는지를 깨닫게 되는 것입니다.

2. 예수님 안에서 희망과 꿈을 갖게 된다.

내가 예수 믿는 것은 예수님 안에서 희망과 꿈을 갖게 되기 때문인 것입니다. 사람은 희망과 꿈이 없으면 삶의 의미를 상실하고 마는 것입니다. 이 세상에 가장 중요한 것이 희망인 것입니다. 내일에 대한 희망인 것입니다. 우리가 살아가면서 내일에 대한 희망이 있으면 오늘 어떤 고생이 있어도 참을 수가 있어요. 그러나 내일의 희망이 없으면 오늘 살 의미가 없는 것입니다. 희망이 있고 꿈이 있으면 정말 양쪽 날개를 단것과 같은 것입니다. 훨훨 날아갈 수가 있는 것입니다.

우리가 예수님을 통해서 하나님을 알게 되면 아무리 어렵고 고통스럽고 괴로운 삶을 살아도 그 가운데 희망과 꿈을 가질 수 있는 것은 예레미야 29장 11절에 "너희를 향한 나의 생각을 내가 아나니 평안이요 재앙이 아니니라 너희에게 미래와 희망을 주는 것이니라"정말로 놀라운 하나님 아니십니까? 우리 함께 이 성경구절 하나 보십시다. "너희를 향한 나의 생각을 내가 아나니 평안이요 재앙이 아니니라 너희에게 미래와 희망을 주는 것이니라."

어려움을 당하거든 하나님을 찾을 때 아실 것은 어떠한 어려움이 있어도 하나님은 이를 통해서 내게 미래와 희망을 주시는 것이지 재앙을 주어서 나를 낭패와 실망케 하려는 것이 아니라는 것을 알아야 하는 것입니다. 예수님을 통해서 하나님은 우리를 재앙에서 건져내 주시지 않았습니까?

이사야 53장 5절에 "그가 찔림은 우리의 허물 때문이요 그가 상함은 우리의 죄악 때문이라 그가 징계를 받으므로 우리가 평화를 누리고 그가 채찍에 맞으므로 우리는 나음을 받았도다"

우리의 재앙을 예수님이 담당하셨습니다. 그렇기 때문에 우리는 예수님 앞에 있을 때 모든 재앙에서 해방되고 미래와 희망을 갖게 되는 것을 알 수 있는 것입니다. 여호와는 나의 피난처요 요새요 의뢰하는 하나님이라 하리니 이는 저가 너를 새 사냥꾼의 올무에서와 극한 염병에서 건지실 것임이로다 저가 그 깃으로 너를 덮으시리니 네가 그 날개 아래 피하리로다 그의 진실함은 방패와 손방패가 되나니 너는 밤의 놀램과 낮에 흐르는 살과 흑암 중에 해하는 염병과 백주에 황패케 하는 파멸을 두려워하지 아니하리로다. 천인이 네 곁에서 만인이 네 우편에서 엎드려지나 이 재앙이 네게 가까이 오지 못하리로다(시 91:2~7) 재앙이 아닙니다.

우리는 이 땅에 살면서 하나님을 모시고 살면은 어떠한 어려운 환경 속에서도 내일이 있고 희망이 있습니다. 참으면 내일과 희망이 반드시 다가오는 것입니다. 그렇기 때문에 우리는 예수님 안에서 희망과 꿈을 얻게 되므로 예수님 믿는 것이 그렇게 행복한 것입니다. 우리가 옛 사람을 어떻게 벗어버립니까? 내가 죽었다가 새로 태어나면 좋겠다는 생각을 할 때가 많이 있지 않습니까? 옛사람은 죄를 짓고 불의하고 추악하고 버림을 받아야 마땅할 사람이요, 더럽고 추하고 마귀의 종이 된 사람, 아무리 물로 씻어도 때가 지지 않는 옛사람을 어떻게 하는 것입니까?

예수님께서 내가 돌보아 주마. 우리를 덥썩 안고 십자가에서 함께 못박혀 죽으셨습니다. 예수 죽음 내 죽음, 예수 무덤 내 무덤, 예수 부활 내 부활. 우리는 실제로 안 죽었는데 예수님이 우리 이름을 안고서 죽어서, 누가 봐도 우리가 죽은 것이 되어 있는 것입니다. 예수님을 통해서 내가 죽었어요. 내가 옛사람을 청산했어요. 내가 예수를 통해서 부활한 것입니다.

에베소서 4장 22절로 24절에 "너희는 유혹의 욕심을 따라 썩어져 가는 구습을 따르는 옛 사람을 벗어 버리고 오직 너희의 심령이 새롭게 되어 하나님을 따라 의와 진리의 거룩함으로 지으심을 받은 새 사람을 입으라" 벗고 입는 것입니다. 우리가 실제로 고통당한 것이 아니라, 예수님이 다 벗어준 것 우리가 벗어버리고 예수님이 새로 지어준 것 입는 것입니다. 그 속에 희망과 꿈이 넘쳐 나는 것입니다. 새것이 되는 희망과 꿈을 예수님 안에서 가질 수 있는 것입니다.

우리는 예수님 안에서 용서받은 사람이 되고 거룩하게 되고 예수님의 은혜로 치료받고 축복받고 부활 영생 천국을 얻는 사람이 되는 것입니다. 예수님의 공로 때문에 되는 것입니다. 내 힘으로 되는 것 아닙니다. 전적으로 믿음으로 말미암아 그 은혜를 인하여 되는 것입니다. 에베소서 4장 22절도 그렇지만 고린도후서 5장 17절 누구든지 남녀, 노유 빈부귀천 할 것 없이 "예수 그리스도 안에 있으면 새로운 피조물이라 이전 것은 지나갔으니 보라 새것이 되었도다."우리는 예수 안에서 새것입니다. 죄가 용서받은 의로운 사람인 것입니다. 더러움이 씻어진 거룩한 사람인 것입니다. 옛날에는 병이 와서 들러붙고 병이 물고 찢고 했지만 하나 아십시오. 병의 주인은 누구냐. 마귀입니다. 귀신이 당신 몸에 강제로 쳐들어와서 점령을 했는데 그 귀신이 점령을 하고 난 다음 자기 성품을 나타내는데 폐병 귀신은 폐병으로 나타나고 암의 귀신은 암으로 나타나고 관절염의 귀신은 관절염으로 나타나고 그 귀신이 자기 모습을 드러내는 것입니다.

보이는 것은 나타난 것으로 말미암아 된 것이 아닙니다. 암은 암 자체가 암이 된 것이 아니라 암의 귀신이 들어와서 암의 집을 지은 것입니다. 암 귀신이 암의 집을 짓고 폐병의 귀신이 폐병의 집을 짓고 관절염의 귀신이 들어와서 관절염을 짓습니다.

그러면 우리가 그것을 자꾸 집을 허물어뜨리려고 약을 먹고 주사를 맞고 수술도 하는데 그보다 먼저 우리가 신앙적으로는 주인을 쫓아내 버리면 집이 없어지는 것입니다. 그러므로 성령의 임재 가운데 나사렛 예수 그리스도 이름으로 명하노니 너희

암의 귀신은 물러가라! 폐병은 물러가라! 관절염은 물러가라고 대항하는 것은 그 때문인 것입니다. 너희가 내 이름으로 귀신을 쫓아냄이라고 말한 것입니다. 주인이 쫓겨나가면 주인이 살던 집은 허물어지고 마는 것입니다.

그러므로 병이 들었을 때 예수 이름으로 귀신을 쫓아내십시오. 성령의 임재 가운데 저항을 하십시오. 오늘날 너무나 많은 사람들이 병이 다가왔는데 저항을 안 합니다. "아이구 아파라. 아이구 고통스럽다. 아이구 괴롭다. 그것은 귀신에 대한 환영사입니다. 너 성공했다. 내가 와서 정말 성공을 했기 때문에 네가 이렇게 아프다. 네가 죽을 고생이다. 너 정말 훌륭하다." 고 귀신이 칭찬하면서 속삭입니다.

예수님은 마귀를 대적하라 그리하면 저가 너를 피하리라. "내가 예수 이름으로 명하노니 귀신아 물러가라! 이 관절염의 귀신아 물러가라! 이 고혈압의 귀신아 물러가라! 이 당뇨병의 귀신아 물러가라! 이 심장병의 귀신아 물러가라! 이 어지럼증의 귀신아 물러가라!" 강제로 들어와서 점령한 놈이 한두번 말한다고 물러가겠어요? 백번이고 천번이고 명령을 하라고요. 예수 이름으로 명하노니 물러가라! 안 물러갑니다. 왜냐하면 갈데가 없으니까, 귀신이 당신을 집을 삼고 들어왔으니까 강제로 점령하고 있어요.

그러나 당신이 강제로 물리쳐야 돼요. 세례 요한 때부터 지금까지 천국은 침노를 당하나니 침노하는 자가 빼앗느니라. 침노라는 것은 나팔 불고 북치며 걸어가는 것이 침노가 아닌 것입니다. 총을 쏘고 창을 찌르고 전격적으로 들어가는 것이 침노입니다. 마귀와 싸움은 결심을 해야 되는 것입니다. 뒤로 물러가면 안 됩니다. 각오하고 싸워야 되는 것입니다. 그러므로 우리가 옛사람을 벗어버리고 새사람을 입었으면 새사람은 마귀에게 집을 허락해줘서는 안 되는 것입니다.

우리는 완전히 병에서 해방되고 건강하게 살 꿈과 희망을 가지고 있는 것입니다. 아~ 귀신들 참 흉악합니다. 많은 성도들이 귀신에게 점령당하여 고통당하고 있는데 제발 물리쳐야 돼요. 저는 귀신이 점령해서 병을 가져온다는 것을 오래전부터 알고 있었으나 깨닫지를 못했습니다. 아는 것하고 깨닫는 것 하고는 틀려요. 알고 있으면서도 안 깨달으니까 별로 실천을 안했어요. 그러나 그 다음 하나님께서 제게 하루 기도하는데 "야, 병이 오면 병의 집주인은 귀신인데 귀신이 집주인이라는 것을 알면서 왜 너 그만 두느냐." "몰랐습니다." "네가 알면서 깨닫지 못했다. 깨달았으면 이제부터 싸우라." 요사이는 귀신하고 적극적으로 싸웁니다. 제가 싸워서 이겨보니 참 기분이 좋더라고요. 당신도 싸우십시오. 예수님께서 우리에게 이 진리를 깨달음을 주시므로 우리는 깨닫고 이 진리에 굳게 서게 되는 것입니다.

3. 믿음으로 사는 차원 높은 삶

우리가 예수님을 앎으로 예수님을 믿고 차원 높은 삶을 살 수가 있는 것입니다. 감각적이고 이성적이고 체험적인 물질세계를 뛰어넘는 믿음의 세계에 살 수가 있는 것입니다. 안 믿는 사람은 믿음의 세계를 몰라요. 죽으면 그뿐이라고 생각하는 것입니다. 영국의 세계적인 물리학자인 호킹 박사도 이번에 신문에 발표하기를 사람이 죽으면 컴퓨터가 꺼지는 것처럼 뇌가 죽으면 아무것도 없이 죽어버리고 없는 것이지 뭐가 있느냐. 예수를 믿지 않는 사람은 영안이 닫혀서 그렇게 모릅니다.

그러나 예수를 믿고 구원을 받으면 믿음의 세계가 있는데 믿음으로 말미암아 우리의 운명을 바꾸고 이끌어 갈 수 있는 것입니다. 성경은 말합니다. 네 믿음대로 될지어다. 그러므로 이제 보십시오. 많은 사건을 믿음으로 변화시킬 수 있는 것입니다. 우리의 환경을 주님을 믿음으로 말미암아 선하고 아름답고 귀하게 변화시킬 수 있는 것입니다. 그냥 내버려 놓으면 험하고 고통스럽고 괴로울 것인데도 불구하고 믿으면 하겠네. 믿으면 변화가 다가오는 것입니다.

그러므로 우리 각 사람에게 분량대로 믿음을 나누어 주셨는데 믿음을 왜 사용하지 않습니까? 사용하면 내가 달라지고 내 환경이 달라지는 것입니다. 운명이 달라지는 것입니다. 정말로 죽고 사는 권세를 믿음을 가지고서 행할 수가 있게 되는 것입니다.

히브리서 11장 3절에 "믿음으로 모든 세계가 하나님의 말씀으로 지어진 줄을 우리가 아나니 보이는 것은 나타난 것으로 말미암아 된 것이 아니니라" 눈에 보이는 것은 그 자체가 그렇게 되는 것이 아닙니다. 믿음으로 그렇게 되는 것입니다. 환경에 좋은 일이 일어난다고 믿으면 좋은 일이 일어납니다. 합력하여 유익이 된다고 믿으면 그대로 되는 것입니다. 기쁘고 행복하게 된다고 믿으면 그런 것이 다가오는 것입니다. 믿으면 그렇게 되는데 안 믿으면 그런 것이 안 온다 말입니다. 주님은 그냥 도와주는 것이 아닙니다. 네 믿음대로 될지어다. 믿음이 적으면 적은대로 크면 큰대로 믿음대로 되는 것입니다. 안 믿으면 안되는 것입니다. 그런데 안 믿는 사람들은 이 믿음이 없습니다. 예수 믿는 사람은 이 신령한 믿음을 분량대로 주셨습니다. 따라 말씀하세요. 나는 믿음을 선물로 받았다. 우리가 잘나서 있는 것이 아니라 하나님이 선물로 주셨어요. 그러므로 믿음 없다는 말 하지 마세요. 믿음을 안 쓰고 있지 쓰기만 하면 믿음은 자라는 것입니다.

히브리서 10장 38절에 "나의 의인은 믿음으로 말미암아 살리라 또한 뒤로 물러가면 내 마음이 그를 기뻐하지 아니하리라" 믿음이란 없는 것을 있는 것 같이 바라보고 믿는 것을 말합니다. 없는 것을 있는 것같이 믿으세요. 나는 영원히 잘된다고 믿으십시오. 지금 없는데도 그렇게 믿으십시오. 그러면 그대로 됩니다. 범사에 형통한다고 믿으십시오. 믿으면 그렇게 됩니다. 나는 강건하게 된다고 믿으십시오. 그러면 그대로 됩니다. 믿고 생각하고 꿈꾸고 말하세요. 그러면 그대로 됩니다. 믿음과 생각과 꿈과 말은 함께 가는 것입니다. 내가 믿으면 그렇게 생각하게 되고 그렇게 꿈꾸게 되고 그렇게 말하게 됩니다.

그러므로 믿음은 놀라운 능력을 사용하여 당신의 인생을 변화시켜서 내일은 오늘보다 다음 달은 금번 달보다 명년은 금년보다 나아진 삶을 살 수가 있습니다. 안 된다. 못한다. 할 수 없다.

그렇게 생각하면 그대로 됩니다. 된다 할 수 있다 변화된다. 믿으면 그대로 됩니다. 왜, 예수님께서 오셔서 우리 앞에 보여줬잖아요. 나사로가 죽어서 무덤에 들어 간지 나흘이 되었어요. 썩은 냄새가 납니다. 그대로 두면은 썩어서 살은 다 흙이 되고 뼈다귀만 남습니다. 누가 그 환경을 변화시킬 수 있습니까? 그대로 내버려두면 그렇게 됩니다.

그런데 예수님이 오셔서 마르다야 무덤문을 열어 놓아라. 마르다가 우리 오라버니가 죽은지 나흘이 되어 썩은 냄새가 나나이다. 뭐라고 말했습니까? 그 운명을 바꿀 수 없다고 마르다는 말할 때 예수님 마르다를 보고 마르다야 네가 하나님을 믿으면 영광을 보리라 하지 않았느냐. 믿으면 영광을 보고 안 믿으면 영광을 못봅니다. 당신 생애에도 믿으면 하나님의 영광이 나타나고 안 믿으면 영광이 안 나타나는 것입니다.

너무나 귀한 보배를 가지고 있으면서 안 쓰니까 문제지. 안 쓰니까 문제에요. 오늘도 주님은 당신 보고 말씀합니다. 네가 하나님을 믿으면 하나님의 영광을 보리라. 마르다가 믿고 무덤 문을 옮겨 놓으니까 나사로야 나와라! 살아 나왔습니다. 환경과 운명이 변화되고 말았지 않습니까? 감각적이고 현실적인 마귀의 공격 속에 살면 우리는 실패하고 패배하고 마는 것입니다. 두려움은 믿지 않기 때문에 오는 것인데 마귀의 텃밭입니다.

두려워하면 마귀가 춤추고 들어오는 것입니다. 병을 두려워하면 병이 오고 가난이 두려우면 가난이 오고 실패를 두려워하면 실패가 오고 사람을 두려워하면 그 사람이 찾아오는 것입니다. 좋은 하나님을 믿으십시오. 무서운 하나님을 믿으면 안 됩니다. 나쁜 하나님을 믿으면 안 됩니다. 하나님 나쁘지 않아요. 하나님 좋은 하나님이에요. 좋은 하나님을 믿으면 좋은 일이 일어나는 것입니다.

디모데후서 1장 7절에 "하나님이 우리에게 주신 것은 두려워하는 마음이 아니요 오직 능력과 사랑과 절제하는 마음이라" 하나님은 우리에게 벌써 믿음을 주셨지 두려워하는 마음을 주지 않습니다. 우리는 예수님이 같이 계시므로 강하고 담대해야 되는 것입니다. 예수님이 같이 계시기 때문에 믿을 수가 있어요.

시편 91장 1절로 7절에 "지존자의 은밀한 곳에 거주하며 전능자의 그늘 아래에 사는 자여, 나는 하나님을 향하여 말하기를 그는 나의 피난처요 나의 요새요 내가 의뢰하는 하나님이라 하리니 이는 그가 너를 새 사냥꾼의 올무에서와 심한 전염병에서 건지실 것임이로다"우리 좋은 하나님이 새 사냥꾼의 올무에서 우리를 건져 주시고 극한 염병에서 건져 주실 것은 당연한 이치입니다. 하나님께서 우리를 사랑하기 때문에 우리에게 좋은 것 주시지 나쁜 것 주시지 않는 하나님이신 것입니다.

우리는 고린도후서 4장 7절로 10절의 말씀을 늘 마음에 간직하십시오."우리가 이 보배를 질그릇에 가졌으니 "이 질그릇 아닙니까? 이 질그릇에 예수님을 모시고 있으니 "이는 심히 큰 능력은 하나님께 있고 우리에게 있지 아니함을 알게 하려 함이라 우리가 사방으로 욱여쌈을 당하여도"사방으로 염려, 근심, 불안, 초조, 절망, 낭패와 실망에 욱여쌈을 당하여도 여기 예수님이 턱

들어 앉아 있으니까 싸이지 않습니다. 예수님은 환경보다 크기 때문에 그런 것입니다.

사방으로 욱여쌈을 당하여도 예수님만 바라보면 우리가 싸이지 아니한다. 예수님을 바라보지 아니하면 싸이지요. "사방으로 욱여쌈을 당하여도 싸이지 아니하며 답답한 일을 당하여도 낙심하지 아니하며" 죽은 자를 살리시는 예수님이 계시니 낙심할 리가 있습니까? "박해를 받아도 버린 바 되지 아니하며" 사람이 핍박해도 예수님이 나와 같이 계시는데 뭘 두려워할 것입니까? "거꾸러뜨림을 당하여도 망하지 아니하고" 망하려고 달려들어도 거꾸러뜨려도 예수님이 계시기 때문에 안 망해요.

"우리가 항상 예수의 죽음을 몸에 짊어짐은 예수의 생명도 우리 몸에 나타나게 하려 함이라" 그렇기 때문에 예수께서 우리 속에 계시면 만사형통인 것입니다. 예수님이 내가 다 이루었다 하실 때 우리의 모든 부정적인 세력을 십자가에서 다 멸해 버렸던 것입니다. 청산해 버린 것입니다. 그리고 예수님이 여러분 위해서 승리를 이미 이루어 놓으신 것입니다. 그러므로 이 예수님을 마음속에 모시고 살면 하늘과 땅이 내 편에 서있기 때문에 두려워하지 아니할 수 있는 것입니다. 우리 예수 그리스도와 함께 있는 백성들은 참으로 복 받은 사람인 것입니다.

영안에 대하여 깊게 알기를 원하시는 분은 **"영안을 밝게 여는 비결"**을 읽어보시기를 바랍니다. 이 책을 읽으면 영안에 대하여 알고 영안이 밝게 열릴 것입니다.

이 책을 통해 예수님이 땅끝까지 전파 되기를 소원합니다.
(출판으로 인한 이익금은 문서선교와 개척교회 선교에 사용합니다.)

예수이름의 권능을 사용하는 법

발 행 일 l 2014.09.16초판 1쇄 발행

지 은 이 l 강요셉

펴 낸 이 l 강무신

편집담당 l 강무신

디 자 인 l 강요셉

교정담당 l 원영자/최옥희

펴 낸 곳 l 도서출판 성령

신고번호 l 제22-3134호(2007.5.25)

등록번호 l 114-90-70539

주   소 l 서울 서초구 방배천로 4안길 20(방배동)

전   화 l 02)3474-0675/ 3472-0191

E-mail l kangms113@hanmail.net

유   통 l 하늘유통. 031)947-7777

ISBN l 978-89-97999-26-2 부가기호 l 03230

가   격 l 18,000원